Anny Wienbruch

Die ungekrönte Königin

Sophie Dorothea, die Gefangene von Ahlden

Verlag der
St.-Johannis-Druckerei
C. Schweickhardt
Lahr-Dinglingen

Bildnachweis

Wir danken dem Bomann-Museum Celle für die Bilder: Sophie Dorothea, Herzog Georg Wilhelm, Eleonore d'Olbreuse, Georg Ludwig, Sophie Dorothea mit ihren beiden Kindern, Philipp Christoph Graf von Königsmarck, Kurfürstin Sophie,
Herrn Fotografenmeister Manfred Bösel, Fallingbostel, für die drei Bilder von Schloß Ahlden,
Herrn Heinz Koberg, Großburgwedel, für das Bild: Galeriegebäude in Hannover-Herrenhausen.

CIP-Kurztitelaufnahme der Deutschen Bibliothek

Wienbruch, Anny:
Die ungekrönte Königin : Sophie Dorothea, d. Gefangene von Ahlden /
Anny Wienbruch. – 2. Aufl., 6.–8. Tsd. –
Lahr-Dinglingen : St.-Johannis-Druckerei Schweickhardt, 1988
(Edition C : C ; 246 : Paperback)
ISBN 3-501-00189-4
NE: Edition C / C

ISBN 3 501 00189 4

Edition C-Paperback 56 646 (C 246)
2. Auflage, 6.–8. Tsd.
Umschlagentwurf: Gerdl Rau
Gesamtherstellung:
St.-Johannis-Druckerei C. Schweickhardt
7630 Lahr-Dinglingen
Printed in Germany · 9389/1988

Inhalt

Die Heide weiß es

Der Herbstwind wehte über die weite braune Heide. Die schlanken weißstämmigen Birken beugten sich wie in einem anmutigen Reigen vor ihm. Das Dach des stattlichen Bauernhofes, der wie die meisten der andern Heidehäuser mit seinen roten Backsteinen, dem schwarzbraunen Gebälk so traulich aussah, senkte sich so tief herab, als wenn es sich vor dem Winde duckte, und da er nirgends Widerstand begegnete, sauste er übermütig weiter und weiter, wohl bis zum Meere hin.

An einem der Fenster des alten Hauses, dessen meterdickes Mauerwerk vor jedem Lufthauch schützte, saß eine weißhaarige Frau, die zwar nicht so alt wie das Anwesen war, auf dem sie einst regiert hatte, wohl aber die Älteste seiner Bewohner war. Ihr kantiges Gesicht war gebräunt wie gegerbtes Leder, aber so faltenlos, als hätte es ein Meister aus Lindenholz geschnitzt wie die Madonnen, die in Kirchen und Museen zu bewundern sind.

Mit blaßblauen Augen blickte sie über die Heide hin.

»Nun fährt die Gefangene von Ahlden über das Land«, murmelte sie. »Sie hat heute Geburtstag. Sie rast mit ihrem kleinen Wagen wieder in wildem Galopp querfeldein bis zum Büchtener Holz. Weiter darf sie ja nicht, die Arme. Hin und zurück, hin und zurück. Weiter nicht, auch nicht an ihrem Geburtstag.«

Das junge Mädchen, das mit seinem Vater die Herbstferien auf dem großelterlichen Hof verbrachte, schaute fragend zu ihm auf. Begann sich der Geist der Urgroßmutter zu verwirren? Der Großstadtlehrer nickte seiner Tochter beruhigend zu und sagte halblaut: »Die Frau Ahne hat recht. Das heißt, ich will nicht behaupten, daß Sophie Dorothea, die Gefangene von Ahlden, die ehemalige Kurfürstin von Hannover und Gemahlin des späteren Königs Georg I. von England, jetzt hier vorüberfährt. Die ruhelose Gefangene wird längst Ruhe und Freiheit gefunden haben. Aber sie hat in diesen Tagen Geburtstag. Du mußt dich etwas mehr mit der Geschichte deiner Urväterheimat befassen, Heike! Es ist seltsam, daß die hannoversch-englischen Könige ihre fürstlichen Gefangenen ausgerechnet in der Heide festgesetzt haben. Diese Sophie Dorothea in dem kleinen düsteren Schloß bei dem Dorf Ahlden und ihre Enkelin, die Dänenkönigin und ehemalige englische Prinzessin Karoline Mathilde, in der Stadt Celle. Dort war sie ja weit schöner untergebracht und ist von der Bevölkerung geliebt und als Wohltäterin gelobt worden, so daß sie ihr sogar in der Nähe des kleinen Schlößchens im französischen Garten, wo sie als Gefangene weilte, ein Denkmal errichtet haben. Sie hat auch nur zwei Jahre aushalten müssen, diese kaum Zwanzigjährige, während Sophie Dorothea gleichfalls schon als junge Frau gefangengehalten wurde, gleichfalls ihre Kinder nie mehr sehen durfte, aber mehr als drei Jahrzehnte ausharren mußte.«

»Wurde der dänischen Königin so bald vergeben, oder hatte sie geringere Schuld?« fragte das junge Mädchen.

»Schuld – Vergebung!« antwortete der Lehrer gedehnt. »Sie hatten in einer Hinsicht das gleiche Schicksal, daß sie eine Schwiegermutter hatten, die den bösen Königinnen im Märchen glich und sie mit tödlichem Haß verfolgte. Sie hatten beide einen Gatten, den sie nicht lieben konnten, den sie verabscheuten. Aber der Dänenfürstin kann wohl etwas Schuld nachgewiesen werden. Sie wurde nur eher aus ihrer Gefangenschaft erlöst, weil ihr das Tor zu einem andern Leben, zu einem andern Richter, zu dem geöffnet wurde, der alle Schuld getragen und alle Schuld gesühnt hat. Sie starb als 24jährige. Wie können wir Menschen über die Schuld anderer urteilen, den Stab über sie brechen? Über die Schuld oder Unschuld der Gefangenen von Ahlden wird man sich nie einig werden. Die Briefe, die Memoiren, die nach ihrem Tode veröffentlicht wurden, sollen Fälschungen sein, behaupten die einen Geschichtsforscher, die andern bleiben dabei, daß sie echt sind. Aber ihr Gemahl, König Georg I., hat nach ihrem Abscheiden sogleich angeordnet, daß ihr gesamter schriftlicher Nachlaß gleich dem ihrer Mutter, der Herzogin Eleonore, verbrannt werden sollte.«

»Nicht alles, nicht alles«, murmelte die Greisin, die mit ihren scharfen Ohren das halblaut geführte Gespräch doch aufgefangen hatte.

»Ja nun«, gab der Lehrer zu, »ihre Geschäftsbücher, in die sie sorgfältig ihre Ausgaben für ihre Haushaltung, regelmäßige Almosen, Hilfeleistungen für die einmal völlig abgebrannten Bewohner Ahldens mit ihrer schönen energischen Schrift eingetragen hat, mögen noch erhalten sein. Die werden Georg I. nicht interessiert haben.«

»Mußte sie dem König Rechenschaft über ihre Gelder geben?« erkundigte sich das junge Mädchen.

Der Vater lächelte. »Eher hätte die anscheinend sehr temperamentvolle Dame die Blätter in Stücke gerissen«, antwortete er. »Sie war nicht von seinem Reichtum, den er zum großen Teil ihrer überaus hohen Mitgift verdankte und den er sinnlos verschleuderte, abhängig. Sie war eine Erbtochter, die über erhebliche Mittel verfügte, an denen er kein Anteil hatte. Nur ihre Erinnerungen, ihre Briefe sind auf seinen Befehl vernichtet worden.«

»Nicht alles, nicht alles«, widersprach die Greisin mit eintöniger Stimme. »Meine Urahne diente als Magd auf Schloß Ahlden. Sie hat zugesehen, wie das Feuer auf dem Hof hellauf geflackert hat, und das Papier ist hoch in die Luft geflogen – hierhin, dorthin, wie es der Wind getrieben hat, in lauter gebräunten Fetzen. Wo es geblieben sein mag...?

»Es wird wohl nichts geblieben sein«, meinte der Lehrer, »so wenig wie von dem umfangreichen Briefwechsel der Mutter. Von ihr, der Herzogin Eleonore von Celle-Lüneburg, ist nur ein Gemälde im Lüneburger Rathaus und der in Hannover aufbewahrte wertvolle Schmuck sowie Kunstgegenstände und einige Möbelstücke erhalten. Von der Tochter Sophie Dorothea, der Gefangenen von Ahlden, hängen einige Gemälde in dem Welfenmuseum in Herrenhausen. Sie muß sehr schön gewesen sein.«

»Sehr schön«, bestätigte die alte Frau. »Sehr schön, so hat es mein Urgroßvater erzählt. All die Heidebauern haben noch lange von ihr gesprochen, und sie ist auch heute noch nicht vergessen. In ihren schwarzen Locken, die in der Sonne rötlich leuchteten, haben Diamanten gefunkelt, und noch mehr haben ihre dunklen Augen geblitzt, und ihre kleinen Hände haben fest die Zügel gehalten, wenn sie vierspännig dahergefahren ist. Gewiß wäre sie weiter, immer weiter fortgesaust wie der Herbstwind. Aber ihrem Wagen sind Reiter mit gezückten Degen gefolgt. So ist sie die Gefangene von Ahlden geblieben bis an ihr Lebensende und war doch eine Königin. Und wer von ihr mehr wissen will, der muß über die Heide gehen und suchen, suchen, wo etwas von ihren Erinnerungen hängengeblieben ist.«

Der Vater und die Tochter tauschten einen lächelnden Blick. Auch das gewahrte die Ahne.

Sie sah die beiden scharf an. »Wenn ihr es nicht glauben wollt«, sagte sie streng, »so wandert über die Heide und fragt sie. Die Heide weiß von dem Leid der Gefangenen von Ahlden, die eine ungekrönte Königin war. Die Heide kann es euch erzählen. Hört ihr, wie es im Winde weint und wispert und flüstert? Ihr müßt nur die rechten Ohren haben, um es zu verstehen.«

Die Greisin wandte sich ab, starrte wieder hinaus. Der Urenkelin fiel zum erstenmal auf, daß die Ahne die Augen und wahrscheinlich auch in früheren Jahren die Haare derer hatte, von denen Deutschlands größte Dichterin Annette von Droste-Hülshoff schrieb:

»Kennst du die Blassen im Heideland
mit blonden flächsernen Haaren?
Mit Augen so klar, wie an Weihers Rand
die Blitze der Welle fahren?
O, sprich ein Gebet inbrünstig, echt
für die Seher der Nacht, das gequälte Geschlecht!«

Gehörte die Urgroßmutter auch dazu? Erblickte sie nun im Abendschein, der golden über der Heide ausgebreitet war, was anderer Augen nicht wahrnehmen konnten?

»Wir wollen noch einen kleinen Spaziergang machen!« bat das junge Mädchen den Vater. Sie gingen still hinaus, über den Hof, in die Weite, zu den Wacholderbüschen hinüber. Sie schritten eine Weile schweigend durch den feinen Heidesand.

»Welch eigenartige Augen hat unser Urgroßchen«, sagte dann das junge Mädchen.

»Ja«, stimmte der Vater bei. »Sie erinnert mich immer wieder an die Dichterin Agnes Miegel, die unsere Heide so liebte wie ihre ostpreußische Heimat und mir einmal bekannte, daß sie die Augen der im Bruchland Geborenen von Vaters Seite geerbt hätte. ›Vergangenheit und Zukunft enthüllten sich ihr in Gesichten und Träumen‹, berichtetete mir ihre Freundin, die Bremer Schriftstellerin Alma Rogge. Aber sie sprach selten und nur in vertrauten Stunden davon. Das sind geheimnisvolle Erfahrungen, die den meisten Menschen fremd sind, denen sie sich ablehnend verschließen, obgleich die Heilige Schrift von Träumen und Gesichten erzählt, die Gott der Herr selber sandte.«

Wieder setzten die beiden ihren Abendspaziergang schweigend fort. Heike begann als erste zu sprechen. »Ich habe diese Gabe nicht und bin einesteils froh darum«, sagte sie. »Aber in den nächsten Monaten werde ich in Archiven, Büchereien und Museen herumforschen und versuchen, doch noch etwas über diese Sophie Dorothea, die unglückliche Gefangene von Ahlden, zu erfahren, und vielleicht treffe ich dann jemand, der versteht, was die Heide über diese Königin ohne Krone zu erzählen weiß, und versteht, danach ihre Erinnerungen nachzuschreiben.« –

Ich habe eine Aufgabe übernommen, mich an diese Arbeit gewagt. Ob sie mir gelingt – ich weiß es nicht.

Es ist heute wohl der rechte Tag, mit der Niederschrift meiner Erinnerungen zu beginnen.

Meine geliebte Mutter hat mir schon vor Jahren dazu geraten. Um mich zu rechtfertigen? Wer hätte sich um diese Rechtfertigung gekümmert?

Um mich zu entschuldigen? Ich war mir lange Zeit keiner Schuld im Sinne der Anklage bewußt.

Nur meines Unglückes war ich bewußt! Um mich auszuweinen, mein Herz zu erleichtern? Das konnte ich dazumal noch an der Brust der treuesten und aufopferndsten Mutter.

Um mir diese langsam und unsagbar eintönige, dahinschleichende Zeit erträglicher zu machen? Vor allem, wenn Regenschauer und Schneestürme über das weite, weite Land dahinbrausten, wenn ich mir das nach Jahr und Tag gewährte jämmerliche Vergnügen einer Ausfahrt in die nächste reizlose Umgebung, von Degen zückenden Soldaten begleitet, noch nicht einmal leisten konnte, wenn auch das mir durch dies Wetter völlig unmöglich war wie die kläglichen auch erst später gnädig erlaubten Spaziergänge auf den aufgeweichten Burggräben, wo mir zuweilen die Schuhe im Schlamm steckenblieben. Wenn ich tatenlos mit lose im Schoß liegenden Händen stundenlang durch eines der kleinen Fenster hinausstarrte bis zur Aller hin, diesem träge dahinschleichenden Fluß, den ich einst als Kind von der Mutter Schoß aus von der Höhe unseres Celler Schlosses erblicken konnte und der jetzt vielleicht weit, weitab im Meer den toten Körper meines Freundes grüßen konnte, wenn man, wie manche behaupten, den Ermordeten nicht eingemauert, sondern ins Wasser der Leine geworfen hat? Oder konnten ihn die Wellen der Leine bis hierhin getragen haben? Doch nein, solch einer schweren Last wie die der großen Männer waren beide Flüsse kaum gewachsen. Und doch wäre ich am liebsten zu dem Fluß hinübergerannt, hätte mich hineingestürzt, wenn ich nicht gefangen, bewacht gewesen wäre. So arge Gedanken hatte ich damals.

Das alles ging mir damals durch den Sinn, daß ich zuweilen fürchtete, daß sich mein Verstand verwirrte.

Und doch war ich nicht völlig von aller Welt abgesondert. Ich war nicht ganz und gar der trostlosen Einsamkeit, der Verzweiflung überlassen. Ich hatte damals noch dich, geliebte, vielgeliebte Mutter, die bei jeder Witterung trotz deiner zarten Gesundheit, trotz deines zunehmenden Alters und trotz der Wege, die eigentlich gar keine Wege mehr waren, sondern nur Schlagloch hinter Schlagloch, mich regelmäßig besuchte, mit mir plauderte wie einst, als ich noch ein glückliches Kind war, mir Bücher, heimlich auch Briefe brachte, und – mit mir betete.

Doch jetzt durftest du eingehen in den ewigen Frieden und wieder mit deinem Gemahl, an dem dein Herz voller Treue und Zärtlichkeit hing, vereint sein.

Ich bin allein, verlassen zurückgeblieben, ohne Eltern, ohne meine geliebten Kinder, die ich nie mehr wiedersehen durfte, ohne meine Freunde! Oh, wäre ich bald, bald bei dir, Mutter!

Jetzt ist die Zeit gekommen, meine Erinnerungen zu schreiben. Ich muß dir gestehen, verehrte Mutter, daß ich es auf deinen Rat hin schon früher versucht habe.

Aber dann ist nur wieder ohnmächtiger Zorn, Verzweiflung, wilder Abscheu über mich hergefallen, und ich habe das Papier, worauf ich zu schreiben begonnen hatte, in Fetzen gerissen und in den Wind gestreut, der oft so ungestüm, wie ich selber bin, um die alten Mauern fegt.

Der Jahrestag

Ahlden, am 2. Juli 1714

Heute sind es zwanzig Jahre her, daß sich das Entsetzliche ereignete, dieser grauenhafte, heimtückische und nie gesühnte Meuchelmord im Leineschloß zu Hannover, der mein Leben völlig veränderte, völlig zerstörte, soweit es noch nicht trotz alles Prunkes, der es bis dahin noch umgeben hatte, in Schmach und Elend versunken war.

Vierzehn Tage danach wurde ich nach strenger Haft in meinen Gemächern in dieses armselige Gemäuer gebracht, dessen Bezeichnung »Schloß« wie Hohn erscheint.

Dieser erste Aufenthalt hier war von kurzer Dauer. Am 31. August mußte ich wieder eine streng bewachte Kutsche besteigen, in der ich zu der größeren, wuchtigen und düsteren, Furcht einflößenden Wasserburg Lauenau fuhr, und als dort der Ehescheidungsprozeß abgeschlossen war, kehrte ich auf Anordnung meines Vaters und meines Schwiegervaters in dieses befestigte »Schloß« Ahlden zurück, dessen halbzerfallene Ringmauern und schmutzig grüne, von Algen überwucherte Gräben mich am Entweichen hindern sollten. Wenn es nicht so traurig wäre, müßte man wiederum darüber lächeln wie über diese stolze Bezeichnung »Schloß«. Als wenn ich verlassene schwache Frau hätte entrinnen können, als wenn die unübersehbare Einsamkeit der Heide nicht jeden Fluchtversuch zum Scheitern gebracht hätte! Oder sollten es die braven Bewohner des Dörfleins, an dessen Eingang oder Ausgang mein Gefängnis liegt, es je wagen, mich irgendwie oder wo zu verstecken? Als wenn ihnen das überhaupt möglich wäre!

Und wer sollte mein Befreier sein? Zu welchem Zufluchtsort sollte ich mich wenden?

Oh, ich gebe zu, ich habe anfangs oft und nächte-, tagelang darüber nachgedacht, allerlei Pläne ersonnen, unausführbare Pläne. Doch nun bin ich schon lange darüber hinweg, bin stille geworden. Und wenn die alte Unrast über mich kommen will, so halte ich mich an den höchsten Herrn, zu dem ich gefunden habe. Ja, auch diese unendlich langen Jahre der Gefangenschaft waren gut, wie alles, was er über uns beschlossen hat, und er, mein Erlöser, wird mich einst auch aus diesem Gefängnis erlösen »zu der herrlichen Freiheit der Kinder Gottes«. Ja, einmal werde ich frei sein!

Doch nun bin ich ruhiger geworden. Deine Gebete, du fromme Mutter, sind nicht vergeblich gewesen, sind endlich erhört worden. Ich habe zu dem gefunden, der tröstet, »wie einen seine Mutter tröstet«.

Er möge mir gnädig vergeben, wenn bei diesen Aufzeichnungen dann und wann wieder mein ungezügeltes Temperament durchbricht, wenn ich mich bemühe zu vergeben, aber mich nur bemühe und nicht vergessen kann, was mir der Mann, den ich nicht mehr Gemahl nennen kann, an Schmach angetan hat, nicht vergessen kann, daß betrogen, gelogen und – gemordet wurde, daß einer, der mir helfen wollte, so verleumdet wurde wie ich und für mich sterben mußte.

Oh, Herr, der du für unser aller Sünden starbst, vergib mir und erbarme dich unser!

Ich will beginnen:

Ich bin das einzige Kind des Herzogs Georg Wilhelm von Braunschweig-Lüneburg-Celle und seiner Gemahlin Eleonore geborene d'Olbreuse.

Dies »das einzige Kind«, das wäre der Ursprung meines Unglücks und meiner Verfehlungen. Das ist die Ansicht der von vielen so geschätzten und mit Recht geschätzten Liselotte von der Pfalz, die sich an Gehässigkeiten gegenüber meiner Mutter stets geradezu überboten hat, wohl auch ihrer Tante, meiner Schwiegermutter, zuliebe. Sie nannte meine teure Mutter das »Tier«, die »Schande Braunschweigs«, meine Mutter, die von allen Fürstenhöfen auch als nicht Ebenbürtige anerkannt, geschätzt, gelobt wurde, die ein Muster der Frömmigkeit, der Feinheit war! Ich selber aber bin als dies einzige Kind nach Liselottes Meinung ein »Mausdreck«. Sie erklärte mich als Tochter der maßlos Gehaßten für »schlecht und leichtfertig erzogen und unmäßig verwöhnt und verdorben«.

Verzogen, nein, das bin ich nicht! Meine Mutter war stets darauf bedacht, mich recht zu erziehen. Aber geliebt bin ich als Kind worden, von beiden Eltern, oh, so sehr geliebt, daß ich mein ganzes armes Leben lang davon zehre und ihnen dafür dankbar bin.

Diese Liebe und die Liebe meines Herrn und Heilands, auf die mich meine liebe Mutter immer wieder hinwies, ist ein Sonnenstrahl auf meinem dunklen Weg, und wie hätte ich diese Jahrzehnte der Gefangenschaft ohne dieses Licht ausgehalten, das mir diese Liebe spendete?

Geliebte Mutter

Ich will damit anfangen, daß ich von meiner Mutter erzähle. Sie ist der Mensch, der meinem Herzen am nächsten stand, die mich selbstlos und vorbehaltlos mit all meinen Fehlern und Schwächen liebte, die mich mit ihren Gebeten umgab und mich durch ihre Fürbitte, mich, das verirrte und trotzdem immer noch gleichbleibend geliebte Kind, auf den rechten Weg, den Weg zu meinem Herrn, wies. Wenn ich von ihr berichte, werde ich mich nicht aufregen, werde nicht wieder in Zorn und Haß verfallen. Ihre Ruhe wird auf mich übergehen, diese Ruhe, die auf ihren festen Glauben gegründet war, der sie nie verließ, nie wanken ließ in all dem Glück, dem unendlichen, all dem Schmerz, dem unendlichen, der ihr »ganz« geschenkt wurde, wie es der Dichter ausdrückt.

Nicht nur mein Vater, auch viele andere Zeitgenossen haben sie als eine vorbildliche Frau gerühmt, eine aufopfernde, zärtlich besorgte Ehegefährtin, eine Beraterin ihres Mannes, die auch in der Politik solch sicheres Urteil hatte, daß sogar der französische »Sonnenkönig« Ludwig XIV. ihren Einfluß auf ihren Gatten wohl erkannte und zu schätzen wußte. Dieser selbstbewußte »Grand Seigneur« (großer Herr) hat sie mit »mon amie« und »ma cousine« in seinen Handschreiben angeredet, während seine Schwägerin Liselotte von der Pfalz sie so mißachtete und mit Giftspritzen ihres Hohnes angriff.

Meiner Mutter war es, so hatte der kluge König wohl erkannt, zu verdanken, daß mein Vater, der evangelische Fürst und Gemahl einer Hugenottin (französische Protestantin), an einer Verbindung mit ihm festhielt und mit Stolz den mit Diamanten verzierten Degen vom König der Franzosen annahm. Sie war es allerdings auch, die sich als Hugenottin ihrer verfolgten Glaubensbrüder so energisch, ja fanatisch annahm, die den Herzog derart beeinflußte, daß er von Ludwig XIV. empört die Freilassung des Hugenotten Rosemont de Boncourt verlangte, der den Titel eines Rates des herzoglichen Hofes führte und in die Bastille (berüchtigtes Pariser Gefängnis) geworfen worden war. Sie trieb meinen Vater dabei zu der Äußerung: »Ein Fürst, der sein Wort seinen Untertanen gegenüber bricht, ist nicht mehr der Regierung würdig.«

Sogar der große Philosoph Leibniz, den meine hochgebildete

Schwiegermutter so verehrte, äußerte sich trotz seiner Freundschaft mit der größten Feindin meiner Mutter, daß sich »die Herzogin Eleonore für die ernsten Fragen interessiert, namentlich allerdings für solche theologischer Art«.

Ja, das war der Hauptzug ihres Charakters, das war der Grund, auf den sie sich gründete: sie war Christin. Ihr Glaube war in der Tat bei ihr »der Sieg, der die Welt überwunden hat«. Zudem hatte sie der Schöpfer mit reichen Gaben des Leibes und des Geistes ausgestattet. Sie war nicht nur von anerkannter großer Schönheit, wovon ich nur einen schwachen Abglanz ererbt habe. Sie war auch geistig so rege in der gesellschaftlichen leichten Unterhaltung wie in schweren Problemen, daß sie sogar die Fähigkeiten manches bedeutenden Mannes überragte und der Gesandte Frankreichs an seinen König schrieb: »Georg Wilhelm vertraut ihrem Urteil unbedingt und läßt sich mit Rat und Tat von ihr leiten.« Und als der französische Herrscher, der allen Fürsten als die Verkörperung der Größe und der Macht erschien, ihr daraufhin herrliche Diamanten überreichen läßt, da äußerte ihr Gemahl: »Der König hat mir mit diesen wunderschönen Geschenken für meine Frau mehr Freude gemacht, als wenn er mir ganz Bremen zugesprochen hätte. Ich schätze sie als Beweis persönlicher Freundschaft höher als 500 000 Taler für mich selbst.«

Mein Vater war wohl ihr größter Bewunderer. Er kannte ihren Wert. Sie hatte nicht die sorgfältige Ausbildung in Wissenschaften, Sprachen und Musik genossen, wie sie sie mir angedeihen ließ, aber wie war sie mir überlegen an Urteilskraft, an Menschenkenntnis, an Umgang mit hoch und niedrig und in der schweren Kunst der Diplomatie!

Oh, ich könnte an diesem grauen Regentag stundenlang ein Loblied auf sie niederschreiben, und die Zeit würde mir dabei nicht lang werden, sondern nur so dahinfliegen.

Am liebsten saß ich früher als Kind und junges Mädchen bei solchem trüben Wetter zu ihren Füßen in einem der wunderschönen hellen Gemächer, die mein Vater für sie und mich mit besonderer Sorgfalt ganz nach ihrem erlesenen Geschmack hatte errichten lassen. Die alte Residenz in Celle, worin wir wohnten, konnte sich äußerlich nicht mit dem Herrenhauser Schloß und seinen massigen Türmen wie eine feste Burg messen, dessen wundervoller Park soviel Augenweide bot. Das Schloß in Celle ragt hoch über die malerischen Fachwerkhäuser der Stadt hinweg, und wir blickten aus den Fenstern über die sich endlos dehnende Ebene mit ihrem kargen Baumwuchs, der nur an den Ufern der Aller etwas üppiger war. Mein Vater hatte dieses Bauwerk früher nicht sehr geschätzt. Dann aber behauptete er, daß es ihm das liebste auf der Welt wäre, weil es das Liebste auf der Welt, seine Lebensgefährtin und sein Kind, barg. Fünf Jahre lang ließ er den Venezianer Lorenzo Bedogni mit einem Stab von Künstlern und Maurern daran arbeiten, daß es für seine Eleonore ein passender Rahmen wäre. Im neuen Glanz, in leuchtender Schönheit sollten die 180 Zimmer mit ihren 400 Fenstern erstehen.

Nichts sollte gespart werden. Nichts schien ihm gut genug für die Geliebte, Verehrte. Sie hatte – wie er immer wieder beteuerte – aus ihm, dem leichtsinnigsten und flatterhaftesten aller Fürsten, einen treuen Ehegatten und vor allem einen Landesvater gemacht, der seinen Besitz mustergültig verwaltete und nicht mehr wie einst von seinen Räten und Ministern flehentlich und dringend angehalten zu werden brauchte, sich um sein Land zu kümmern und seine Verschwendungssucht einzudämmen. Vor allem aber hatte sie – nicht durch ihr langweilendes Auf-ihn-ein-Predigen, sondern wie es die Heilige Schrift meint, durch ihren stillen Wandel – zuwege gebracht, daß er nicht mehr der Freigeist war, wie es in jener Zeit an Fürstenhöfen zur Mode gehörte, sondern sich immer ernstlicher dem Christenglauben zuwandte.

Auch er würde, wenn er jetzt bei mir säße, in ein Loblied auf seine Gemahlin einstimmen.

Doch alle Schönheit, die er ihr in dem neu hergerichteten Schloß zu Celle bot, konnte ihr nicht die Sonne, die Himmelsbläue ihrer Heimat ersetzen. Nie hat sie das ihm gegenüber geäußert und immer nur die einzigartige geschmackvolle Ausstattung der Celler Residenz gelobt, vor allem das entzückende Porzellankabinett, den prächtigen und doch so gemütlichen roten Salon, ihr eigenes Schlafgemach, das mit den Goldstickereien auf der Purpurseide des Vorhangs aus vergoldeten Tüllen den rechten Rahmen für sie selber bildete. Zu seiner deutlichen Genugtuung hat sie ihm herzlich dafür gedankt.

Wenn ich aber bei ihr am Fenster saß und draußen der Nebel über der Ebene braute, daß er wie eine grauweiße Wand die Außenwelt von uns abschloß, oder wenn der Regen herniederprasselte, dann bat ich sie, von dem Land ihrer Kindheit, von ihrer Jugendzeit zu erzählen. Sie hat es gerne, sehr gerne getan. Und sie wird mir nicht zürnen, sondern es gerne erlauben, wenn ich es ihr jetzt nacherzähle und mich dadurch selbst in Gedanken in ein schöneres Land versetze:

In das geliebte Land, das ihre Sprache spricht, das Land voller Wärme, voller Rosen und voller Licht, an dessen Küste die tiefblauen Wellen des Atlantischen Ozeans – anders als die grüngrauen der Nordsee – wie in einem fröhlichen Spiel ihre weißen Schaumkronen tragen, sich hochaufbäumen und mit schimmernden Schleppen zurückziehen.

Die Tochter der Hugenotten

Nun sehe ich mich zu Füßen meiner Mutter an einem Fenster ihres weißgoldenen Gemachs sitzen, in dessen Nische ihr prächtiges Bett steht.

Ich lehne meinen wuscheligen Lockenkopf, der gar nie Kamm und Bürste gehorchen will – und demnach meinem Charakter entspricht, der auch so oft aufbegehrt –, an ihre Knie und schaue zu ihr auf.

»Wie schön ist sie«, denke ich, obwohl ich doch erst ein etwa zehnjähriges oder zwölfjähriges Kind bin; und sehnsüchtig, am Ende gar ein wenig eifersüchtig füge ich hinzu: »So werde ich nie werden!«

Damit habe ich wohl recht behalten. Man hat mir oft versichert, daß ich ein reizendes kleines Mädchen gewesen wäre, und das war wohl nicht nur Schmeichelei. Wenn ich das Gemälde betrachte, das mich als Kind darstellt, so sehe ich ein rundliches, rotwangiges weiches Apfelgesicht, wie mein Vater es nannte. Als Herzkirsche lobte er meinen kleinen Mund, und meine krausen Haare, meine großen strahlenden Augen zeigten das Temperament der Welfen und wohl auch etwas von dem lebhaften französischen Charakter, den meine Mutter so gut unter vorbildlicher Selbstbeherrschung verbarg, die sie vor allem ihrem Glauben als Hugenottin verdankte.

Wenn ich so bei ihr saß, erzählte sie mir von ihrer Jugendzeit in ihrer französischen Heimat. Ich sah sie dabei ganz deutlich vor mir. Ich hatte ja immer eine lebhafte Phantasie, und ihre Halbschwester Angelika hatte mir auch recht ausführlich darüber berichtet. Sie besuchte uns öfters, und ihr Gemahl, der Prinz von Reuß, hatte sich nicht daran gestoßen, daß sie nicht »ebenbürtig« sein sollte, als er sie ehelichte. Meine Schwiegermutter Sophie von Hannover samt ihrer Nichte Liselotte von der Pfalz konnten sich dagegen nie genug darüber in gehässigen Ausdrücken erschöpfen und mich als das »unebenbürtige Halbblut« schmähen. Doch ich will nicht von meinen lieblichen Erinnerungen, vielmehr den Erinnerungen meiner Mutter abkommen. Immer wieder will der alte böse Haß in mir auflodern, und ich werde wohl bis an mein Ende dagegen kämpfen müssen und jeden Abend auf den Knien vor meinem Herrn um Vergebung flehen.

Ja, ich sah diese junge Eleonore sich in dem Park ihres väterlichen

Schlosses mit ihren Gespielen vergnügen, diese große schlanke rassige Eleonore mit den strahlenden großen Augen, den schwarzen Locken, die ihr ovales feingeschnittenes Gesicht umgaben, den roten Lippen und den blendend weißen Zähnen, die bei ihrem herzlichen Lachen blitzten.

»Enfin, elle était une grande beauté« (Kurzum, sie war eine große Schönheit!), erklärte mir ihre Schwester. Und das ist sie, zwar andersartig, bis zu ihrem Abscheiden geblieben, wenn auch statt fröhlichen Lachens immer ein Hauch von Schwermut über ihrem feinen Mund schwebte.

Sie war nicht so »unebenbürtig«, wie die beiden Frauen, die sie am meisten haßten, alle Welt glauben machen wollten. Ihre Vorfahren väterlicher- wie mütterlicherseits waren vom alten Adel, sogar Könige waren in ihrer Ahnentafel. Sie war im Schloß Olbreuse geboren, das zwar nicht so groß wie das in Celle oder gar das Herrenhauser oder das Leineschloß in Hannover, aber immerhin recht ansehnlich war, und der Park konnte zwar nicht mit dem hannoverschen wetteifern. Aber es strahlte mehr blauer Himmel des Südens und heißere Sonne über ihm, und wenn von der Jugend darin auch fröhlich gespielt wurde, wenn sich Eleonore auch mit übermütigen Neckereien hervortat, so waren die Lustbarkeiten doch nie sittenlos wie die am Hof zu Hannover und bei andern Fürstlichkeiten oder gar in Paris. Dafür sorgten schon die Eltern, die ihre Kinder im Sinne frommer Hugenotten erzogen.

Und trotzdem oder gerade darum war es eine glückliche Jugendzeit, die ihre Töchter erleben durften und die nach Jahrzehnten noch in der Erinnerung meiner Mutter Augen aufstrahlen ließen.

»Warum bist du denn nicht dort im Süden Frankreichs geblieben?« habe ich sie einmal gefragt.

Da verdunkelten sich ihre schönen Augen. »Die Türme von La Rochelle blickten vom Meer her immer zu uns herüber und waren uns Mahnung und Warnung. Mahnung, in unserm Glauben fest zu bleiben, und Warnung vor dem, was auf uns wartete. Wir waren und blieben Hugenotten«, antwortete sie.

Als ich älter war, hat sie mir Näheres darüber erklärt. Die französischen Protestanten nannte man Hugenotten. Dies Wort ist wahrscheinlich eine Verstümmelung der Bezeichnung Eidgenossen, wie man häufig die Schweizer nennt. Damals kämpften die Schweizer Protestanten gegen die Savoyer, blieben aber im Gegensatz zu den französischen Glaubensbrüdern siegreich, so daß viele aus Frankreich zu ihnen, vor allem in die Stadt des Reformators Calvin, flüchteten. Die französischen Könige waren den Hugenotten nicht wohlgesinnt, und als die ganze Hugenottengemeinde in Vassy hingemetzelt wurde, brachen die Hugenottenkriege aus. Einer reihte sich an den andern. Immer wieder kam es zu einem Friedensschluß, der immer wieder gebrochen oder gar nicht ausgeführt wurde. Die Vorfahren meiner Eltern, die zum protestantischen Glauben übergetreten waren, zeichneten sich in diesen Hugenottenkriegen aus. Es waren viele tapfere Streiter in den Reihen der Hugenotten, und bei St. Denis siegten sie, unterstützt von dem deutschen Pfalzgrafen Johann Casimir, unter Führung des großen Feldherrn Condé über eine siebenfache Übermacht. Und wieder flammten neue Kämpfe auf. Admiral Coligny war danach der Anführer der Hugenotten, und der junge König Karl IX. war sogar so von diesem Mann eingenommen, daß er ihn zum Ratgeber nahm. Da witterte die Mutter des Königs, die streng katholische Katharina von Medici, Gefahr für die katholische Sache. Sie faßte einen teuflischen Plan. Sie beredete den schwachen König, seine Schwester Margarete mit dem Hugenotten Heinrich von Navarra zu verheiraten. Ein Aufatmen ging durch die Reihe der Hugenotten, von denen die Vornehmsten – natürlich ohne Waffen – zu der Hochzeit nach Paris strömten und dort – zu Tausenden ermordet wurden. Als erster fiel ihr Anführer Coligny dieser »Bluthochzeit« zum Opfer. In dieser »Bartholomäusnacht« zum 24. August 1572 und in den folgenden Wochen wurden etwa 20 000 Hugenotten schändlich umgebracht. Noch nach sechs Wochen soll der Seinestrom Leichen ins Meer getragen haben. Irrsinnig vor Gewissensqualen starb der haltlose König. Sein Bruder folgte ihm auf den Thron und regierte auch nur kurze Zeit. Nun war Heinrich von Navarra der Erbe der französischen Krone. Man wirft ihm vor, daß er die Sache der Hugenotten, seinen Glauben verleugnet habe. Immerhin aber hat er dadurch, daß er die Worte »Paris ist eine Messe (katholischer Gottesdienst) wert!« sprach und Katholik wurde, der Sache der Hugenotten gedient. Er gab durch das Edikt von Nantes ihnen volle Gewissensfreiheit und 200 Sicherheitsplätze.

Heinrich versuchte zwar, auch Eleonores Vater, den er sehr schätzte, dessen Schloß niedergebrannt, aber dann wieder in späteren Jahren aufgebaut, dessen Vermögen beschlagnahmt worden war, zu überreden, ihm zur Seite zu bleiben und zum katholischen Bekenntnis zurückzukehren. Aber Alexander Desmier d'Olbreuse blieb seinem Glauben treu.

»Aber ihr konntet doch nun, seit das Edikt von Nantes erlassen war, in Frieden leben«, warf ich bei meiner Mutter Erzählen ein. »Warum sahen die Türme von La Rochelle mahnend und warnend zu euch herüber?«

»Sie warnten nicht nur, sie drohten«, entgegnete sie. »Der Nachfolger dieses Heinrich IV., der selber ermordet wurde, Ludwig XI., hatte zwar das Edikt von Nantes bestätigt, aber unter Kardinal Richelieu, der mit der Königin Anna für den noch unmündigen Ludwig XIV. regierte, wurde der Haß gegen die Protestanten immer fühlbarer und verstärkte sich noch, als Ludwig XIV. das Zepter übernahm. Einer der sogenannten Sicherheitsplätze, die ihnen gewährt worden waren, nach dem andern wurde den Hugenotten entrissen. Als letzte Festung nahm Richelieu La Rochelle ein. Erst nach 13 Monaten ist die tapfere Besatzung durch Hunger gezwungen worden, sich zu ergeben.

Es war im Jahre 1628, elf Jahre vor meiner Geburt, und seither sind mehr und mehr Hugenotten aus Frankreich geflüchtet, weil sie voraussahen, daß noch schlimmere Zeiten für sie in ihrem Vaterland anbrechen würden. Die deutschen evangelischen Fürsten haben sie gern aufgenommen. Sie bedeuteten nur Gewinn für ein Land. Es sind alles kluge, fleißige Männer. Sie fügten sich als Seidenweber, Tuchweber, Handwerker, als Gelehrte und als tapfere Offiziere in ihre neue Heimat ein. Und wer weiß, wie viele noch kommen werden!«

Meine Mutter hat recht behalten. Sie selber hat es noch erlebt, daß 1685 König Ludwig XIV. das Edikt von Nantes völlig aufhob, daß er dabei unter Todesstrafe verbot, das Land zu verlassen, aber immerhin noch etwa 200 000 dieser sogenannten Réfugiés die Flucht gelang. Auch nach Celle kam eine stattliche Anzahl und wurde von meiner Mutter liebevoll aufgenommen. Der Pastor Louis de Forest war unter ihnen. Zuerst versammelte sich diese kleine Gemeinde der französischen Hugenotten sogar in unsern Privaträumen. Als aber immer mehr hinzukamen, erlaubte ihnen mein Vater auf Drängen meiner Mutter, daß sie sich endgültig in seinem Land niederließen und eigene Kirchen bauten. Viele von ihnen nahm er auch in seine Armee auf. Er hat es nie bereut und folgte damit dem Beispiel anderer Fürsten. Vor allem in Brandenburg waren diese Hugenotten hoch willkommen.

Ich habe das alles mit vor Begeisterung glühenden Augen von meiner Mutter aufgenommen. Ich verfügte aber wie sie – und verfüge wohl auch jetzt noch – über einen klaren Verstand und scharfe Urteilskraft.

»Warum wurden sie denn evangelisch? Was haben sie gegen den katholischen Glauben?« fragte ich. »Haben wir nicht denselben Gott, denselben Herrn Jesus Christus?«

»Ja«, gab sie zu. »Aber ihr Christentum ist in äußerem Gepränge erstickt. Was wissen sie noch von dem wahren Glauben! Sie haben ja nicht die Heilige Schrift in Händen, und es ist ihnen sogar verboten, eine Bibel zu besitzen. Sie werden schwer bestraft, wenn eine bei ihnen gefunden wird. Gewiß gibt es auch wahrhaft fromme Katholiken. Sogar einer ihrer Päpste hat später geschrieben: ›Man macht die Ketzer nicht mit Waffengewalt zu Katholiken, sondern die Katholiken zu Ketzern. Christus versuchte nicht in dieser Weise durch Kriegsknechte zu bekehren, die niemals Apostel sein werden. Man kann die Menschen nur in die Tempel *führen,* nicht aber *schleifen*.‹«

Trotzdem nahm die Verfolgung der Hugenotten unter Ludwig XIV., der immer mehr unter dem Einfluß der strengen Katholikin Madame de Maintenon geriet, die furchtbarsten Formen an.

Männer wurden hingerichtet oder als Galeerensträflinge mit Ketten an die Kriegsschiffe gefesselt, die sie, wie einst die Sklaven Roms, bis zu ihrem Zusammenbruch rudern mußten. Die Frauen wurden in Kerker geworfen, wozu die Türme von La Rochelle gleichfalls dienten. Eine von ihnen hat in die Mauer des Kerkerturms von Aiguesmortes ein »Resistez!« (Widersteht! Haltet stand!) gekratzt und hat selber 37 Jahre ausgehalten, ohne ihrem Glauben abzuschwören.

Wenn ich mir das überlege, so muß ich Gott dem Herrn danken, daß ich zwar auch solch lange Zeit hier als Gefangene schmachten muß, daß ich aber noch unter menschenwürdigen Umständen lebe, wohnliche Räume zur Verfügung habe, meine Bücher, mein Clavecin (Cembalo). Ich durfte jahrzehntelang meine liebe Mutter, sogar später einige Réfugiés empfangen, konnte kleine Fahrten über die Heide machen, und das alles, ohne daß ich dabei für meinen Glauben litt, sondern an ihm allein Halt fand. Nein, erst die Gefangenschaft hat mich zum Glauben geführt. Ja, dafür danke ich meinem Vater im Himmel und meinem Herrn Jesus Christus. Aber meinem ehemaligen Gemahl, nein, ihm danke ich nicht für diese geringe Bequemlichkeit, die er einer Königin gewährt, für diese erniedrigende Behandlung, diesen Kerker, als den ich hier dieses Gemäuer in der

Einöde betrachte, in dem ich, streng bewacht, jahrzehntelang schmachte und aus dem mich nur der Tod befreien wird.

Herr, hilf mir, dieses Menschen ohne Haß zu gedenken! Laß mich wahrhaft die Tochter einer glaubensstarken Hugenottin werden!

Am Hof des »Sonnenkönigs«

Zuweilen, wenn mir meine liebe Mutter erzählte, hatte sie ihre Hände lose verschlungen im Schoß liegen. Doch das geschah nicht oft. Sie konnten nicht müßig sein. Zumeist hielten sie wenigstens eine feine Handarbeit.

Als ich einmal so ihre Hände betrachtete, fiel mir auf, daß sie nicht so zierlich und fein, wie die meinen, wenn auch wohlgeformt waren. Ich hatte also doch etwas an Schönheit ihr voraus.

Sie schien meine Gedanken erraten zu haben. Sie lächelte auf mich herab und sagte: »Meine Hände sind größer als die deinen. Sie haben von Kind an arbeiten gelernt.«

Hatte sie solch eine böse Stiefmutter gehabt, wie ich eine böse Schwiegermutter hatte? Durchaus nicht. Ihre zweite Mutter, die ihrer eigenen, früh verstorbenen gefolgt war, hatte sie mit derselben Liebe umgeben wie ihre eigenen Kinder. Sie hielt sie aus lauter Fürsorge beizeiten an, das gesamte Hauswesen mit Küche, Keller, Garten und Pflege der Wohnräume zu erlernen. Diese Betätigung hat meine Mutter auch beibehalten, als sie Herzogin geworden war.

Mein Vater, der eigentlich alles an ihr schätzte, lobte auch immer wieder, wie sie sich um die gesamte Hofhaltung kümmerte, ja, sogar mit heilenden Tränklein und Tees bereit war, wenn er selber schwer erkältet von einer Jagd heimkehrte oder ich eine Kinderkrankheit hatte. Des Gesindes nahm sie sich in gleicher Weise an.

Nicht zu Unrecht hat meine Schwiegermutter nach einem Besuch in Celle einmal geäußert, daß diese »Person« fabelhaft gut kochen könnte!, hatte dann aber sogleich als gehässige Bemerkung hinzugefügt, die bald an fast allen Fürstenhöfen bekannt war, dieses französische Fräulein hätte wohl mit ihren Zaubertränken den armen Schwager behext, hätte aber, da sie ja sowieso dienenden Standes gewesen wäre, besser seinen Kammerdiener geheiratet oder wäre Köchin am Hofe oder Zofe geworden, wozu ihre Fähigkeiten ausgereicht hätten. Sie hatte diese herabsetzende Bemerkung über meine liebe Mutter einem Brief der Liselotte von der Pfalz entlehnt. Ein »Bonmot« (gutes treffendes Wort) nannte es Kurfürstin Sophie, was doch eher ein böses Wort anstatt ein gutes Wort war, und sie war eifrig bedacht, daß es in ganz Europa die Runde machte: »Dieses französische Fräulein«, so hatte Liselotte geschrieben, »ist von recht niedriger Herkunft, und es wäre eine Ehre für sie gewesen, Collin (den Diener ihres Sohnes, des Herzogs von Orleans) zu heiraten.«

Meine Mutter war über diese niederträchtigen Beleidigungen erhaben. Sie war in allen hausfraulichen Tugenden unterwiesen worden, weil ihre Eltern annahmen, ihre schöne Tochter würde einmal die Gattin eines Landedelmannes, wie ihr Vater war, werden.

Doch trotz ihrer äußeren Reize, ihrer Anmut, ihrer Schönheit, trotz ihres liebenswürdigen und auch schalkhaften Wesens und ihrer hausfraulichen Fähigkeiten, trotz ihrer unantastbaren Tugend fand Eleonore in ihrer südfranzösischen Heimat keinen Freier, der ihr passend und genehm war.

Woran lag es?

Galt sie nicht mehr als sogenannte »gute Partie«, weil durch die Hugenottenkriege das Vermögen ihres Vaters zusammengeschmolzen war und sie nicht mit einer großen Mitgift rechnen konnte?

Darüber hätte mancher dank all ihrer Vorzüge hinweggesehen. Aber sie war Hugenottin, überzeugte Hugenottin, und niemals wollte sie ihren Glauben für ein diesseitiges Glück opfern, niemals einem Gatten zuliebe zum Katholizismus übertreten oder auch nur einen Katholiken heiraten und damit künftige Kinder in diesem Glauben aufwachsen lassen.

Sie verließ ihr Elternhaus, wohl in der Hoffnung, es später wieder aufzusuchen und wenigstens als Besuch dort zu weilen. Doch sie hat es nur noch einmal kurz zu einem endgültigen Abschied wiedergesehen.

Es ist nun nicht so, daß sie auf Heiratssuche auszog, wie ihr von böswilligen Zungen nachgesagt wird. Sie hat mir versichert, daß sie ihr Schicksal in dieser Hinsicht ganz dem Vater im Himmel anheimgestellt hätte, der wohl gewußt hätte, welchen Mann er – in weiter Ferne – für sie bestimmt hatte.

Wahrscheinlich nahm sie das Angebot der Prinzessinnen von La-Tremoilles, der vornehmsten und tonangebendsten Frauen ihrer Provinz, ihre Ehrendame zu werden, auch darum an, weil sie als junges Mädchen gerne etwas mehr kennenlernen wollte als ihre schöne, aber immerhin etwas abgelegene Heimat. Zuerst begleitete sie die alte Herzogin von La-Tremoilles nach Paris, und als sich die bejahrte Dame nach der Hochzeit ihrer Töchter wieder aufs Land zurückzog, kam Eleonore in die Obhut einer Schwiegertochter der Herzogin, der Fürstin von Tarent, der Tochter des Landgrafen von Hessen-Kassel. Diese hat bei ihr Mutterstelle bei Hof vertreten und sie niemals – wie böswillige Zungen behaupten, deren Namen ich gar nicht nennen möchte, weil mir sie zu schreiben zuwider ist – als ihre Dienende, eine Untergebene betrachtet und behandelt. Sie zog sie allen andern Damen ihrer Umgebung vor. Seltsamerweise entfachte dies aber keinen Neid oder Eifersüchteleien. Eleonore gewann die Herzen durch ihre gleichbleibende Fröhlichkeit, durch ihre Bescheidenheit, die gerne für andere zurücktrat, sich nie in den Vordergrund drängte, durch ihre erheiternde Schalkhaftigkeit, die doch niemals andere verspottete und verletzte. Zugleich aber bewies sie, daß sie auch in dem leichtfertigen Treiben in Paris fest an ihrem Hugenottenglauben hielt.

Ich hörte meine Mutter besonders gerne von Paris erzählen. Ich bat und drängte sie immer wieder darum.

Paris! Das bedeutete die Stadt des Glanzes, der Schönheit! Oh, ich wollte es später auch kennenlernen, dann erst recht, wenn das Märchenschloß, dessen Bau damals der junge König Ludwig XIV. noch nicht vollendet hatte, das Schloß in Versailles in voller Pracht erstanden wäre mit seinem herrlichen Park, der alle andern in Europa übertreffen würde, so wie er es heute mit all seinen Mamorfiguren, seinen Wasserspielen tut.

Oh, ich wollte, wenn ich erwachsen war, so viel von der weiten wunderbaren Welt sehen und nicht immer in dieser eintönigen Heide bleiben. Was für Reisen würde ich machen! Wie gut, daß mir gnädig verborgen blieb, daß ich Jahrzehnte meines Lebens nicht in der Weite, sondern in der Enge verbringen würde, inmitten dieser endlosen Heide, als Gefangene in einem düsteren Schloß!

Noch lauschte ich begeistert und voller Zukunftspläne, wenn meine Mutter mir von Paris berichtete, ihren Aufenthalt am Hof des »Sonnenkönigs« schilderte. Sie lächelte, wenn sie meine funkelnden Augen sah, gütig auf mich herab.

»Ich war, als ich in der schweren, oft leicht schwankenden Reisekutsche der La-Tremoilles in Paris einfuhr, nicht so entzückt wie du«, sagte sie. »Ich war verwirrt, beinahe bestürzt über das Menschengewimmel dieser Weltstadt, über die breiten Straßen, die Fahrzeuge, die Sänften, über die Türme, die über das Häusergewirr ragten. Ich atmete auf, als wir in die Einfahrt eines der stillen vornehmen Häuser einbogen, das Palais des Fürsten von Tarent, und durch das zweite Tor in den Innenhof gelangten. Doch ich war ein beherztes junges Mädchen, das diese neue Umwelt kennenlernen wollte. Ich habe mich bald gefangen und eingelebt. Sehr beeindruckt war ich zwar noch in den ersten Tagen vor allem von der majestätischen Kathedrale Notre Dame, die so stolz mit ihren beiden breiten mächtigen Türmen gen Himmel ragt und die im Innern solch mystisches Halbdunkel hegt. Geradezu überwältigt aber war ich von dem Riesenbau, dem Doppelpalais des Louvre, dem alten Königsschloß, in dem die Könige Frankreichs doch nicht gern gelebt haben. Die verwitwete Königin Anna war erst vor kurzem aus dem Palais Royal mit ihrem Sohn, dem König Ludwig XIV., dorthin zurückgekehrt, und der junge Herrscher trieb die Vollendung des Schlosses zu Versailles voran, um bald dort seinen glänzenden Hofstaat führen zu können. Gedachte er wie ich daran, daß in dem großen viereckigen Innenhof des Louvre vor der Hochzeit Heinrich von Navarras mit der Königsschwester Margarete noch farbenfrohe Ritterspiele aufgeführt worden waren und einige Tage danach von dort aus die Ermordung der Hugenotten in der Bartholomäusnacht ausging? Aber er war ja nicht Hugenotte wie ich. Ihn mag dieses Gemetzel weniger bekümmert haben.

Doch als wenn ein Fluch auf diesem in seinen Renaissance-Formen vollendeten und doch so düsteren Bau läge, war, kurz bevor ich in Paris ankam, im Louvre ein Brand ausgebrochen. In der Petite Galerie (Kleinen Galerie) waren Arbeiter damit beschäftigt gewesen, eine Bühne zu bauen. Zu Ehren der jungen Königin Maria Theresia, von deren bevorstehendem Mutterglück der Hof gerade erfahren hatte, sollte dort ein Ballett aufgeführt werden. Einer der Arbeiter war eingeschlafen, hatte vergessen, daß eine Leuchte brannte, und die traurige Folge war, daß die ganze wunderschöne Galerie vernichtet wurde.

Das mag den König erst recht veranlaßt haben, so bald wie möglich nach Versailles umzuziehen und vorläufig im Westen des Louvre in dem entzückenden Schloß der Tuilerien Hof zu halten.

Das hat mich sehr beeindruckt, daß gerade bei meiner Ankunft in Paris sich diese Brandkatastrophe ereignet hatte. Doch obwohl dies natürlich viel Gesprächsstoff in den Salons des Adels ergab, hatte es mit mir, dem kleinen unbedeutenden Fräulein aus der Provinz, im Grunde gar nichts zu tun.«

»Du hast dich auch darüber bald hinweggesetzt«, fiel ich, von meiner Mutter Selbstbeherrschung und Tapferkeit überzeugt, ein, »und dann hast du doch viel Schönes in Paris erlebt.«

Sie nickte, und ich bat und bettelte, daß sie mir so ausführlich wie möglich von all den glänzenden Hoffestlichkeiten berichtete, woran sie teilgenommen hatte.

Ach, ich sah es geradezu mit eigenen Augen vor mir, wie da Abend für Abend eine wappengeschmückte Kutsche nach der andern vor dem Schloß anrollte, wie die Damen in ihren prangenden Seidenkleidern mit all ihrem blitzenden, funkelnden Schmuck ausstiegen, wie sie feierlich den bewundernswerten Treppenaufgang hinaufstiegen, von dem der Botschafter von Venedig rühmte, daß die nur vier Finger hohen Stufen erstaunlicherweise nur an einer leichten Marmornadel aufgehängt wären.

Zuerst war das Hoffräulein Eleonore wie geblendet von allem Kerzenglanz, von allem Geschmeide- und Ordenglitzern. Doch dann schritt sie immer beherzter durch die prunkvollen Säle, und ihre schlanke anmutige Gestalt, ihr bezaubernd schönes Gesicht mit den schwarzen Locken fiel auch immer mehr auf, und als ihre zahlreichen Bewunderer erst noch ihren lebhaften Geist, ihre schelmischen Antworten schätzen lernten, da war sie bald der Mittelpunkt einer immer mehr wachsenden Schar von Edelleuten, die von ihrer Anmut und ihrem Temperament bezaubert waren.

So gerne und gewandt sie auch auf jeden Scherz einging und ihn parierte, so entschieden überhörte sie jeden erotischen Antrag oder wies ihn energisch ab. Einer ihrer Zeitgenossen schrieb: »Sie hält sich tapfer, schleift den Saum ihres Kleides nicht durch den Schmutz, bleibt unverführbar und unberührbar.«

Das brachte ihr aber nicht nur Lob ein, sondern mancher verschmähte Freier rächte sich mit giftigen, boshaften Bemerkungen über diese unantastbare Dame, und ein Wort, das der abgewiesene Herzog von Gramont prägte, wurde von den ihr Übelwollenden aufgegriffen, und über Paris hinaus an den Fürstenhöfen Europas wurde über sie spöttisch als über das »spröde Edelfräulein« gescherzt.

Es gab zwar auch ansehnliche Edelleute, die sich ernsthaft um sie bewarben. Aber wie ich schon erwähnte und sie stets betonte, war Eleonore überzeugte Hugenottin und wollte ihren Glauben nicht verleugnen, nicht katholisch werden. Außerdem gingen dem klugen Mädchen bald die Augen auf, welche Sittenverderbnis an diesem äußerlich so glanzvollen und anziehenden, geradezu betörenden Hof herrschte. Sie wollte – und wenn ihr noch soviel Reichtum und Wohlleben geboten werden sollte – nicht in diesem Sumpf untertauchen. Sie gab mit diesem Entschluß jede Hoffnung auf, den Wunsch ihrer Eltern erfüllen zu können und in Paris einem ansehnlichen und sympathischen Mann von Adel die Hand fürs Leben zu reichen und eine angemessene Heirat zu machen.

Sie hielt es für eine Fügung des himmlischen Vaters, daß der Gemahl ihrer Herrin und mütterlichen Freundin sich entschloß, Frankreich zu verlassen. Die Tarent hatten hohes Ansehen bei der Königin-Witwe Anna genossen, fühlten aber, daß sich die königliche Gunst immer mehr von ihnen abwandte, da sie beide wie Eleonore Protestanten waren. Die Zahl der aus Frankreich auswandernden Hugenotten wuchs von Jahr zu Jahr.

Der Fürst von Tarent hatte als junger Mann lange in Holland geweilt, und da ihm dort eine angesehene militärische Stelle angeboten wurde, zögerte er nicht, sie anzunehmen. Er verließ Frankreich, um sich nach Den Haag zu begeben. Die Fürstin war bereit, ihm zu folgen. Vor Eleonore erhob sich nun die schicksalsschwere Frage, ob sie sie begleiten wollte.

Sie antwortete: »Unbedingt! denn ich bin meiner hohen Beschützerin, die ich so innig liebe und verehre, verpflichtet, ihr überall beizustehen. Nie würde ich sie eine so weite Reise allein unternehmen lassen. Ich will und muß ihr meine Sorge und meine hingebenden Dienste auch im fremden Lande weihen.«

So folgte Eleonore mit einer andern Hofdame, die ihr ein Leben lang verbunden blieb, einer Mademoiselle de la Mothe, der Fürstin von Tarent nach Holland. Damit entschied sich ihr Schicksal, als sie von den Eltern, den Genossen ihrer Kindheit und Jugend Abschied nahm, von der geliebten Heimat, die sie nie wiedersehen sollte.

In Den Haag

(Ich habe in meinen bisherigen Aufzeichnungen meine Mutter meist einfach Eleonore genannt, und dabei will ich vorläufig auch bleiben, denn als das sich ereignete, was ich seither und jetzt noch schildere, war ich ja noch nicht geboren, und sie war noch nicht meine Mutter, sondern Eleonore d'Olbreuse.)

Eleonore hatte mit ihrer Herrin und mütterlichen Freundin sowie der andern Ehrendame Mademoiselle de la Mothe die lange beschwerliche Reise von Paris nach Den Haag gut überstanden. Sie hatte sich dabei in töchterlicher Liebe und Fürsorge der Fürstin angenommen, die nicht mehr so jugendstark und widerstandsfähig war wie sie, und sie war darum froh, als sie endlich angelangt waren.

Es stimmt wiederum nicht, daß sie, wie üble Neider behaupten, als bettelarmer Flüchtling mit Vater und Schwester in Holland angekommen ist und sich mit Almosen und sammeln von Weinbergschnecken durchbrachte. (Gibt es diese Weinberge überhaupt in Holland?)

Eleonore hatte sich diese ebene, nördlich gelegene Gegend recht langweilig vorgestellt. Doch sie hatte sich getäuscht und war angenehm überrascht. Zwar fand sie in Den Haag nicht solch einen weltberühmten Hof vor wie den Ludwigs XIV., der sich immer mehr zu einer der strahlendsten Residenzen Europas entwickelte. Doch in Den Haag begann die Etikette, sich mit der gleichen symbolischen Würde zu umgeben, wie sie sich in Versailles bald voll entfalten sollte.

Es wurden auch nicht derart prunkvolle Feste gefeiert, und es waren nicht so viele in kostbaren Roben prangende, mit funkelnden Diademen ihren Reichtum bekundende Damen, so viel ordengeschmückte Herren versammelt. Aber es bot sich hier eine Gesellschaft, die sich international zusammensetzte und deren Mitglieder zum großen Teil weniger leeren Tändeleien und Liebeleien ergeben waren, sondern wahre Geistigkeit zeigten und anregende Gespräche führten.

Nicht nur alle entthronten, ihres Besitzes beraubten Fürsten, all jene, die die Rache eines regierenden Herrn, eines einflußreichen Staatsmannes oder geistlichen Würdenträgers fürchteten, namentlich den Zorn Ludwigs XIV. und seiner mächtigen Minister, waren in die holländischen Generalstaaten geflüchtet und fühlten sich in diesem protestantischen Land in Sicherheit. Von ihnen wurden auch deutsche Fürsten und Edelleute von Rang und Bedeutung angezogen, und vor allem gewann diese Gesellschaft durch die Anwesenheit hervorragender Gelehrter und Herrscher in der Welt der Wissenschaft. Hof gehalten war hier auch worden, und zwar nicht von dem Regenten dieses gastfreundlichen Landes, sondern von einer Königin, einer wirklichen Königin. Allerdings wurde sie heimlich hinter der vorgehaltenen Hand spöttisch als die »Winterkönigin« bezeichnet. Eine Königin ohne Land und ohne Vermögen, auf die Gnade der reichen Generalstaaten angewiesen, was ihr jedoch wenig Kummer gemacht hatte, trotz ihres Hochmuts, den sie deutlich zur Schau gestellt und sehr hervorgekehrt hatte.

Ich schreibe so ausführlich über sie, obwohl ein Jahr vor Eleonores Ankunft in Den Haag diese Elisabeth in London gestorben war, endlich wieder in ihrer Heimat, die ihr so lange verschlossen gewesen war, bis 1660 Karl II., der Sohn des unglücklichen hingerichteten Karls I., König von England geworden war.

Eleonore wußte damals noch nicht, daß ihr aus der Familie dieser Frau ihre ärgste Feindin erstehen würde, sie, die mein Leben zerstörte, denn Eleonores künftige Schwägerin, meine Tante und spätere Schwiegermutter Sophie von Hannover, war die jüngste Tochter dieser »Winterkönigin«.

Manche der ältesten weißköpfigen Herren, die in Den Haag ihren Lebensabend in Ruhe beschlossen, erinnerten sich noch an die glanzvolle Hochzeit dieser Elisabeth von England mit dem Kurfürsten Friedrich von der Pfalz, die in London stattfand, und an die Reise nach und durch Deutschland, die einem Triumphzug glich und in Heidelberg, der neuen Residenz des jungen Paares, mit ebenso prunkvollen Festen abschloß.

Es war, als wollte sich so nahe vor dem furchtbaren Dreißigjährigen Krieg unter Fanfarengeschmetter und mannigfachen Lustbarkeiten auf dem Schloß wie drunten in der Stadt alle Lebensfreude, aller farbenfroher Glanz des scheidenden Mittelalters, des Rittertums noch einmal entfalten.

Und doch schwebte schon eine dunkle Wolke darüber, die aber nur den wenigsten bewußt war. Sämtliche protestantische Fürsten Deutschlands waren in Heidelberg erschienen, und zwar nicht nur um mitzufeiern, sondern um abseits des Spielens und Tanzens in einem Saal des Schlosses zu beraten, wie sie sich gegenüber dem immer stärker werdenden Haß der katholischen Liga verhalten, auf die Dauer bewahren sollten. Zu guter Letzt waren sie übereingekommen, daß sie einen Abgesandten zu Gustav Adolf von Schweden senden und diesen treuen Glaubensgenossen um Hilfe bitten wollten. Sie hatten als ihren Fürsprecher den jungen Pfalzgrafen von Zweibrücken Johann Kasimir gewählt, für den diese Fahrt zugleich eine Brautfahrt wurde (Näheres in dem TELOS-Buch »Ein Leben für Gustav Adolf«).

Dieser hervorragend begabte junge Mann hat in seinen Aufzeichnungen diese Heidelberger Hochzeit vortrefflich geschildert, den Festzug, die Turniere und vor allem das siebzehnjährige Brautpaar in seiner strahlenden Schönheit, wobei ihm bei der jungen Frau aus dem Hause Stuart ihre verführerische und doch auch wieder kalt und hochmütig wirkende Anmut und ihre stolze Haltung auffiel.

Elisabeth hat es nicht lange als Kurfürstin in dem wunderschönen, aber ihr zu engen und bescheidenen Schloß auf der Höhe oberhalb des lieblichen Neckartals und der traulich wirkenden Stadt ausgehalten, die beide damals noch nicht durch die Horden Ludwigs XIV. zerstört waren. Sie drängte ihren Gemahl, die Krone Böhmens anzunehmen, das vom Kaiser abgefallen war und einen evangelischen Herrscher verlangte. Er hat ihren Rat befolgt und ist schon im folgenden Jahr in der Schlacht am Weißen Berge in der Nähe von Prag, wo er von einem Fenster der hochgelegenen Burg die Kämpfe beobachtet haben soll, geschlagen worden. Mit seiner stolzen ehrgeizigen Gemahlin ist er dann geächtet und verarmt, als »Winterkönig« verhöhnt, verspottet, als Flüchtling von Stadt zu Stadt geirrt, bis ihn, den erst 27jährigen, in Mainz der Tod von seinem traurigen Leben erlöste. Umsonst hatte sich Johann Casimir bei den verschiedensten Fürsten, auch bei den Generalstaaten der Niederlande, für den Unglücklichen verwandt. Erst im Frieden des Jahres 1648, der den Dreißigjährigen Krieg beschloß, erhielt sein Sohn Karl Ludwig die Würde eines Kurfürsten und seine Residenz Heidelberg samt der Rheinpfalz zurück.

Elisabeth aber fand Aufnahme in Den Haag und lebte dort mit ihrer großen Kinderschar ein behagliches Leben. Allerdings stimmt dieses Wort »mit« nicht ganz. Sie ließ ihre Kinder in Leyden von einem Hofmeister erziehen, liebte ihre Affen mehr als sie, und ihre Töchter durften erst an ihren Hof kommen, wenn sie erwachsen waren. Die Jüngste, diese Sophie, meine spätere »böse« Schwiegermutter, schon als Zwölfjährige.

Als Eleonore in Den Haag weilte, wo zwar keine Königin mehr residierte, aber immer noch ein reges geistiges Leben herrschte, lernte sie ihre große Widersacherin noch nicht kennen, ahnte nichts von einem späteren Zusammentreffen, hörte kaum ihren Namen. Sophie war seit fünf Jahren schon mit meinem späteren Onkel Ernst August verheiratet. Ehe diese Ehe zustande kam, hatte sie jahrelang bei ihrem ältesten Bruder, dem Kurfürsten Karl Ludwig, in Heidelberg zu Besuch geweilt.

So verlebte Eleonore völlig unbeschwerte Tage in Den Haag, woran sie noch im Alter gerne zurückdachte. Sie hatte dort in der internationalen Gesellschaft viele geistreiche Männer und bemerkenswerte Frauen kennengelernt, vor allem im Salon der Anna Maria von Schürmann, der sogenannten gelehrten Muse, bei der alles, was Rang und Namen hatte, verkehrte. Die Bewunderung junger Herren nahm Eleonore freundlich entgegen, erklärte aber immer lachend, daß sie durchaus keine Veranlagung zur Verliebtheit hätte.

Unverlobt, unverheiratet verließ sie ein Jahr später mit ihrer Fürstin und meisterlichen Herrin Den Haag, um sich mit ihr zu deren nächsten Verwandten, dem Landgraf von Hessen-Kassel, zu begeben.

Die Welfen-Söhne

Am Hof von Kassel sahen meine Eltern, der Herzog Georg Wilhelm und Eleonore d'Olbreuse, einander zum ersten Mal.

Und nun zögere ich weiterzuschreiben an diesem Bericht, der mir so viele einsame Stunden verkürzte. Ich fürchte, daß ich mich wieder zu sehr errege, daß mein immer noch nicht völlig gezügeltes Temperament durchbricht, denn nach all den harmlosen Geschehnissen, die ich gerne aufzeichnete, muß ich jetzt von einer sehr großen Liebe erzählen, die wohl eine Liebe auf den ersten Blick bei beiden war, die hoch aufflammte, ein reiches Glück gebar und – ein tiefes Leid, mein unsagbares Unglück, das auch das Unglück, den Schmerz meiner Mutter verursachte.

Um das zu verstehen, muß ich meinen geliebten Vater schildern, ja, meinen immer noch geliebten, obwohl er – nicht aus Böswilligkeit, sondern aus unbedachtem Leichtsinn – schuldig-unschuldig der Urheber dieses Unheils war.

Ja, ich liebe ihn trotzdem noch, wenn er auch mich nie in meiner traurigen Gefangenschaft hier besuchte. Man muß ihn einfach lieben, wenn man ihn kennenlernte.

Nicht nur seines einnehmenden Äußeren wegen, sondern auch ob seiner herzgewinnenden, offenen, zu hoch und niedrig freundlichen Art. Wer ihm in die Augen schaute, der war von ihm eingenommen, für ihn gewonnen. Man konnte ihm einfach nicht böse sein, und ich zürne ihm nicht. Er hat mich ja auch von ganzem Herzen geliebt und hat nur mein Bestes gewollt.

Doch ich will versuchen, in aller Ruhe seine Familienverhältnisse darzulegen, und damit auch so weit wie möglich klarmachen, wie sich aus diesen Verwicklungen schließlich das bittere Ende ergeben hat.

Alles verstehen heißt alles verzeihen. Ich weiß nicht, ob ich nach allem Verstehen auch allen – nicht nur meinem Vater, sondern den ärgsten Feindinnen, die mich und meine liebe Mutter schier zu Tode gequält haben und mein jämmerliches Geschick, sogar einen Mord auf dem Gewissen haben – völlig verzeihen kann. Ist es nicht zu viel von mir verlangt?

Herr, gib mir die Kraft dazu! Lehre mich von Herzen sprechen:

»Vergib uns unsere Schuld, wie wir vergeben unsern Schuldigern! Führe uns nicht in Versuchung, sondern bewahre uns vor dem Bösen.«

Ich will mir große Mühe geben, die trockenen Namen und Zahlen der Familiengeschichte in den Büchern und Briefen, die mir dazu dienen können, aufzuspüren und das Wichtigste davon sachlich und verständlich aufzuzeichnen. Diese Art des Schreibens liegt mir zwar gar nicht, wenn ich auch heute noch getreu, wie es mich meine vortreffliche Mutter gelehrt hat – und nicht den Gepflogenheiten einer Fürstin entsprechend –, über die Ausgaben für meine kleine Hofhaltung Buch führe.

Sollte ich jedoch trotz dieses guten Vorsatzes abschweifen, so bitte ich um Entschuldigung. (Wen eigentlich? Wer wird dies jemals lesen? Also bitte ich mich selber, die hiermit gegen die Eintönigkeit ihres Gefängnisses ankämpft, um gütige Verzeihung und mache mir vor dem Spiegel einen kaum noch gewohnten tiefen Hofknicks. Auch noch übermütig kann ich zuweilen sein, obwohl ich ganz und gar keinen Grund dazu habe. Und jetzt bin ich schon abgeschweift!)

Doch nun fange ich ernsthaft an:

Die Welfen sind seit neun Jahrhunderten ein angesehenes und stolzes Geschlecht. Einer aus dieser kraftvollen Sippe war mein Großvater, Herzog Georg von Lüneburg, der als General unter Gustav Adolf gekämpft und sich ausgezeichnet hatte. Er regierte in Celle, vergrößerte aber seinen Besitz dadurch, daß er seine kinderlos gestorbenen Brüder beerbte und dadurch die Linien Braunschweig-Lüneburg und Hannover seinem Reich einverleibte. Leider wurde dies mächtig angewachsene Herzogtum wieder dadurch zerstükkelt, daß er es unter seine vier Söhne verteilte. Wenn ich auch wenig von Staatskunst und dergleichen verstehe, so wird mir gerade jetzt, da ich das nachlese und überlege, klar, warum mein Onkel und Schwiegervater, der auch trotz hartnäckigen Widerstandes der andern Kurfürsten später beim Kaiser die Verleihung der Kurfürstenwürde durchsetzte, ebenso energisch das Primogenitur-Gesetz einführte, sogar mit Tränen und Blut bekräftigte, denn als sein zweiter Sohn Maximilian sich mit Recht dadurch geschädigt fühlte und dagegen anging, wurde er verbannt und sein Freund und Berater, Oberjägermeister Graf Moltke, hingerichtet.

Nun bin ich schon wieder vom eigentlichen Thema abgewichen und habe noch nicht einmal erklärt, was Primogenitur-Gesetz bedeutet, ohne das mancher stattliche Besitz, wie auch derjenige der Pfalzgrafen von Zweibrücken, elend zerteilt und entmachtet wurde. Dies Gesetz bestimmt nämlich, daß nur der Erstgeborene die Herrschaft übernehmen und das ganze Gebiet erben soll.

Nun, bei dem alten Herzog Georg war das Gesetz noch nicht in Kraft. Vielleicht hätte er seinem Ältesten, der ein rauhbeiniger zügelloser und dem Trunk ergebener Mann gewesen sein soll, gar nicht die uneingeschränkte Macht überlassen mögen.

Dieser Christian Ludwig erhielt immerhin den fettesten Brocken, nämlich die Herrschaften Lüneburg, Grubenhagen und die Grafschaften Hoya und Diepholz mit der Residenz Celle. Dem zweiten Sohn Georg Wilhelm, meinem Vater, wurde Calenberg und Göttingen mit der Residenz Hannover übergeben. Der dritte, Johann Friedrich, wurde mit einer Apanage (jährliche Geldsumme) abgespeist, und mein jetzt so mächtiger Schwiegervater wurde mit einigen kleinen Gütern abgefunden. Im Frieden von 1648, der den Dreißigjährigen Krieg beendete, wurde ihm das Bistum Osnabrück zugesprochen mit der merkwürdigen Bestimmung, daß es in regelmäßiger Folge von einem katholischen Prälaten und einem evangelischen Prinzen verwaltet werden sollte.

Da der älteste Sohn, dessen Körper durch die Ausschweifungen seiner Jugend aufgebraucht war, schon früh starb, erhielt der dritte Bruder, Johann Friedrich, einen der beiden Landesteile, mein Vater aber als der Ältere hatte das Wahlrecht, entschied sich für Celle und überließ Johann Friedrich Hannover. Somit war mein Vater der reichste der Welfenfürsten. Wäre er damals auch schon der bedachtsamste, der klügste von ihnen gewesen, hätte er damals schon unter dem Einfluß meiner Mutter gestanden, so wäre er es wohl auch geblieben, und mein Schicksal wäre ein anderes und nicht von der Gemahlin Ernst Augusts und auch ihm selber, dem gewitzten Rechner, abhängig geworden. Alles, alles wäre anders gekommen, wenn mein Vater seinen Besitz von Anfang an so getreu verwaltet hätte, wie er es in späteren Jahren getan hat, so daß er von der Nachwelt als der »ausgezeichnetste Herrscher des Welfenhauses«, als »sparsamer, wohlwollender, leutseliger und gütiger Fürst« gerühmt wird, der »vierzig Jahre in großer Weisheit regiert hat«.

Die ersten Jahre seiner Herrschaft hat er bestimmt nicht derart verbracht. Immerhin muß man ihm zugute halten, daß er erst 17 Jahre alt war, als sein Vater starb. Hinzu kommt noch, daß dieser liebenswürdige Mann wie so viele, denen dieses einesteils glückliche Naturell zuteil ward, sehr leicht zu beeinflussen war, was er zwar nicht zugab, was ihm aber bis zu seinem Ende anhaftete. Es war eine gütige Fügung, daß er – ohne es zu merken – jahrzehntelang von meiner Mutter nur zum Guten, zum Allerbesten geleitet wurde. Zuvor – und leider auch in seinen letzten Jahren, zumindest in seiner Einstellung zu meinem Unglück – stand er unter dem Einfluß seines zuerst ärmsten und danach durch meines Vaters Verschulden reichsten der Brüder, unter dem Einfluß des Kurfürsten Ernst August, meines Onkels und Schwiegervaters.

Ich muß zugeben: nach allem, was ich darüber erfahren habe und selbst mit eigenen Augen feststellte, liebten sich diese beiden Brüder herzlich. Sie galten bei Besuchen und auf Festlichkeiten als die »Unzertrennlichen«. Man nannte sie auch lächelnd die »Dioskuren« (im griechischen Mythos die Zwillinge Kastor und Pollux).

Es war ein wahrhaft bezaubernder Anblick, der viele im weiten Saal verstummen ließ, wenn die beiden gleichhohen, vornehmen Gestalten nebeneinander eintraten. Man wußte zuerst kaum, wen von ihnen man als den schönsten bezeichnen sollte. Doch wenn man sie näher kennenlernte, wurde man von der liebenswürdigen und so aufrichtigen Art Georg Wilhelms mehr eingenommen, wenn auch Ernst August wohl verstand, alle, die mit ihm in Berührung kamen, schnell für sich zu gewinnen. Allerdings manche nicht für immer, denn die Weisesten, die Menschenkenner, durchschauten ihn und stimmten überein, daß er zwar vollendete Umgangsformen hatte, die ihm den Namen »Gentleman-Fürst« eintrugen, einen politischer denkenden Kopf besaß als sein Bruder, aber ein kühleres Herz, ein skeptisches Urteil hatte und weniger ritterlich, liebenswürdig und begeisterungsfähig war.

Ich versuche, einen Brief eines bekannten Philosophen zu kürzen und das herauszulösen, was Ernst August betrifft:

»Gleich seinem Bruder Georg Wilhelm liebte er den Luxus, hätte auch gerne das Vergnügen der Pflicht vorgezogen, wenn in ihm nicht der Machthunger, die Eroberungssucht, der alte Herrschergeist der Welfen aufgeflammt wäre und ihn später sein brennender Ehrgeiz nicht zur Vergrößerung seiner Hausmacht angetrieben hätte. Er übte durch seinen zähen unerschütterlichen Willen zeitweise einen sehr starken und beherrschenden Einfluß auf seinen älteren Bruder Georg Wilhelm aus. Geschmeidig und geschickt, war er im Verlauf seines späteren Wesens skrupellos in seinen Mitteln, wenn es galt, ein Ziel zu erreichen. So war er für die Staatsgeschäfte besonders geeignet und von Erfolg gekrönt.«

Wie ich das so schreibe und jetzt nochmals überlese, kommt mir erst recht zum Bewußtsein, daß ich armes Wesen nur eine Figur auf dem Schachbrett seiner Staatskunst war, und wie skrupellos hat er sich meiner eigenen Person wie auch Jahre zuvor der Leichtherzigkeit meines Vaters, den ich von jetzt ab in dieser Niederschrift als Georg Wilhelm bezeichnen will, bedient.

Unbedenklich, unbesorgt, voller überströmender Lebensfreude hat sich Georg Wilhelm, als er seine Herrschaft angetreten hatte, in alle Vergnügungen gestürzt, die sich ihm boten. Sein weitläufiges Schloß in Hannover war ihm viel zu eng. Seine Staaten kümmerten ihn ebensowenig wie seine Residenz. Er überließ seine Regierungsgeschäfte seinen Ministern und unternahm Reisen über Reisen, wohin es ihn gerade zog.

Er war – zumeist in Begleitung seines Bruders Ernst August, der damals noch keine Pflichten als Landesfürst hatte – in England, in Frankreich, Spanien, Holland und Italien. Er glaubte, keinem Rechenschaft schuldig, ganz und gar sein eigener Herr zu sein, und gab das Geld verschwenderisch mit vollen Händen aus. Er wollte sein Leben genießen und die Welt mit all ihrer Schönheit, mit all ihren Vergnügungen kennenlernen.

In Italien gefiel es ihm am besten, und vor allem zog ihn das märchenhaft schöne Venedig an, das ihm Tage voller künstlerischen Erlebens und überdies noch Nächte voller Abenteuer, voll Spiel und Tanz bot. Sein evangelischer Glaube wird damals nur eine Äußerlichkeit für ihn gewesen sein, nichts mit seiner Seele zu tun gehabt haben. Ob er sich seiner überhaupt erinnerte?

Alljährlich weilte er monatelang in Venedig, auch ohne seinen ernster veranlagten Bruder, der ihm etwas Halt und Bremsklotz gewesen wäre. Schließlich wurde er in einem Schreiben seines Hofmarschalls aufgefordert, den Vorstellungen der Regierung und der Provinz endlich zu folgen und ihrer Forderung seiner baldigen Rückkehr nachzugeben.

Er antwortete darauf sorglos wie ein unreifer Junge: »In Venedig kennt man die Langeweile nicht, Herr Hofmarschall. Ich wollte, Sie wären mit mir hier! Ich versichere Ihnen, dann würden Sie auch keine Lust haben, in dies langweilige Deutschland zurückzukehren.« Zugleich forderte er, daß man ihm neue Gelder senden sollte, und zwar umgehend, da er sie dringend brauchte.

Nachdem wochen- und monatelang alle flehentlichen Bitten der alten Minister, die energischeren Forderungen der Stände umsonst gewesen waren, mußte er sich schließlich doch bequemen, diesen sich häufenden, nach und nach fast drohenden Vorwürfen zu folgen und zurückzukehren.

»Kaum bin ich brav in meiner Residenz angekommen, da läßt man mir wieder keine Ruhe«, klagte er. Diesmal waren es die Stände (Adel, Bürger, Bauern), die bei ihm vorstellig wurden und ihn drängten, endlich ein rechter Landesvater zu werden, wie sie ihn sich wünschten. Sie erwarteten von ihm, eine Familie zu gründen, kurzum, sich zu vermählen.

Übermütig und auch ein wenig unmutig fragte er seinen Hofmarschall von Grapendorff: »Ja, wer soll denn die Auserwählte sein? Ich habe mich bisher unter viel Schönen aller Länder aufgehalten, aber mich noch nach keiner Prinzessin umgesehen, die ich ehelichen möchte. Habt Ihr etwa schon eine für mich ausgesucht?«

Der alte Herr wiegte bedächtig sein weißhaariges Haupt. »Da wäre wohl eine«, sagte er zögernd.

»Nun heraus mit der Sprache!« ermunterte Georg Wilhelm belustigt. »Wer und wo ist das holde Wesen?«

Der Hofmarschall blickte ihn etwas mißbilligend, beinahe strafend an. »Sie ist eine Königstochter«, erklärte er.

»Hm!« lobte Georg Wilhelm immer noch ohne den gebührenden Ernst.

»Sie ist sehr gebildet, vielmehr gelehrt, steht in regem Briefwechsel mit dem großen Philosophen Leibniz«, fuhr der alte Herr fort.

»Puh!« rief der junge Herr und schüttelte sich in gespieltem Entsetzen.

»Sie ist aber auch sehr schön«, pries der Hofmarschall die Dame an, gab aber etwas kleinlauter zu: »Sie ist nicht mehr so jung, wie im allgemeinen Prinzessinnen heiraten, ihre hohe Frau Mutter zum Beispiel mit siebzehn Jahren.«

»Na, dann hat es auch einen Haken, daß kein Freier an ihren Angelhaken angebissen hat«, meinte Georg Wilhelm vergnügt schmunzelnd.

»Man muß ernste Angelegenheiten ernst nehmen«, wagte der greise Hofmarschall zu vermahnen. »Vielleicht will sie nicht einen jeden, was bei einem Herzog von Celle, aber auch bei dem Äußeren und den Umgangsformen dieses hohen Herrn wohl kaum der Fall wäre, zumal er mit seinen 34 Jahren auch aus der ersten Jugend und daher gerade passenden Alters ist.«

»Danke schön«, neckte der junge Fürst, »und da ist gewiß sonst noch ein Hinderungsgrund! Raus mit der Sprache!«

»Ja«, gab der Hofmarschall zu, »sie hat keine große Mitgift oder gar keine zu erwarten.«

»Eine Königstochter ohne Hab und Gut!« staunte Georg Wilhelm.

»Sie ist die jüngste Tochter des vertriebenen und nun schon lange verewigten Königs von Böhmen, des ehemaligen Kurfürsten von der Pfalz«, berichtete der Hofmarschall.

»Aha!« lachte der Herzog, »die Tochter des Winterkönigs, wie interessant! Das würde ja kein Hinderungsgrund sein und das mangelnde Heiratsgut auch nicht. Wo weilt die denn zur Zeit? Ansehen könnte ich sie mir ja mal, natürlich in Gesellschaft meines mich treu beratenden Bruders.«

»Sie lebt auf Wunsch ihrer Frau Mutter, die in Den Haag Hof hält, schon mehrere Monate bei ihrem ältesten Bruder, dem 1648 die Pfalz und die Kurfürstenwürde wieder zugesprochen wurde und der in Heidelberg residiert«, antwortete der alte Herr.

»Also auf ins Neckartal! Auf zur Brautschau nach Heidelberg!« bestimmte Georg Wilhelm übermütig.

Und so nahm das Schicksal – und eigentlich damit auch schon mein Schicksal – seinen Lauf. Die »unzertrennlichen« Brüder reisten nach Heidelberg.

Das verhängnisvolle Dokument

Die Welfenprinzen wurden in Heidelberg gut aufgenommen. Natürlich sind junge Männer, die aus uraltem Geschlecht stammen, von bestechendem Äußeren, reich sind, der eine sogar ein Herzog ist, und als Freier in Betracht gezogen werden können, herzlich willkommen. Die Prinzessin Sophie, derentwegen die beiden diesen Besuch machten, erwähnte freundlich, daß sie Ernst August schon früher als Knaben kennengelernt hätte. Sie erinnerte sich noch daran, daß sie miteinander Gitarre gespielt, wobei sie seine feinen Hände bewundert hätte, und daß sie ihres gemeinsamen Musikinteresses wegen sogar vor Jahr und Tag kurze Zeit in Briefwechsel gestanden hätten. Doch trotzdem wandte sie sich jetzt mehr dem älteren Bruder Georg Wilhelm zu. War es, weil er solch gewinnendes Wesen hatte, oder war es, weil er der begüterte, der Herzog war?

Sie hatte die Schönheit der Stuarts, wenn auch nicht in dem Maße wie ihre Mutter, geerbt. Aber um ihren feingeschnittenen Mund lag ein herber, fast verbittert zu nennender Zug, und ihre großen blauen Augen blickten wie die ihrer Mutter zuweilen sehr kühl und berechnend.

Sie hatte wohl Grund, so kritisch, so unfroh ins Leben zu schauen. Sie wußte um das unglückselige Schicksal ihres Vaters, war als Kind von der Mutter vernachlässigt worden und war nun in Heidelberg Zeugin der überaus unglücklichen Ehe ihres Bruders mit Landgräfin Charlotte von Hessen-Kassel, von der er sich nach vielen heftigen Szènen kurz danach scheiden ließ, um das schon lange geliebte und mit ihm in intimen Beziehungen stehende Fräulein von Degenfeld zu heiraten.

Seltsamerweise hat seine Tochter aus der ersten Ehe – Liselotte von der Pfalz, die meine Mutter derart ihr Leben lang nur deshalb geschmäht hat, weil sie unebenbürtig war – nie ein Wort darüber verloren, daß sich ihr kurfürstlicher Vater eine ebenso unebenbürtige Gemahlin als ihre Stiefmutter, unter deren Leitung sie aufgewachsen ist, genommen hat.

Sophies so kalt blickende Augen erwärmten sich aber immer mehr, je länger die Welfenprinzen in Heidelberg weilten, und es war allen augenfällig, daß Georg Wilhelm, das »Muster männlicher Schönheit«, wie sie in einem Brief gestand, ihr Herz erobert hatte.

Georg Wilhelm selber zögerte zuerst noch. Er meinte sogar spöttisch seinem ihn in allem beratenden Bruder gegenüber, daß Sophie eine reife Schönheit, aber eine etwas überreife Schönheit wäre und trotz der Reife anscheinend doch ein saurer Apfel, worauf Ernst August ihn tadelte, daß er alles, auch wichtigste Lebensentscheidungen auf die leichte Schulter nähme.

Wie recht hatte er damit! Ach, wäre mein geliebter Vater doch damals nicht so veranlagt gewesen!

Sophie verjüngte und verschönte sich in ihrer Liebe. Georg Wilhelm, dessen Herz schönen Frauen gegenüber immer leicht entflammt war, neigte sich ihr mehr und mehr zu und zeigte seine Neigung von Tag zu Tag unverhohlener.

Und da er nun mal derart von Regierung und Ständen zu einer Heirat gedrängt wurde und diese Sophie, die Tochter des ›Winterkönigs‹, ihm sogar vorgeschlagen worden war, warum sollte er sie nicht zu seiner Gemahlin erwählen? Was hinderte daran, und wieviel sprach dafür, wie viele, sogar sein verständiger Bruder, der gelassen diesem wachsenden Liebesspiel zusah, der ja nicht für sich selber auf die Brautschau gegangen war? Hatte er doch nichts anderes als recht gute Einkünfte aus minderen Gütern, eine hinreichende Apanage (jährliche Rente) und dies seltsam geteilte Bistum Osnabrück zu bieten! Anders stand es bei Georg Wilhelm!

Aus der anfangs ihn selber nur belustigenden, gar nicht recht ernst genommenen Verehrung, die Georg Wilhelm, wie er seinem Bruder anvertraute, auf Befehl seines Landes dieser Prinzessin erwies, wurde ein feuriges Werben, dem Sophie, deren Herz er schon zuvor im Sturm erobert hatte, nur zu gern nachgab. Es kam zur Verlobung. Der Ehekontrakt wurde aufgesetzt und unterzeichnet. Was stand der Vermählung noch im Wege?

Ich weiß nicht und habe oft daran herumgerätselt, was meinen Vater bewog, den Wunsch zu äußern und durchzusetzen, daß dieser Kontrakt vorläufig noch geheimgehalten werden sollte. Er selber gab an, daß damit gewartet werden müßte, bis er mit den Ständen wegen notwendiger Erhöhung der fürstlichen Einkünfte zu einem allen befriedigenden Abschluß gekommen wäre.

Ein völlig glaubwürdiger Grund scheint das nicht zu sein. Scheute er sich plötzlich vor den Ehefesseln? Scheute er sich vor dem überlegenen Geist, vor den oft so kühl blickenden Augen der stolzen Königstochter Sophie, vor dem Erbe, das im Blut aller Stuarts drohte?

Oder wollte er sein freies Junggesellentum noch einmal so recht ausgiebig genießen?

Die beiden Brüder nahmen herzlich Abschied und verließen das Heidelberger Schloß. Georg Wilhelm dachte aber nicht daran, sich nach Hannover zu begeben und mit den Ständen zu verhandeln. Die Prinzen setzten ihre Reise zwar fort, aber anstatt gen Norden, gen Süden, nach dem von Georg Wilhelm so geliebten Italien.

In Venedig stürzte er sich wieder in den Strudel der Lustbarkeiten, betrug sich ausgelassener und hemmungsloser denn je. Auch alle Mahnungen und Warnungen seines besonnenen Bruders halfen nicht, wurden lachend von ihm in den Wind geschlagen.

Und dann – eines Morgens erschien sein Kammerdiener verstört und schreckensbleich bei Ernst August und flehte ihn mit schlotternden Knien und zitternden Gliedern an, sogleich zu seinem Herrn Bruder, dem Herzog, zu kommen, der zu Tode erkrankt wäre und nach ihm verlangte. Der Arzt wäre bereits in der Nacht herbeizitiert worden und hätte einen Aderlaß gemacht.

Etwas anderes fällt wohl den Herren Medizi in ganz Europa nicht ein, wenn irgendeiner erkrankt ist. Wie hat da meine gute Mutter ganz anders mit ihren Tees und Heiltränklein geholfen! Doch sie war damals fern und den Welfenprinzen noch unbekannt, hätte sich als das »spröde Edelfräulein« auch kaum, nur in höchster Not bereit gefunden, in das Schlafgemach eines jungen und als verführerischer Frauenheld berüchtigten Fürsten einzutreten.

Ernst August fand seinen sonst von Kraft und Lebensfreude strotzenden Bruder als ein Bild des Jammers vor. An was für einer schweren Krankheit er litt, hatte der Arzt bisher noch nicht feststellen können. Heute, als erfahrene Frau, vermute ich fast, daß die Angst vor der Ehe mit der im Grunde ungeliebten, kaltherzig erscheinenden Prinzessin die Ursache dieses vielleicht eher seelisch als körperlich bedingten Zusammenbruchs war.

Sogleich, als sein Bruder an sein Bett trat, klagte Georg Wilhelm (und das brachte mich auf diesen Gedanken, den manche vielleicht als absurd bezeichnen würden, manche vielleicht doch zustimmten): »Ich kann nicht heiraten, Ernst August! Ich bin nicht in dem Zustand, eine Ehe einzugehen. Ich bin ein kranker, schwacher Mann! Was fangen wir an? Ich fühle mich verpflichtet, von dem Verlöbnis mit Sophie zurückzutreten. Ich wäre ein Schuft, wenn ich sie zu einer Verbindung mit mir zwänge. Zudem habe ich gestern abend die Nachricht erhalten, daß die calenbergischen Stände die Erhöhung der Einkünfte abgeschlagen haben.«

»Deshalb brauchst du dich doch nicht so aufzuregen«, meinte Ernst August gelassen. »Ich finde, daß du schon reich genug bist, um eine Gemahlin samt den zu erwartenden Kindern standesgemäß zu unterhalten.«

»Ich kann aber nicht heiraten. Ich werde nie Kinder haben können. Was fangen wir an?« jammerte Georg Wilhelm.

Es fällt auf, daß er dabei mehrfach von »wir« sprach. Wie er es meinte, wurde Ernst August bald klar.

Georg Wilhelm umfaßte seine beiden Hände und flehte ihn an: »Heirate du Sophie. Ich überlasse dir die Braut. Ich verzichte auf die Erbfolge zu deinen Gunsten und die deiner zukünftigen Kinder. Ich erhöhe deine Einkünfte um 20 000 Reichstaler aus eigenen Mitteln. Ich werde niemals heiraten. Das verspreche ich dir!«

Ernst August, der kluge Rechner, horchte auf. Wie sollte er ein solch großzügiges Angebot ausschlagen! Er wäre ein Narr, wenn er dem geliebten Bruder nicht diesen Gefallen täte!

Der für die Geschichte des Welfengeschlechts und für mein eigenes kleines Geschick so bedeutungsvolle »Entsagungs-Rezeß« des Herzogs Georg Wilhelm wurde am 21. April 1658 aufgesetzt. Ich schreibe die Schlußsätze ab, da sie nicht nur für das Land, sondern auch für meine Mutter und mich von allerhöchster Bedeutung sind:

»Weil denn nunmehr mein Bruder Ernst August sich mit der Prinzessin Sophie in ein Ehegelöbnis einlassen will, solches auch durch die Copulation (Heirat) in kurzem zu vollziehen entschlossen ist, so habe ich meiner abgegebenen parole (Wort) zufolge wie wohl aus eigener Bewegung nun ganz und aus freiem Willen vorerwähntem Bruder kraft dieses nochmals festiglich zugesagt und versprechen wollen, daß, solange gedachte Prinzessin und mein Bruder im Leben und Ehestand begriffen sein oder auch nach ihrem Absterben männliche Erben hinter sich lassen würden, ich mich keinesfalls in eine Heirat mit niemand einlassen werde, begehre auch nicht anders, als die übrige Zeit meines Lebens in coelibatu (unverheiratet) gänzlich hinzubringen. Damit vorerwähnter Prinzessin und meines Bruders männliche Erben (als zu deren Gunsten mein Verzicht eigentlich geschieht) zu einer oder beider dieser Fürstentümer Regierung gelangen mögen. Dessen allen zu wahrer Versicherung.

So geschehen Anno 1658 Georg Wilhelm
Herzog zu Braunschweig und Lüneburg«

Gewiß hat der kluge und auf Macht erpichte Ernst August diese Verzichterklärung meisterlich aufgesetzt und sich nicht bemüht, seinen so geliebten Bruder in dieser »Katerstimmung« umzustimmen und ihm das Törichte, Leichtfertige dieser Handlung klarzumachen. Welche Aussichten eröffneten sich damit ihm selber! Mußte er nicht mit Freuden auf dies großzügige Angebot eingehen?

Der Kurfürst von der Pfalz Karl Ludwig war durchaus damit einverstanden. Was sollte er auch dagegen haben? Im September 1658 fand die »Vermählung des Welfenfürsten Ernst August mit der Pfalzgräfin Sophie Stuart« statt, wurde in die Heidelberger Register eingetragen.

Ich kann es – trotz allem, was sie mir später angetan hat – nachfühlen, wie es der stolzen Sophie zumute gewesen ist, welche Kränkung, welche Nichtachtung und Herabsetzung es für sie bedeutete, wie eine Ware, wie ein gefühlloses Stück Holz hin und her geschoben zu werden. Was muß sie gelitten haben, daß sie der Geliebte, an dem die nur äußerlich so kalt erscheinende Königstochter mit aller Leidenschaft des Stuart-Geblüts hing, gleichgültig seinem Bruder überließ! Sie verbarg den Schmerz, den Zorn, diese Schmach, aber ich glaube heute, daß sie diese Herzensenttäuschung nie überwunden hat und darauf ihr späteres starres, hartes und gegen meine Mutter und mich gehässiges Verhalten zurückzuführen ist.

Mir fällt dabei ein Gedicht von einer zerbrochenen Vase ein, das ich als junges Mädchen auswendig lernte. Es heißt darin: »Il est brisé, n'y touchez pas!« (Sie ist zerbrochen, rührt sie nicht an!) Ich kann es jetzt wohl so nachfühlen, weil ich auch zerbrochen bin. Eine zerbrochene Vase!

Oh, dieses verhängnisvolle Dokument, das Sophie unglücklich machte, das mein Leben schon fast zehn Jahre vor meiner Geburt zerstörte!

Das Medaillon

Georg Wilhelm ahnte in seiner leichtfertigen Art gar nicht, was er seiner Schwägerin und früheren Braut angetan hatte. Ihm war es nicht bewußt, welchen Schmerz, welche Kränkung es für sie bedeutete, daß er sie wie eine Blume sorglos gepflückt und dann achtlos weggeworfen hatte. Ihm war nie bewußt, daß sie ihr Leben lang nicht darüber hinwegkam, daß er ihre einzige wahre Liebe gewesen war, die sie nie vergessen konnte, und er sie so schmählich behandelt hatte. Er lud das junge Paar sogar arglos ein, seinen Wohnsitz mit ihm vereint in dem schönsten seiner Schlösser in Hannover zu nehmen, und meinte, in dem weitläufigen Bau wäre hinreichend Raum für die beiden sowie für einen einsamen Junggesellen wie er.

Ernst August nahm das Anerbieten dieser gemeinsamen Hofhaltung, deren Kosten Georg Wilhelm tragen würde, gerne an. Sophie wußte in ihrer stolzen Art voller Selbstbeherrschung ihre Gefühle, ja ihre Empörung über diese Entscheidung zu verbergen.

Vielleicht kam Georg Wilhelm doch nach und nach auf den Gedanken, daß er ihr etwas schuldig geworden wäre. Es kann auch sein, daß ihn die kühle Schönheit seiner Schwägerin wieder beeindruckte. Er behandelte sie mit äußerster Zuvorkommenheit, ja mit solcher Liebenswürdigkeit, daß Ernst August seiner Gemahlin Eifersuchtsszenen machte, womit er sie sehr kränkte, denn sie wäre trotz aller tief verborgenen Liebe zu Georg Wilhelm nie so weit gegangen, sich mit ihm in ein zärtliches, gar ehebrecherisches Verhältnis einzulassen.

Wenn Georg Wilhelm auch durchaus nicht beabsichtigte, seinen eigenen Bruder mit dessen Gattin zu betrügen, und Ernst August selber davon überzeugt war, daß es beide nicht dazu kommen lassen würden, so war er doch immer mehr enttäuscht durch das kühle Betragen seiner Gemahlin ihm gegenüber und vermißte bei ihr die liebende Hingabe, die man in einer wahren Ehe erwartet.

Nun, Ernst August tröstete sich damit, daß er sich selber eine Geliebte anschaffte, diese berüchtigte Gräfin Platen, die bald solch großen Einfluß auf ihn gewann und jahrelang behielt, wie er ihn früher vor meiner Mutter Zeit auf seinen Bruder Georg Wilhelm gehabt hatte. Diesem ihren Einfluß ist es auch zuzuschreiben, daß ich später unschuldig zur Ehebrecherin gestempelt und der einzige Freund, den ich noch hatte, schändlich ermordet wurde.

Nach diesen für Sophie so unerquicklichen Verhältnissen in Hannover war es, wie sie selber äußerte, »gut, für ihre Seelenruhe«, daß durch die Übernahme des Bischofssitzes in Osnabrück 1661 nach dem Tode des Kardinals Franz Wilhelm von Württemberg die gemeinsame Hofhaltung aufhörte und sie mit Ernst August als Frau Bischöfin nach Osnabrück übersiedelte.

Nachdem sein bisher von ihm »unzertrennlicher« Bruder samt Gemahlin und Hofstaat fortgezogen war, fühlte sich Georg Wilhelm in dem großen Schloß verlassen und einsam. Es entsprach seiner Veranlagung, daß er sich nach Gesellschaft sehnte, daß er sich allein jämmerlich langweilte. Was blieb ihm anders übrig, als wiederum auf Reisen zu gehen?

Da er mit der Begleitung seines Bruders Ernst August nun nicht mehr rechnen konnte, nicht gerne allein unterwegs war, schloß er sich dem dritten der vier Brüder an, den er bisher kaum mehr gesehen hatte, Johann Friedrich, einem etwas phlegmatischen, etwas träumerischen Herrn, der weder das blendende Äußere noch die Selbstsicherheit Georg Wilhelms besaß.

Allerdings beschäftigte sich Johann Friedrich mehr als Georg Wilhelm mit Kunst und Wissenschaft und stand sogar wie die geistreiche Schwägerin Sophie mit dem berühmten Philosophen Leibniz im Briefwechsel.

Die beiden so unterschiedlichen Brüder begaben sich zuerst an den Hof zu Kassel.

Und dort brach die große Sternstunde für meine Mutter und auch für ihn, für Eleonore d'Olbreuse und Herzog Georg Wilhelm, an, die sich zum ersten Mal begegneten. Meine Mutter vertraute mir später an: »Mein Herz flog ihm, sobald ich ihn erblickte, entgegen. Wie ein Blitz durchzuckte es meinen ganzen Körper. Es klang wie Musik, nein, wie ein Hörnerklang in meinen Ohren. Es wogte und wallte vor meinen Augen. Ich war nahe daran zu taumeln. Aber ich fing mich. Ich war von Kind auf an Selbstbeherrschung gewöhnt. Ich wollte dieses seltsame, noch nie gekannte Gefühl gar nicht in mir aufkommen lassen. Ich zog mich so rasch wie möglich in einen abgelegeneren Raum zurück und befahl mir selber, mich zusammenzunehmen, diese Macht, die mich so jäh überkommen hatte, aus meinem Herzen, meinen Sinnen zu reißen, und wenn es mich noch so schmerzen sollte. Ich wußte, daß dieser verführerisch aussehende Mann auch wirklich verführerisch war, daß er aber auch flatterhaft in seiner Liebe war, wie ein Schmetterling von einer schönen Frau zur andern taumelte und keiner lange Zeit treu war.

Ich nahm mir vor, nicht auch sein Opfer zu werden. Aber wie konnte ich gegen dies Gefühl an?
Es war mir später, als ich in die Gesellschaft zurückkehrte, nicht wie sonst möglich, lächelnd auf die Scherze der mich umgebenden Herren einzugehen, sie mit einem spöttischen Scherzwort oder streng unnahbar in ihre Schranken zu weisen. Nein, das gelang mir bei Herzog Georg Wilhelm nicht, und er selber legte sich gar keine Schranken auf, seine Bewunderung für mich, »meine Schönheit, meine feine Art, meine Anmut« und was er mir alles für Komplimente machte, zu verbergen, so daß ich immer verwirrter wurde, mich vor den andern, die lächelnd zuhörten und zusahen, schämte und – ihn trotz allem liebte.«

Noch mehr setzte es Eleonore in Verlegenheit und Bedrängnis, und noch mehr belustigte es insgeheim die Hofgesellschaft in Kassel, als es von Tag zu Tag deutlicher wurde, daß auch Georg Wilhelms Bruder und derzeitige Begleiter, der so phlegmatische Johann Friedrich, sich um die Gunst dieses »schönen Fräuleins« bemühte und ihr vor allen unverhohlen erklärte, daß niemand ihr ergebener wäre als er.

»Beide«, so berichtete der französische Gesandte Graf Horric de Beaucaire, »machten nun dem Fräulein der Fürstin von Tarent den Hof, der eine mit Besonnenheit, der andere mit dem ganzen Ungestüm seines leichtentflammten Gemütes.«

Während andere junge Mädchen über solch einen Erfolg wohl entzückt und stolz darauf gewesen wären, bedeutete Eleonore diese Verehrung große Not, denn als überzeugte Hugenottin, die im streng christlichen Sinn auferzogen war und fest an ihrem Glauben hielt, konnte sie weder den einen noch den andern erhören, keinem von beiden, wie es an fast allen Fürstenhöfen üblich war, eine Maitresse (eine Geliebte, ohne vor Gott und den Menschen angetraute Gattin zu sein) werden.

Nur ihr Hinwenden zu ihrem höchsten Herrn, nur die Bitte um seine Führung bewahrte sie und festigte sie, daß sie auch die ihr selber bewußte Liebe zu Georg Wilhelm unterdrückte, sie wenigstens vor allen, vor allem vor ihm selber, verbarg.

Natürlich drang auch das Gerücht von dieser neuen Verliebtheit Georg Wilhelms und der Rivalität seines Bruders bald zu den andern Fürstenhöfen. Sophie erfuhr in Osnabrück davon durch ihre Schwestern. Es mag ihr wohl ein Schmerz gewesen sein, daß Georg Wilhelm sie so völlig vergessen hatte, aber sie kannte ihn genügend, um zu wissen, daß er nicht dauernd sein Versprechen, ehelos zu leben, derart halten konnte, daß er sich nicht wenigstens solch eine Mätresse, eine unebenbürtige Geliebte, zulegte, die ja ihrer Kinder Erbe nicht gefährlich sein konnte.

Außerdem war die erste Gefahr gebannt. Zu Sophies, aber erst recht Eleonores eigener Erleichterung verließen die beiden Welfenfürsten den Kasseler Hof. Eleonore selber kehrte bald danach mit der Fürstin von Tarent nach Den Haag zurück. So schien zur Erleichterung beider Frauen diese Liebesepisode – denn für Georg Wilhelm war es nach Ansicht Sophies und aller, die ihn kannten, doch nur eine vorübergehende Episode gewesen – abgeschlossen. Von Eleonore jedoch galten ihm nur heimlich zur Nacht in die Kissen geweinte Tränen. Nach außen hin behielt sie ihre stolze und zugleich auch bescheidene Haltung.

Johann Friedrich und Georg Wilhelm hatten die Absicht gehabt, miteinander nach Italien zu reisen. Da es aber zwischen ihnen, auch vor den andern verborgen, Eifersuchtsszenen gegeben hatte, trennten sie sich. Georg Wilhelm war es zu Bewußtsein gekommen, daß er seine Sturm- und Drangzeit endgültig überwunden hatte und es ihn nicht mehr nach dem Jubel und Trubel, den Liebesabenteuern Venedigs gelüstete. Dagegen hatte sich außer Johann Friedrich auch sein Bruder Ernst August dorthin begeben, und damit er sich nicht völlig dort in die Reize der Fürstin Colonna, der ehemaligen Geliebten des französischen Königs Ludwig XIV., verstrickte, fühlte seine Gemahlin Sophie plötzlich auch das Bedürfnis, das schöne Land des Südens aufzusuchen. Sie wünschte auch, dieses Fräulein d'Olbreuse, das anscheinend einen ganz ungewöhnlichen Zauber auf Männerherzen und besonders auf den Schwager Georg Wilhelm ausübte, kennenzulernen, und lud sie brieflich ein, sie auf dieser Reise zu begleiten. Eleonore wollte mit der Welfenfamilie um ihres eigenen Seelenfriedens willen nicht mehr näher in Berührung kommen und schrieb höflich ab, und die Fürstin von Tarent bot als Ersatz das weniger anziehende Fräulein de la Mothe der Frau Bischöfin an.

Johann Friedrich sandte indessen Eleonore eifrig Brief um Brief, und als im Sommer 1664 die Pest in Den Haag ausbrach, drängte er sie – in einem besorgten Schreiben –, doch seinen Herzenswunsch zu erfüllen und aufgrund seiner ungewöhnlichen Neigung und Verehrung zu ihm nach Italien zu kommen. Eleonore gab ihm darauf die Antwort:

»Ich werde warten, bis Eure Hoheit mich in das Gefolge Ihrer Frau

Gemahlin nach dero Vermählung aufnehmen. Ich hoffe, daß Sie Ihrer Frau Gemahlin versichern werden, daß ich ein anständiges, sittenstrenges Mädchen bin, das ihr eifrig und treu ohne Fehl zu Diensten sein würde.«

Sophie und ihr Gemahl Ernst August sowie ihr Schwager Johann Friedrich weilten in Italien. Nicht aber, wie es vorgenommen worden war, Georg Wilhelm, der nach Norddeutschland zurückgekehrt war.

Und wo tauchte er dann kurz danach auf? In Den Haag, am Hof der Fürstin von Tarent. Wie mag Eleonores Herz geklopft haben, als sie ihn erblickte, ihn, den sie liebte und den sie nicht lieben durfte!

Diesmal verhielt er sich ganz anders als zuvor am Hof zu Kassel.

Er bemühte sich, seine Leidenschaft und sein feuriges Begehren zu dämpfen. Er suchte nur mit Vorsicht ein Zusammensein mit der Geliebten und trachtete ernsthaft danach, sie nicht vor den andern mit seiner Zärtlichkeit in ein schlechtes Licht zu bringen, versuchte nur, wenn die andern in Spiel und Tanz im großen Kreise sich vergnügten, abgelenkt waren und nicht darauf achteten, ihr ein zärtliches Wort zuzuflüstern.

Eleonore aber blieb ruhig, äußerlich ruhig und betrug sich, wie die Fürstin von Tarent anerkennend bemerkte, so klug und bescheiden, daß dies Benehmen den Prinzen zwang, seiner Leidenschaft die größte Hochachtung zuzugesellen. Die taktvolle Zurückhaltung dieses wahrhaft christlichen Mädchens, das mit makellosem Ruf durch das leichtfertige Leben der verschiedenen Höfe gegangen war, verwandelte Georg Wilhelms so leicht und oft auflodernde Leidenschaft in eine tiefe Zuneigung, von der er selbst überzeugt war, daß sie ernst und dauerhaft wäre.

Böse Zungen, vor allem Sophie und Liselotte von der Pfalz, haben meine Mutter später als Abenteuerin, als Glücksritterin geschmäht, haben behauptet, sie hätte sich nur so spröde gestellt, um Georg Wilhelm immer mehr aufzustacheln, um ihn völlig in ihre Gewalt zu bekommen. Nicht Liebe, sondern Ehrgeiz, Geldgier wären ihr Motiv gewesen. Sie hätte kühl berechnend als ein mittelloses, heimatloses Fräulein, dessen Vater als Hugenotte fast seinen gesamten Besitz verloren hatte und das bereits Mitte der zwanziger Jahre war, eine gute Versorgung geradezu von dem reichen Fürsten erpressen wollen.

Das ist nur Verleumdung. Eleonore hat Georg Wilhelm von der ersten Stunde an geliebt und ist ihm bis zu seinem letzten Atemzug in großer Treue und Zärtlichkeit zugetan gewesen. Die Fürstin von Tarent, die Eleonore wie eine Mutter liebte und nach jahrelanger enger Gemeinsamkeit wirklich durch und durch kannte, spürte lächelnd die Verwandlung, die in dem sonst so kühlen unberührten Mädchen vorging. Sie merkte, wie Eleonore in ihrem tiefsten Sein durch Georg Wilhelms feuriges und nun auch ritterliches Werben aufgewühlt war. Sie beobachtete, wie sich diese Verwandlung dem ganzen Wesen Eleonores mitteilte, wie ihre Fingerspitzen bei den kleinen täglichen Diensten manchmal leicht zitterten, wie die roten Lippen des jungen Mädchens sich fester und heißer beim Handkuß aufpreßten, wie ihre großen dunklen Augen aufleuchteten, wenn nur der Name des Herzogs genannt wurde, wie sie errötete, wenn man von ihm redete, und wie sie doch wiederum mit kleinen Listen das Gespräch auf ihn brachte.

In der Fürstin wuchs immer mehr die Überzeugung, daß diese beiden schönen Menschen füreinander bestimmt waren, daß alle Schwierigkeiten, die sich ihrer Verbindung in den Weg stellen würden, aus dem Wege geräumt werden würden. Sie ermutigte ihr Pflegetöchterlein, wie sie Eleonore scherzend nannte, sich nicht länger gegen das zu sträuben, was der Vater im Himmel über sie beschlossen hätte, seine Weisung zwar abzuwarten, aber im Gebet ihn darum zu bitten.

Zu Eleonores Geburtstag schenkte ihr die Fürstin ein Medaillon mit dem Miniaturbildnis des Welfenprinzen.

Eleonore nahm es zögernd und heiß errötend an. Sie zeigte es danach nie öffentlich, aber nach einer durchweinten und durchbeteten Nacht hat sie es, wie sie mir selber anvertraute, ihr Leben lang verborgen auf ihrem Busen getragen.

Damit hatte sie bei sich selber entschieden, daß sie den Weg gehen würde, den ihr Gott weisen würde.

Georg Wilhelm war nun – trotz des vorsichtigen Verbergens, ihrer Zurückhaltung vor den anderen – der Liebe Eleonores sicher, seit sie das Medaillon mit seinem Bildnis angenommen und – wie ihm die Fürstin von Tarent verraten hatte –, wenn auch vor neugierigen Blicken verborgen, Tag und Nacht trug. Er blieb unter der gütigen Begünstigung dieser mütterlichen Frau den ganzen Winter über in Holland und im täglichen Verkehr mit der Geliebten, die nun nicht länger zögerte, seine Werbung zu erhören und volles Vertrauen zu ihm zu gewinnen.

Noch aber wußte er keinen Rat, wie er sie völlig und für immer für sich erobern und besitzen könnte. Eleonore selber hatte große Ehrfurcht – viel mehr als er selber bisher gehabt hatte – vor seiner Verantwortung als regierender Fürst. Sie hatte Verständnis für seine Pflichten seinem Staat, seinen Untertanen gegenüber.

Gerade darum achtete er sie um so mehr und war der gleichen Ansicht wie sie, daß er sie nicht zu einer Mätresse, zu solch einer eigennützigen Geliebten für kurze Zeit, herabwürdigen durfte. Vorläufig waren sie beide glücklich in ihrem Beisammensein unter dem Schutz der Fürstin von Tarent, und dieses Glück, das aus ihrer beider Augen strahlte, konnten sie auf die Dauer nicht mehr vor den Außenstehenden verleugnen, beabsichtigten es auch nicht mehr, so daß es bald wieder an allen Fürstenhöfen bekannt war.

Wie eine Antwort darauf schreckte Georg Wilhelm die Unglücksbotschaft auf, daß sein jüngster Bruder Johann Friedrich, der sonst so ruhige, unentschlossene Mann, sich des Besitzes des verstorbenen ältesten Welfenfürsten Christian Friedrich, das Georg Wilhelm als Erbe zugefallen war, in dessen Abwesenheit bemächtigt hatte. War es nicht die Rache des verschmähten Liebhabers? Georg Wilhelm nahm sogleich Abschied von der kaum gewonnenen Geliebten, eilte nach Deutschland und wandte sich – wie er es früher gewohnt gewesen war – um Rat an den »Unzertrennlichen«, seinen Bruder Ernst August, den Bischof von Osnabrück.

Dieser begab sich sogleich zu ihm nach Hannover, fand ihn niedergeschlagen und verstört vor. Ja, Georg Wilhelm brach sogar in Tränen aus, als er den altvertrauten Bruder plötzlich vor sich sah, beteuerte aber, da er sich dieses Gefühlsausbruches schämte, daß er weniger um den Verlust seines Landes weinte, ihm ja stets weniger an Geld und Gut gelegen hätte, sondern daß es ihn schmerzte, daß sein eigener Bruder, dieser Johann Friedrich, so an ihm handelte.

Tränen vergoß auch Eleonore in Den Haag, da sie ja eigentlich der Grund zu diesem Bruderzwist, der zu einem Bruderkrieg auszuarten drohte, war. Sie machte sich bittere, wenn auch unberechtigte Vorwürfe und zog sich mit Erlaubnis der Fürstin völlig vom Hofleben zurück und verbrachte ihre Tage und auch Nächte im Gebet.

Ernst August wußte von Kind an mit seinem Bruder Georg Wilhelm umzugehen. Er tröstete ihn nicht nur und beruhigte ihn. Er versprach ihm auch Waffenhilfe zur Verteidigung seiner berechtigten Ansprüche. Johann Friedrich hatte nach seinem Gewaltstreich sogar schon den Kaiser und Ludwig XIV. benachrichtigt, daß er die Herrschaft übernommen hätte. Das Land der Welfen war im Aufruhr. Die Bevölkerung bangte vor dem Bruder- und Bürgerkrieg. Frankreich, wohin beide Brüder einen Vertrauensmann gesandt hatten, Schweden, die Kurfürsten von Köln und Brandenburg suchten zu vermitteln. Das alles brachte Johann Friedrich endlich zur Vernunft.

In einem Vertrag erhielt Georg Wilhelm sein Erbe mit Lüneburg und der Residenz Celle zurück. Eleonore atmete auf wie auch das Volk und ihr Landesherr.

Nach all diesen Unterhandlungen befaßte sich Georg Wilhelm nun wieder voll und ganz mit dem Plan, wie er Eleonore veranlassen könnte, nach Deutschland zu kommen.

Wie die Kurfürstin Sophie mit leichtem Spott und verhüllter Bitterkeit äußerte, hatte er kaum noch ein anderes Gesprächsthema als »seine Herzallerliebste«.

Trotzdem war Sophie, die einst Verschmähte, Verschenkte, klug genug, Georg Wilhelm ihre Hilfe zuzusagen. Ernst August, ihr Gemahl, war voll Eifer, dem Bruder, der sich für ihn seiner Vormachtstellung als der Ältere entäußert hatte, auch hierbei einen Dienst zu leisten, und dachte dabei auch wohl noch als erprobter Rechner an seinen eigenen und seiner Kinder Vorteil.

Beide sahen sie diese neue Liebesgeschichte Georg Wilhelms als einen vorübergehenden Zeitvertreib, eine kleine Zerstreuung an, und sollte er diese d'Olbreuse auch länger als ihre Vorgängerinnen an seiner Seite behalten, so verhinderte diese Verbindung mit einem unebenbürtigen Fräulein doch eine standesgemäße Heirat des Schwagers, womit er die Verzichts- und Abtretungsurkunde hätte zunichte machen können.

So ließ sich die Frau Bischöfin Sophie gnädig herab, dieses Fräulein d'Olbreuse zu einem Besuch auf die Iburg einzuladen.

Es traf sich gerade gut – und Eleonore sah es als eine Fügung des Himmels an –, daß – da die alte Herzogin von La-Tremoilles gestorben war – die Herzogin von Tarent für einige Zeit nach Frankreich zurückkehren und ihre beiden Hofdamen in Holland zurücklassen mußte. So bestand wohl ein Grund, daß die Frau Bischöfin die beiden verlassenen jungen Damen gütig in ihre Obhut bat.

Wenige Tage nach der so überaus liebenswürdigen Einladung der Frau Bischöfin rollte vor Eleonores und des andern Hoffräuleins derzeitiger Wohnung im holländischen Herzogenbusch eine prunkvolle sechsspännige Karosse vor – ein Staatswagen, wie er im allgemeinen für einfache unebenbürtige Hoffräulein nicht üblich ist –, um Eleonore und ihre Gefährtin abzuholen. Fräulein de la Mothe, die vor einiger Zeit von der Fürstin von Tarent an Stelle von Eleonore zu der Frau Bischöfin übergewechselt hatte, war damit gesandt worden und hatte zugleich den Auftrag, Eleonore ein kostbares Schmuckstück von Georg Wilhelm zu überreichen.

Trotzdem die Frau Bischöfin ihre Einladung so geschickt damit begründet hatte, daß die beiden jungen Damen nicht so verlassen in Holland auf die Rückkehr der Fürstin von Tarent warten, sondern sich unter ihre Obhut begeben sollten, wußte Eleonore doch, was dies alles zu bedeuten hatte.

Noch einmal schreckte sie zurück, als ahnte sie, was für Folgen diese Fahrt für sie und ihr ganzes künftiges Leben haben sollte, und weigerte sich, diese Einladung anzunehmen.

Es bedurfte tagelanger Überredungskünste der de la Mothe, der ihre Herrin ausdrücklich anbefohlen hatte, nicht ohne Fräulein d'Olbreuse zurückzukehren, bis sich Eleonore endlich zu dieser Reise entschloß. Sie war sich bewußt, daß dies der weittragendste Entschluß ihres Lebens war und daß es für sie, wenn sie auf der Iburg angekommen war, kein Zurück mehr gab. Aber sie glaubte auch fest daran, daß sie unter Gottes Leitung stand, und sie war überzeugt davon, daß sie für Georg Wilhelm mehr als nur eine kurze Episode, ein verliebter Zeitvertreib bedeutete.

So fuhr denn wenige Tage später ein prächtiger Reisewagen mit dem Wappen der Welfen durch das Land. Zwei fröhliche, ein ernstes Jungmädchenantlitz schauten hinaus.

Keine von ihnen wußte, was für ein Geschick Eleonore d'Olbreuse erwartete, wieviel Glück und wieviel Leid!

Der große Pascal schreibt in einem seiner Werke: »Der Beweggrund zur Liebe ist etwas Unbegreifliches, und die Folgen sind oft schrecklich.«

Auch für Eleonore waren am Ende ihrer Tage durch mein bejammernswertes Geschick die Folgen schrecklich. Sie litt als Mutter bis zu ihrem Tode mit mir und weinte mit mir und über mich.

Aber sie hat wenigstens auch Glück in ihrer Ehe gefunden, und sie hat aus Liebe sich mit Georg Wilhelm vereint.

Ich war schon unglücklich, als ich als Sechzehnjährige verheiratet wurde. Ich war unglücklicher als sie.

Ich habe nicht lieben dürfen! Weder als Braut vor der Ehe noch als Gemahlin!

Die Gegenspielerin

Die Frau Bischöfin Sophie empfing ihre Gäste höchstpersönlich in dem in der Nähe von Osnabrück gelegenen Schloß Iburg. Die stolze Königstochter und Stuart-Enkelin hatte für den tiefen Hofknicks der Gefährtin Eleonores nur ein gnädiges Kopfnicken. Mit einem freundlichen Lächeln, das sogar liebenswürdig erschienen wäre, wenn die Augen dabei nicht so kühl und abschätzend geblickt hätten, begrüßte sie indessen diese so viel besprochene und von ihrem Schwager so geliebte Eleonore d'Olbreuse. Gewandt wußte sie dabei ihre große Überraschung zu verbergen. Das Fräulein de la Mothe, die in der Nähe dieser schönen Olbreuse immer unbeachtet im Schatten gestanden hätte, von der Fürstin von Tarent stets zurückgesetzt worden war, hatte der Bischöfin anscheinend ein recht ungünstiges Bild von dieser ehemaligen Gefährtin entworfen. Sie hatte sie als sehr hochmütig, eingebildet, berechnend, kokett, boshaft, affektiert geschildert.

Nun war Sophies erster Eindruck, den sie auch zu ihrem zu Besuch weilenden Bruder, dem Kurfürsten von der Pfalz, äußerte, der eines ernsten, zurückhaltenden und doch liebenswürdigen Mädchens, dessen stattliche Gestalt, vornehme Haltung und große Schönheit ein sehr vorteilhaftes Bild abgaben.

Dieser Bruder Karl Ludwig stimmte seiner für seine Art viel zu feingebildeten Schwester bei und schrieb seiner zweiten Gattin, die er nach seiner Ehescheidung morganatisch geheiratet und mit der er 13 Kinder hatte: »Diese Olbreuse, über die so viel Tratsch und Klatsch verbreitet wird, ist ganz mein Geschmack. Sie ist gar nicht so albern, wie Französinnen zu sein pflegen, sehr respektvoll, wo es hingehört, und außerordentlich gut erzogen. Man merkt an ihrer natürlichen Sicherheit, daß das junge Edelfräulein sich viel in der großen Welt bewegt hat, während ihre Kollegin, die de la Mothe, zwar zur Gitarre singt und aus dicken Büchern – sogar, wenn ich nicht irre, italienisch – vorliest, aber einen sehr ländlichen Eindruck macht.«

Am Abend erschien Herzog Georg Wilhelm nach einer raschen Fahrt von Hannover aus, und Sophie, die still und scharf beobachtende, merkte sogleich an den Blicken, welche die beiden Liebenden tauschten, das große Einverständnis, das Bewußtsein ihrer Zusammengehörigkeit.

Ihr selber kaum bewußt, wachte in der verlassenen und vergessenen ehemaligen Braut wiederum ein Schmerz, ja sogar ein Gefühl wie Haß auf. Im selben Augenblick aber auch in der herrschsüchtigen Stuartenkelin der Gedanke, daß sie hier auf der Hut sein müßte, um nicht noch mehr zu verlieren, nämlich das Erbe, das Georg Wilhelm ihr und ihrem Gemahl sowie ihren Kindern zugedacht und in dieser Verzichterklärung zugesprochen hatte.

Niemals durfte Georg Wilhelm so weit kommen wie ihr eigener Bruder, der ohne Bedenken dieses Fräulein von Degenfeld zu seiner rechtmäßigen Gemahlin erhoben und, wenn auch ihrer Unebenbürtigkeit wegen sie nicht Kurfürstin werden konnte, sie doch zur Raugräfin und richtig angetrauten Ehefrau gemacht hatte.

Ob Georg Wilhelm, wenn er so gedankenvoll auf den Kurfürsten blickte, sich nicht auch mit dieser Absicht trug?

Das mußte auf jeden Fall verhindert werden! Doch einer anderen Art der Liebesverbindung sollte durchaus kein Hindernis in den Weg gestellt werden. Im Gegenteil! Solch eine unebenbürtige Geliebte würde Georg Wilhelm daran hindern, eine standesgemäße Prinzessin zu seiner Herzogin zu erwählen, und die Zuneigung zu Eleonore d'Olbreuse schien bei ihm ja so tief zu sitzen, wie man es diesem Lebemann und Leichtfuß nie zugetraut hätte, und wenn er ihr ohne Ehering treu blieb, kam keine andere in Betracht, war jede Gefahr für das reiche Erbe verbannt. Die schöne Französin schien wohl imstande zu sein, ihn auf die Dauer zu fesseln. Nur Ehefesseln, die durfte sie ihm nicht anlegen, nicht nach Gesetz und Recht ihm angehören. Das mußte verhindert werden.

So stand die kluge Sophie wie auch ihr Gemahl dieser Auserwählten Georg Wilhelms vorläufig noch sehr wohlwollend gegenüber.

Die ganze Familie und die beiden Hofdamen überboten sich geradezu in Liebenswürdigkeiten Eleonore gegenüber. Doch irgend etwas in ihr warnte sie, diese Liebenswürdigkeit für ganz echt zu halten. Sie ahnte, daß Heuchelei sich darunter verbarg und irgendein Zweck damit verfolgt werden sollte.

Sie war nun in ständiger Gesellschaft mit dem Geliebten, und doch war sie nicht restlos glücklich, doch waren es aufregende Tage für sie und schlaflose Nächte.

Es blieb nicht nur bei zärtlichen Worten und heimlichen Küssen. Wieder verhandelte das Paar ernsthaft miteinander. Eleonore konnte sich nicht entschließen, ihre letzten Hemmungen zu überwinden, und wenn auch Georg Wilhelm sie auf den Knien anflehte, wenn sie allesamt sie geradezu beschworen, ihn endlich nicht länger zu quälen, sondern ihm völlig anzugehören. Gequält wurde sie selber, von allen um die Wette.

Aber durfte sie ohne rechtliche Grundlage vor den Menschen, ohne Segen der Kirche vor Gott seine Gattin werden? Ihr Christentum, ihre Sittenreinheit leisteten dagegen unüberwindlichen Widerstand. In der Zeit der ersten Liebeserfüllung in Den Haag hatte Georg Wilhelm eine morganatische Heirat erwogen wie so viele Fürsten, wenn die Erwählte nicht standesgemäß war.

Als er die so feurig Geliebte jetzt zum erstenmal nach ihrer plötzlichen Trennung wiedersah, wäre er sogar im Überschwang seiner Gefühle bereit gewesen, sie nicht nur linker Hand, wie man die morganatischen Eheschließungen nannte, sondern als gleichberechtigte Herzogin zu heiraten.

Aber Ernst August war von seiner Gemahlin darauf aufmerksam gemacht worden, in welcher Gefahr ihr Erbe stand. Er hatte immer noch großen Einfluß auf seinen Bruder. Und aus ihren eigensüchtigen Gründen vereitelten die beiden das volle Glück der Liebenden. Unter dem Druck dieser Verwandten lehnte Georg Wilhelm trotz aller Verliebtheit auf Ernst Augusts unaufhörliches Auf-ihn-Einreden hin sogar eine morganatische Heirat ab.

Eleonore war bereit, auf ihre Liebe zu verzichten. Eher als daß sie auf die Stufe eines Fürstenliebchens, einer feilen Mätresse herabsank, wollte sie den Mann ihres Herzens verlassen, vergessen, nie wiedersehen.

Sie reist mit der Frau Bischöfin und deren Hofdamen von Schloß Iburg ab und wollte nach einem kurzen Aufenthalt in Osnabrück so schnell wie möglich weiterfahren. Wohin, das wußte sie selber noch nicht recht. Aber sie würde die Fürstin von Tarent wohl wiederfinden oder irgendwo auf sie warten. Diese mütterliche Frau würde sie verstehen, bei ihr konnte sie sich ausweinen. Bei ihr durfte sie bleiben, und wohin ihr Weg später führen würde, das überließ sie ihrem himmlischen Vater.

Georg Wilhelm war verzweifelt, als er von diesem Plan erfuhr. In Osnabrück bat er Eleonore um eine Unterredung unter vier Augen, die sie ihm mit großem Zagen gewährte, eingedenk auch, daß es eigentlich für ein tugendhaftes junges Mädchen nicht zulässig war, sich mit einem Herrn allein zurückzuziehen.

Als er ihr Zögern bemerkte, veranlaßte er – wenn auch widerwillig –, daß ausgerechnet die Bischöfin Sophie diesem Gespräch beiwohnen sollte, was diese Dame aus schlauer Berechnung auch gern tat.

Mit glühenden Worten versuchte er nochmals das Vertrauen seiner Geliebten völlig zu gewinnen und sie von seiner unwandelbaren Neigung zu überzeugen. Er schlug ihr – auf Anregung seines Bruders – einen besonderen Modus für ihre Verbindung vor, der nichts Beschämendes und Herabsetzendes für sie haben sollte. Er bezeichnete diese Art des Beisammenseins als Gewissensehe. Er war bereit, darauf mit ihr das heilige Abendmahl aus Priesterhand zu nehmen, und gelobte ihr, Gott zum Zeugen anrufend, unwandelbare Treue bis zum Tode, und falls er vor ihr stürbe, eine angemessene Rente. Er versicherte ihr, daß sein Bruder wie seine Schwägerin dieses Abkommen wie einen regulären Ehevertrag gegenzeichnen würden. Der Text lautete:

»Da die Zuneigung zu meinem Bruder mich zu dem Entschluß geführt hat, niemals zu heiraten, zu seinem und seiner Kinder als Erben Vorteil ein Beschluß, den ich niemals zurücknehmen werde, und da Fräulein d'Olbreuse entschlossen ist, mit mir zu leben, verspreche ich, sie niemals zu verlassen und ihr 2000 Taler jährlich, nach meinem Tode aber eine Rente von 6000 Talern auszusetzen. Da sie mit diesem Abkommen ebenso einverstanden ist wie ich, und mein Bruder desgleichen, so wird er dieses Aktenstück mit mir zusammen unterzeichnen.«

Dieses Schriftstück wurde von Georg Wilhelm, Eleonore, Ernst August unterschrieben und als letzter von Sophie.

Sie war die heimliche Siegerin in dem bald heftiger einsetzenden Kampf zwischen ihr und meiner Mutter, die von da an nicht mehr ihren Mädchennamen führte, sondern den Titel einer Frau von Harburg erhielt nach einer Stadt im Herzogtum Lüneburg.

Sie war nun die Frau des so sehr und innig Geliebten. War sie aber völlig glücklich? War nicht ein Tropfen Wermut im Becher ihres Glückes?

Es hatte kein Hochzeitsessen stattgefunden. Es hatten, was bei Eleonore weit schwerer wog, keine Glocken geläutet. Und was für sie am schwersten zu tragen war: Es hatte kein Priester ihren Bund gesegnet. Als sie im Arm ihres Gemahls, der eigentlich doch nicht ihr Gemahl war, in der sechsspännigen Kutsche nach seiner Residenz Celle fuhr, wagte sie, wenn sie in sein glückstrahlendes Gesicht sah, nichts über ihre Gewissensbedenken zu sagen. Sie hatte nur den Trost, daß der Geliebte ihr versprochen hatte, mit ihr das heilige Abendmahl zu nehmen, und daß er ihr zuflüsterte, daß sie nun vor Gott und den Menschen seine Frau wäre. Sie wäre nach allem Recht damals schon seine Gemahlin gewesen, wenn ihre Gegenspielerin, die Bischöfin Sophie, nicht gesiegt hätte.

Glückliche Madame

Ich habe oft mit chère Maman (liebe Mama) herzlich gelacht, wenn sie mir von ihrer Zeit als Frau Harburg erzählte, eigentlich Madame de Harbourg, denn sie verstand damals noch sehr wenig Deutsch. Sie war ja Französin, und an den Höfen Deutschlands wurde auch meist Französisch gesprochen. So wurde ihr Deutsch-Radebrechen auch schon ein Grund, daß viele über sie lachten, und sie lachte belustigt mit.

Sie bemühte sich sowieso in jener ersten Zeit in Celle immer, allen ein fröhliches Gesicht zu zeigen, wenn ihr auch nicht immer so zum Lachen zumute war. Sie war nämlich im stillen noch betrübt, daß der kirchliche Segen ihrer Ehe fehlte, daß sie eigentlich keine rechtmäßige Gattin war.

Immerhin aber fühlte sie sich in der treuen Liebe ihres Gemahls geborgen und vor allen Anfeindungen sicher.

Nun, die Celler Bewohner haben sie nie angefeindet, und sie verliebte sich geradezu in diese ihr so fremde Umgebung, in die putzigen kleinen Häuser, die doch so würdevoll dreinblickten und so sehr hübsch waren mit ihrem Fachwerkbau und ihrem weißen und vielfältig bunt bemalten Anstrich. Es waren und sind wirklich sehenswerte Gebäude, und viele sind sehr alt, zum Beispiel eines, das mir als Kind vor allen andern gefiel. Es hat auf seinen roten Backsteinmauern bunte Girlanden gemalt und trägt die Inschrift, daß es von Simon Hoppener Anno Domini 1532 erbaut ist, und weist das bunte Bildnis Ernst des Bekenners auf.

Meine Mutter hat diese Häuser, die wie aus einem Märchen erscheinen, gleich in ihr Herz geschlossen und die Bewohner nicht minder.

Ganz fremd hat sie auch zuerst das Schloß angemutet. Es ist so ganz anders als die französischen Schlösser, so wie diese farbenfrohen einladenden Häuser Celles gar nicht den vornehm abweisenden glatten Fassaden der Gebäude, in denen sie in Paris daheim war, gleichen. Das Schloß ähnelt auch durchaus nicht dem breit hingelagerten, ebenfalls so abweisend und düster dreinschauenden Louvre-Schloß in Paris. Es ragt keck und fröhlich in den Himmel hinein, beinahe so hoch wie der steile Turm der Stadtkirche. Und es sieht auch wie ein Märchenschloß aus. Es ist gelb angestrichen, hat ein leuchtend rotes Dach, hat große Türme und im obersten Stockwerk ganz reizende Giebelfenster, eines neben dem andern. Es ist wie aus einem deutschen Märchenbuch, und Mama sagte, es wäre sehr romantisch, eine Bezeichnung, die ich damals noch nicht verstand. Aber ich erkannte bereits früh, daß es im Innern wunder-, wunderschön war, und daß es noch fürstlicher und zugleich wohnlicher als bisher wirkte, dafür hatte mein Vater, der Herzog Georg Wilhelm, seiner geliebten Eleonore wegen erst recht gesorgt.

Als ich etwa 6 Jahre nach meiner Gefangennahme einmal dorthin zurückkehren durfte, da habe ich das erst recht empfunden, welch prächtiges Schloß es ist, aber nicht nur prächtig wie Ludwigs XIV. prunkvolles Versailles, sondern zugleich heimelig wie die Häuser drunten in der Stadt, und man fühlte geradezu, daß die Räume vor allem mit Liebe ausgestattet waren, wenn auch kein Geld daran gespart worden war. Ich bin bei meiner Rückkehr wie ein Kind lachend und weinend durch Mamas weißgoldenes Schlaf- und Wohnzimmer wie durch meine eigenen Räume gerannt, durch den ganz in Rot und Gold gehaltenen Prunkraum, das berühmte Porzellankabinett, bis zu der grün, blau und goldenen Schloßkapelle, die zwar schon 1440 erstand, aber von meinem Vater, Eleonore zu Ehren und ihrem frommen Glauben zu dienen, prächtig ausgestattet wurde. Ach, das war ein Wiedersehen, das nachher in einem Tränenstrom ausklang, denn ich durfte ja nur wenige Wochen in meinem Elternhaus verweilen, ohne meinen Vater begrüßen zu dürfen, der sich solange in Holstein aufhielt.

Es war zur Zeit des Nordischen Krieges, und es bestand die Gefahr, daß feindliche Truppen bis nach Ahlden vordringen und das Schloß belagern könnten. Über diese Befürchtung habe ich insgeheim gelacht. Dieses Schloß in Ahlden, dieser jämmerliche Bau, der eher einem wenig gepflegten alten Bauernhaus gleicht. Es war zwar früher sogar von zwei Gräben umgeben, und über jedem Graben befand sich eine Zugbrücke. Aber als es im Dreißigjährigen Krieg von General Tilly belagert worden ist, hat sich die Besatzung nur einen einzigen Tag gehalten, und der leider schon 1690 verstorbene Landdrost von Haxthausen hat die Wälle zum großen Teil abtragen und darauf Blumenbeete anlegen lassen, wofür ich ihm noch nach seinem Tode dankbar bin, wenn er dabei auch noch nicht an mich als die Bewohnerin von Ahlden denken konnte. Ebenso hat er zwei Wehre, die sich vor der Brücke befanden, einebnen lassen und zur Reitbahn gemacht, was mir in meiner Gefangenschaft und der Enge, in der ich meine Tage verbringe, auch zugute kommt.

Ja, ich habe das geliebte Schloß in Celle und die geliebte Stadt mit ihren bunten Häusern nach wenig Wochen wieder verlassen müssen und habe es damals zum letzten Mal gesehen, denn als ich einige Jahre später wegen Reparaturarbeiten Ahlden noch einmal verlassen mußte oder durfte, brachte man mich für einige Wochen nach Essel.

Doch ich will wieder in meine fröhliche unbeschwerte Kindheit zurückkehren und mir vorstellen, wie ich zu Füßen von chère Maman saß und ihrem lustig wehmütigen Bericht lauschte, wie sie die erste Zeit in Celle verbracht hat.

Zuerst einmal mußte sie sich mit dem Schloß, ihrem neuen Heim, vertraut machen. Es fiel ihr nicht schwer, es machte ihr sogar große Freude, nach dem Leben eines in Nichtstun und Hoffestlichkeiten aufgehenden Hoffräuleins endlich wieder richtig Hand anlegen, arbeiten zu können und als ehemaliges sorgsam erzogenes Landedelfräulein sich nun als vollendete Herrin einer Hofhaltung zu bewähren, sich um die Pflege der kostbaren Einrichtung zu kümmern wie um eine feine sorgsame Küche, ja selbst um die Vorräte im Keller und das Inventar der Wäsche.

Wenn sie auch alles sehr genau nahm und den Dienstboten sagte, daß ihr die wertvollsten echt venezianischen Spiegel durchaus nicht gefielen, wenn sie blind und ungeputzt wären, das kostbarste Porzellan nur als gepflegt und ohne Staub wirklich kostbar wäre, wenn sie auch persönlich die Gerichte in der Küche abschmeckte, so verstand sie doch ausgezeichnet in gleichbleibender Freundlichkeit mit allen Untergebenen umzugehen, und so wurde unter ihrer Leitung das Schloß immer behaglicher und entsprach den Ansprüchen des verwöhnten Fürsten so sehr, daß er sich gar nicht mehr in die Ferne sehnte.

Er lachte zwar darüber, wenn er sie so vertieft in ihre Rechnungsbücher antraf, aber er merkte auch, daß sie nicht nur in hausfraulichen Arbeiten bewandert war, sondern auch ein scharfes Urteil, einen hellen Verstand hatte. Darum zog er die Geliebte immer mehr in sein Vertrauen. Es blieb nicht bei zärtlichem Kosen, er erörterte auch mit ihr Fragen, die seine Regierung, ja auch die hohe Politik betrafen. Und was ihre besondere Freude ausmachte: er interessierte sich immer mehr auch für Fragen des Glaubens, ihres Glaubens und begleitete sie nach und nach häufiger und später sogar regelmäßig zu den Gottesdiensten.

Sophie, die über alles, was am Celler Hof geschah, im Bilde war, spottete darüber. Sie selber hatte ihren Kindern nie von Gott gesprochen. Sie erklärte, sie sollten sich später frei entscheiden. Wie können sie das, wenn sie von keiner Religion wissen?

Sie spottete auch, daß Georg Wilhelm und Eleonore nach und nach »ein Herz und eine Seele« wurden, daß er kaum etwas unternahm, worüber er sie, seine »Madame von Harburg«, nicht zuvor gefragt hatte, und alles tat, was sie vorschlug.

Sophie mußte allerdings in einem Brief an Liselotte von der Pfalz zugeben: »Die Frommen im Lande meinen, daß diese Ehe eine Ehe vor Gott sei«, und sie fügt ironisch hinzu: »Ich ziehe es gerne vor, daß es eine Ehe vor Gott ist, als daß sie eine vor Menschen sei.«

Diese Sorge, es könnte auch eine rechtliche Ehe vor Menschen werden, wird immer lebhafter in Sophies Überlegungen. Man merkt es, als sie ihrem Bruder nach Heidelberg berichtet: »Wir sind hier in Celle und genießen den Austausch zärtlichster Gefühle zwischen Georg Wilhelm und seiner Gemahlin, die zwar nur die Madame von Harburg ist und bleiben wird.«

Als Madame wurde meine Mutter auch zuerst in Celle von der Bevölkerung angesprochen. Unter sich nannte man sie »das Verhältnis von unserm Herzog«. Später setzte sich die Bezeichnung »die Madame vom Herzog« durch, und chère Maman zeigte mir lachend noch Rechnungen, die sie aufbewahrt hatte, worauf »Unseres Herzogs Madame« steht.

Aber die guten Celler wie die ganze Landbevölkerung waren dieser Madame durchaus freundlich gesinnt. Sie rühmten sie als ein wahres Wunder von Schönheit und Tugend, und eine der alten Frauen aus der Heide fügte hinzu, daß es ein Jammer wäre, daß so eine Frau, die eine echte Landesmutter sein könnte, gewiß noch viel Leid erfahren müßte.

Haben diese Menschen der Heide wirklich eine Art Vorschau mitbekommen?

Doch es war wohl keiner im Lande, der für diese Madame Schlimmes befürchtete. Keiner wünschte ihr Arges, und sogar der Pastor war ihr so wohlgesinnt, daß er einmal äußerte, daß ihr zur Herzogin leider nur die fürstliche Geburt, nicht aber die fürstliche Seele fehlte, worauf sie selber ihm antwortete, daß wir ja alle Kinder des größten Königs wären. Sie entschuldigte sich bei dem geistlichen Herrn, daß sie seiner Predigt nicht immer ganz folgen könnte, da ihr Deutsch noch mangelhaft wäre. Aber wenn sie auch in ihrer

Schloßkapelle dem Gottesdienst der französischen Réfugiés, der mit Erlaubnis des Herzogs dort stattfinden durfte, beiwohnte, würde sie doch nie versäumen, allsonntäglich die Celler Kirche, wenn möglich sogar mit dem Landesfürsten, zu besuchen, nicht nur des guten Vorbildes wegen, sondern um auch die Gemeinschaft der Heiligen zu genießen und des Segens teilhaftig zu werden.

Wenn es überhaupt noch möglich war, wurde Georg Wilhelms Liebe zu seiner Eleonore immer größer, immer tiefer und ernster, und überglücklich war er, als das eintraf, was Sophie voll Bitterkeit ihrem Bruder Karl Ludwig vermeldet: »Vom Celler Hof ist nicht viel zu sagen, als daß ein guter Tisch eine angenehme Sache zu sein erscheint und daß Frau von Harburg in anderen Umständen ist.«

Drei Tage zuvor, am 14. März 1666, hatte Eleonore selber einem alten Freund ihrer Familie geschrieben: »Ich bin die glücklichste Frau der Welt, und was man auch darüber sagen möge: daß ich auf die Einsegnung unseres Bundes durch einen Priester verzichtet habe, werde ich nie bereuen; denn es kommt nur auf Gottes Segen und seine Zustimmung an und auf die Treue in der Ehe. Seine Hoheit aber hat mir die eheliche Treue nicht nur vor Gott in unserer stillen Zweisamkeit, sondern auch in einem Vertrag versprochen, den seine nächsten Verwandten mitunterzeichnet haben, in dem er sich verpflichtet, niemals eine andere Frau als mich zu nehmen. Sie würden Freude an unserer Ehe haben, die die vollkommenste und vorbildlichste der Welt ist!«

Ich habe diesen Brief, den mir dieser alte Monsieur Cébénat überließ, gelesen. Ich weiß aber auch ohnedies, welch vorbildliche Ehe, dank der selbstlosen Fürsorge meiner Mutter, meine Eltern führten, und mit mir weiß es das ganze Land, wo alle sich über die gänzliche Veränderung ihres Herzogs nicht genug wunderten und dies nächst Gott in großer Dankbarkeit und Verehrung mit Recht meiner Mutter zuschrieben.

Sie war damals nur eine Madame von Harburg, aber sie war eine glückliche Madame. Ich bin eine Königin und bin tief unglücklich, bin nie glücklich in meiner Ehe gewesen.

So viel Dank ich meiner geliebten Mutter schuldig bin, wie sehr sie sich in meinen Jahrzehnten des Leidens, der Gefangenschaft für mich aufgeopfert hat – daß sie mich in die Ehe mit dem ungeliebten Mann, dem verabscheuten Mann drängte, das kann ich ihr nicht danken, ihr, der ehemals so glücklichen Frau von Harburg.

Die Gräfin von Wilhelmsburg

Am 15. September 1666 wurde ich geboren. Man hatte mich einige Wochen später erwartet, und mein Vater Georg Wilhelm hatte sich auf dringendes Anraten seiner Gemahlin für ein oder zwei Tage nach Bruchhausen begeben, um dort über der von ihm so geliebten Jagd in der frischen Luft seine Unruhe zu vergessen oder wenigstens zu dämpfen, die ihn in der Sorge um ihren Zustand umtrieb und sich in seiner Umgebung und auch bei ihr, die schweigend darunter litt, recht unliebsam fühlbar machte.

Als ihm ein Kurier die Meldung von meiner Geburt überbrachte, soll seine Freude ganz »unbeschreiblich« gewesen sein, und er soll die später oft belächelte Frage getan haben, ob das Mägdlein seiner schönen Mutter gliche und dieselben dunklen Augen und Locken hätte.

Doch die Freude des beglückten Vaters verkehrte sich bald in unbeschreibliches Entsetzen, als ihm zaghaft die Schreckensbotschaft übermittelt wurde, daß der Zustand der Wöchnerin bedenklich und seine Rückkehr sehr wünschenswert wäre.

»Als ob ich nicht sowieso sogleich zu ihr geeilt wäre!« schrie er aufgebracht, stürzte sich auf sein Roß und ritt es im rasenden Galopp schier zuschanden. Als er – schweißgebadet wie das Pferd – am Schloß anlangte, ihm vor Angst zitternde Diener das Tor öffneten, fragte er mit solcher Lautstärke, daß es durch den Hof dröhnte: »Wie geht es ihr? Lebt sie noch? Habt ihr alle Ärzte, die aufzutreiben waren, herbeizitiert?«

Der alte Hofmarschall, der herbeieilte, bat seinen Herrn inständig um Ruhe.

»Ruhe, Ruhe!« brüllte der Herzog. »Soll ich ruhig sein, wenn mein Liebstes auf der Erde dem Tode nahe ist? Ihr müßt sie retten, hört ihr! Sie muß am Leben bleiben, und wenn es mein ganzes Land, mein ganzes Vermögen kostet.«

Es bedurfte aller Überredungskunst des milden und doch energischen Hofmarschalls, um Georg Wilhelm davon zu überzeugen, daß er sich in solch einem Zustand, mit gerötetem, in Schweiß gebadetem Gesicht, verzerrten Zügen, verwirrten Haaren, staubbedeckt, auf keinen Fall zu der Schwerkranken begeben könnte. Nur notdürftig und wenig in äußere Ordnung von dem besorgten Kammerdiener gebracht, raste er dann geradewegs in das Gemach meiner Mutter, wo er von den Ärzten und Frauen mit erschrockenen Mienen und stummen Bitten empfangen wurde und der Hofmedikus ihn mit gedämpfter Stimme anflehte, die hohe Kranke nicht durch solch an einem Sterbebett ganz ungebührliches Betragen aufzuregen.

Der weißhaarige Pfarrer, den man gleichfalls geholt hatte, flüsterte ihm mahnend zu: »Die Seele, die enteilen will in das himmlische Reich, muß man in Frieden ziehen lassen, und sollte sie in dies irdische Jammertal nach des Herrn Willen zurückkehren, so sucht sie eine Stätte des Friedens auf!«

Ob der Herzog diese Worte überhaupt verstanden hat? Er eilte an Eleonores Bett, das in dieser wunderschön ausgestatteten Nische steht, und sank auf die Knie. Erschüttert starrte er auf das totenblasse Gesicht seiner Frau, die er als so blühend gesund verlassen hatte. Sehr fremd und fern, wie eine Unbekannte erschien sie ihm und war doch seine Eleonore, die durch die ausgestandenen Schmerzen sich derart verändert hatte, Schmerzen, die sie seinetwegen, um sein Kind gelitten hatte. Er faßte nach ihrer matt und leblos herunterhängenden Hand und erbebte. Sie war kalt wie die einer Toten.

»Eleonore!« schrie er verzweifelt auf. »Eleonore! Du darfst nicht sterben. Was wird aus mir ohne dich? Du hast mich zu einem andern Menschen gemacht. Soll ich in den Pfuhl meiner Sünden zurücksinken? Eleonore, ich will mit dir den gemeinsamen Weg gehen, ich will deinem Herrn nachfolgen.«

Die Tränen rannen ihm über sein verzweifeltes Antlitz, und die Dabeistehenden wagten nicht mehr, ihn zu beschwichtigen. Die Frauen weinten gleichfalls, der Hofmedikus hielt den Pfarrer zurück, der den Herzog aufrichten und trösten wollte.

»Lassen Sie!« raunte er ihm zu. »Vielleicht kommt sie auf diesen Anruf hin zurück!«

Und wirklich, Eleonore hob mühsam ein wenig die Augenlider, schloß sie zwar sogleich, aber stieß mit großer Anstrengung nur das eine ihren Gatten so beglückende Wörtchen hervor: »Liebster!«

Sie kehrte zurück. Der Herzog wollte unentwegt an ihrem Bett bleiben, aber der Medikus bat ihn nach Stunden, die Wöchnerin zu verlassen, da sie anscheinend in einen sanften Schlummer der Genesung gefallen wäre, wobei sie niemand stören und nur eine ihrer Damen Wache halten sollte. Sobald sich etwas ereignete – sei es Gutes, neues Erwachen oder Schlimmeres –, so müßte sie umgehend Bescheid geben. Der Herzog bestand jedoch darauf, daß der Arzt nicht nur im Schloß, sondern die Nacht über auch im Schlafgemach der Wöchnerin ausharren sollte samt dieser Hofdame, und er gab den strengen Befehl, ihn selber bei der geringsten Veränderung in dem Zustand seiner Gemahlin zu benachrichtigen.

Als er sich die Treppe hinab begab, fiel ihm zwar ein, daß er sich um die so ersehnte und ihn bei der Meldung ihrer Geburt so beglükkende Tochter noch gar nicht gekümmert hatte. Doch er war so ermattet und zugleich so aufgewühlt, daß sein ganzes Sein nur noch um die eine einzige Frau kreiste, die er liebte.

So bin ich gleich, nachdem ich das Licht der Welt erblickt hatte, von meinem Vater vergessen worden, so wie er sich während meiner Gefangenschaft nicht um mich gekümmert hat. Oder schmerzte es ihn zu sehr, mich derart entwürdigt wiederzusehen, mich, sein einziges Kind?

Ohne recht zu wissen, warum und wozu, stieg er zur Eingangshalle hinab. Im Abendschein, der durch die große Tür hineinfiel, saß auf der untersten Treppenstufe die alte Frau aus der Heide, die allen bekannt war. Hatte ihr Gott doch die Gabe der Vorschau verliehen, die sie zumeist schweigend wie eine Bürde trug. Sie blickte mit ihren blaßblauen Augen ruhig zu ihrem Landesherrn auf und sagte mit ihrer eintönigen Stimme: »Sie wird dir am Leben bleiben, du Sohn der Welfen! Sage Gott Dank! und hüte sie beide wohl, dein Weib und dein Kind!«

»Gebt ihr einen Taler!« befahl der Herzog den Dienern, die neugierig lauschten.

Die Alte richtete sich auf und blickte den Fürsten stolz an: »Ich bedarf dein Geld nicht, Herzog. Ich bin gleichen Stammes wie du! Gott schütze das Welfenblut in deinem Kinde!«

Ob es eine Vorahnung war, wie dieses Welfenblut, das Blut des kämpferischen und wilden Geschlechts, in mir aufbrausen, mich ins Unglück und in diese Gefangenschaft in der Heide bringen würde? –

Meine Mutter Eleonore blieb am Leben. Aber es dauerte viele Wochen, bis sie sich völlig erholt hatte. Sie hatte noch ein langes Krankenlager zu überstehen. Die Ärzte befürchteten sogar, daß eine

Lähmung zurückbleiben würde. Sie sah entstellt, um Jahre gealtert aus. Und da bewährte sich die Liebe Georg Wilhelms, der zu dieser ihrer Schönheit beraubten, abgemagerten blassen Frau sich noch ebenso hingezogen fühlte, die gleiche Zärtlichkeit bewies wie zuvor. Stundenlang saß er an ihrem Bett, und wer die beiden zusammen sah, einiges von ihrer Unterhaltung auffing, war so ergriffen, daß manchem wieder Tränen in die Augen traten.

Einer ihrer Zeitgenossen schrieb: »Man kann sich nichts Schöneres und Herzbewegenderes denken als die Gespräche der beiden über Eleonorens leidenden Zustand. Man kann keine innigeren und zarteren Worte finden als die, welche die Frau von Harburg dem Gatten zum Troste sagte, die auch dem unempfindlichsten Menschen Mitleid und Teilnahme einflößen müssen. Es sei die Liebe zu ihm, die sie in diesen beklagenswerten Zustand versetzt hätte. Sie werde mit Freuden sterben in der Voraussetzung, daß er ihr Andenken und das Kind, das sie ihm als Pfand ihrer Liebe und Treue hinterließe, ein wenig lieb behalten würde.«

Nun, er hat mich nicht nur ein wenig, er hat mich sehr, sehr liebgehabt. Ich meine in diesem Augenblick, ich spürte wieder, wie fest er mich als keines Mädchen an seine Brust drückte. »Viel zu fest«, jammerte oft die Kinderfrau. Doch ich lachte, denn in mir regte sich schon das stolze, übermütige, kräftige Welfenblut.

Lange schwebte die junge Frau noch zwischen Leben und Tod. Hoffnung und Furcht stritten in ihrer beider Herzen. Und doch erklärte mir später meine Mutter, daß sie diese Wochen des Leidens, der Schmerzen nie missen möchte. Sie hatten sie erst recht ins Gebet getrieben und zu ihrer unbeschreiblichen Freude auch aus ihrem Gemahl nicht nur einen Namenchristen, sondern einen Beter, einen wirklichen Christen gemacht.

Ihre gemeinsamen Gebete wurden endlich erhört. Meine Mutter wurde völlig wiederhergestellt, auch die befürchtete Lähmung trat nicht ein. Sie wurde von Tag zu Tag immer mehr die schöne, blühende Frau und fürsorgliche Hausmutter, die frohgemute treue Gefährtin des Herzogs, und in seiner großen Freude und Dankbarkeit wußte Georg Wilhelm gar nicht, wie er ihr und Gott dieses alles vergelten sollte. Er wurde jetzt erst recht der freundliche, großmütige, großzügige Landesvater, der sich gütig zu allen herabneigte, und seine Gemahlin, der er gar nichts anderes vorläufig zu bieten wußte, erhob er samt mir, seinem Töchterchen, 1674 zur Gräfin von Wilhelmsburg.

Sonnige Kinderzeit

Ich habe eine sehr glückliche Kindheit verlebt und eine sehr sorgfältige Erziehung genossen. Meine Mutter lehrte mich nicht nur alle bei Hofe gebräuchlichen Anstandsregeln. Sie war auch bedacht, daß ich auf allen Wissensgebieten bewandert war. Ich mußte die mir von klein an geläufige französische wie auch die deutsche Sprache in Wort und Schrift genau beherrschen, was chère Maman ja nie gelang, wahrscheinlich weil die kluge Frau sich damit gar nicht aufhielt, es zu erlernen. Ich wußte bald – notdürftig zwar nur – in Italienisch eine Unterhaltung zu führen. Ich wurde in Klavierspiel und Gesang unterrichtet. Der Herr Hofpfarrer kam, um mich in Religion zu unterweisen. Doch am liebsten hörte ich die biblischen Geschichten von Mamans weicher, sanfter Stimme erzählen, und sie war es auch, die darauf achtete, daß ich die Bibelsprüche und Gebete nicht nur mit meinem Verstand, sondern auch in meinem Herzen aufnahm. Jeden Abend betete sie innig an meinem Bett mit mir, und ihre Schuld ist es gewiß nicht, daß es später Zeiten in meinem Leben gab, da ich meinen Herrn und Heiland fast ganz vergaß und mich immer weiter von ihm entfernte.

Ich war – so nehme ich heute an – ein recht frommes Kind. Aber ich war nicht das, was man ein artiges Kind nennt. Ich war oft sehr wild und ausgelassen, und wenn das meine Mutter bekümmert bemerkte, so lachte mein Vater um so herzlicher und meinte, ich hätte eben das ungestüme Welfenblut. Er nahm mich als ganz kleines Kind schon oft mit sich vorne auf sein Pferd. So brachte er mich sogar einmal bis nach Wienhausen, wo wir in dem alten Kloster von den evangelischen sogenannten Chanoinessen (Stiftsdamen), die den katholischen Nonnen gefolgt waren, geradezu fürstlich bewirtet wurden. In seinem nahe gelegenen Schlößchen Wienhausen, wo er gerne weilte, war ich dann allerdings etwas erschreckt, als ich das überlaute Gebell seiner vierhundert Jagdhunde hörte.

Er liebte die Jagd sehr, und meine Mutter, die auch von klein an reiten gelernt hatte, begleitete ihn treu trotz ihrer zarten Gesundheit bei jedem Wetter nach Wienhausen oder einem der andern Jagdschlößchen. Sie duldete aber nicht, daß ich schon solch einem Vergnügen, das nach ihrer Ansicht für Männer bestimmt war, beiwohnte. Sie erlaubte aber, daß ich ein eigenes Ponywägelein erhielt, das ich zum Ergötzen der braven Celler Bürger selber durch die engen Gassen kutschierte und ihnen allen stolz und fröhlich zunickte.

Ich hätte zwar gerne auch jüngere Spielgefährten gehabt, aber die Kinder in Celle und auf der Heide starrten mich nur immer mit großen Augen an, wenn ich mit meinem Vater vorbeiritt, mit meiner Mutter vorbeifuhr oder sie auf ihren Gängen durch die Stadt begleitete. Wenn chère Maman sie zu meinem Geburtstag einlud, so erschienen sie zwar allesamt mit frischgestärkten Kleidern und blanken Schuhen. Aber sie stopften nur soviel wie möglich von dem köstlichen Gebäck in sich hinein und wagten nicht, ein Wörtchen zu sprechen, betrugen sich auch, wenn meine Mutter ein Ballspiel oder einen Reigen vorschlug, so steif und stumm, daß es mir selber auch kein rechtes Vergnügen bereitete.

Wahrscheinlich beeindruckte sie nicht allein die prunkvolle Umgebung, der wundervolle gepflegte Park so sehr. Sie konnten mich ja nicht verstehen, wenn ich Hochdeutsch sprach, erst recht nicht mein Französisch. Ich staunte oft, wie meine Mutter trotz ihres holprigen Deutschs so gut mit den Platt sprechenden Celler Bürgern und den Heidebauern fertig wurde. Sehr oft suchte sie diese Alte auf, die bei meiner Geburt ins Schloß gekommen war und solch seltsame Worte gesprochen hatte. Sie wurde auch späterhin von den Dienern auf Mamans Anordnung eingelassen und zu der Herzogin geführt, die von ihr alle die Kräutlein erhielt, die sie beide als heilsam kannten und schätzten und deren Standort die Alte genau wußte.

Zuweilen unterhielt sich meine Mutter auch mit ihr über andere Themen. Sie ließ sich die uralten Mären erzählen und übersetzte sie mir später in das mir verständlichere Französisch. Ich liebte diese wundersamen Geschichten sehr, und heute noch erinnere ich mich an sie und denke vor allem an die böse Stiefmutter, die aus Neid und Mißgunst das arme Schneewittchen töten lassen wollte. War meine Schwiegermutter nicht eine ebenso von Neid und Mißgunst, von Eifersucht und Haß bis zum Mord getriebene Königin?

Da ich so ohne meinem Alter entsprechende Spielgefährtin aufwuchs, freute ich mich sehr, als in meinem neunten oder zehnten Lebensjahr ein junger Page, Junker nannte man ihn, damit beauftragt wurde, mich bei meinen Ausritten auf meinem eigenen Pferd, das mir mein Vater geschenkt hatte, zu begleiten und – wie ihm meine Mutter dringlich anempfahl – auf mich zu achten.

Seine Vorfahren waren in schwedischen Diensten gestanden und hatten sich als Feldmarschälle ausgezeichnet. Er selber aber sprach kaum ein Wort Schwedisch, denn seine Familie entstammte zwar der schwedischen Linie eines altmärkischen Geschlechts. Er selber war aber in Stade aufgewachsen, wo sein Vater Vizegouverneur des damals schwedischen Bremens gewesen war.

Ich zögere, seinen Namen aufzuschreiben. Er war der Mensch, der in mein Leben derart eingriff, daß ich hier nun seit Jahrzehnten gefangen sitze. Er war es, der mein Helfer und Retter sein wollte und darum für mich starb, ermordet wurde: Philipp Christoph von Königsmarck.

Er war zu der Zeit ein schlanker, aber kräftiger Junge. Wie kräftig er war, das spürte ich, wenn er mich, wenn es einmal nicht ohne Hilfe gelang, auf mein Pferd hob. Er lachte dabei, daß seine weißen Zähne blitzten. Er lachte überhaupt oft, konnte jedoch auch seine schmalen Lippen so fest zusammenpressen, daß es schien, als wüßte er jedes Geheimnis, alles, was man ihm anvertraute, gut zu bewahren. Das hat er mir in späteren Jahren bewiesen!

Seine blauen Augen lachten gleichfalls zumeist übermütig, als wären sie zu allen Scherzen bereit, blickten aber auch manchmal so ernst und entschlossen, als scheuten sie kein Wagnis. Und auch das habe ich nach fast zwei Jahrzehnten erfahren!

Ich war zuerst gekränkt, meine weibliche Eitelkeit, die sich schon in mir regte, war verletzt, daß er mir so gar keinen Respekt erwies. Keine Ehrfurcht vor mir, der Tochter des Herzogs, der von der Dienerschaft wie vom Hofstaat – vor allem von den französischen Damen, die um chère Maman waren – verwöhnten, von ganz Celle bewunderten hübschen kleinen Gräfin von Wilhelmsburg.

»Na, kleiner Louche, sitz nicht auf deinem Rößlein wie ein Äffchen! Halte dich gerade! Hoppla! Kleine Louche, reite vorsichtiger! Nicht so wild! Verscheuche die Heidschnucken nicht! Oder willst du ein Wettrennen mit ihnen veranstalten? Paradiere nicht durch Celle, als hättest du einen Ladestock verschluckt!« So ertönten seine Zurechtweisungen, seine Kommandorufe.

»Louche!« Das war durchaus kein Kosename. Es heißt auf deutsch: Schielende. Das ärgerte mich natürlich. Zum Staunen meiner lieben Mutter und ihrer Hofdamen stand ich oft lange vor einem der großen goldumrahmten Spiegel, mal in dem einen, mal in dem andern Salon, wenn ich mich unbeobachtet glaubte, vor allem vor dem Spiegel in meinem Schlafkabinett. Chère Maman machte sich schließlich Sorge darum, wenn sie dies verstohlen beobachtete. Sie wollte nicht zu früh eingreifen, um nicht etwas in mir zu wecken, was mir selber noch kaum bewußt war. Doch ich war wirklich noch zu sehr Kind, um gefallsüchtig zu sein, um auf Männer Eindruck machen zu wollen. Davon war auch meine liebe Mutter überzeugt und beruhigte sich über mein seltsames Gehabe.

Wahrscheinlich – so meinte sie – wollte ich als kindliche Unterhaltung einmal erkunden, wie mich der Vater im Himmel erschaffen hatte, natürlich was die mit Anstand und weiblicher Scham zur Schau getragenen Körperteile betraf. Darauf konnte sie sich ihrer sittenstrengen Erziehung nach verlassen.

Gewiß, ich wollte mein Äußeres genau begutachten, aber auf meine zierlichen Hände, meine wohlgeformten Arme legte ich in diesem Falle gar keinen Wert.

Meine dunklen Locken, mein hübscher kleiner Mund und die Grübchen in den Wangen, die sich beim Lachen und Lächeln zeigten, gefielen mir zwar, spielten jedoch nun keine Rolle.

Ich wollte feststellen, ob dies »Louche« stimmte, ob ich wirklich schielte. Noch keiner hatte mir das gesagt. Hatte es niemand gewagt, mich damit zu betrüben?

Ich selber hatte es auch noch nie festgestellt. Vielleicht hatte ich es noch nie bemerkt, hatte nie darauf achtgegeben. Vielleicht tat ich es nur dann und wann, vielleicht nur ein ganz klein bißchen. Ich drehte meine Augen hin und her, und chère Maman fiel dies Gebaren doch allzusehr auf.

Was sollte das nur bedeuten, daß ich so seltsame Grimassen schnitt?

Sie kam mit ihren leichten Schritten auf mich zu, nahm mich zärtlich in den Arm und fragte leise: »Was soll denn dies Augenrollen, ma petite? Übst du es, um jemand damit zu erschrecken?«

Ich drückte mich fest an sie und flüsterte ihr schmollend zu: »Der Königsmarck hat gesagt, wenn ich auf dem Pferd säße, so schielte ich.«

Maman lachte ihr warmes Lachen. »Damit hat er völlig recht gehabt«, raunte sie mir ins Ohr.

»Schiele ich?« fragte ich entsetzt.

Sie lachte noch herzlicher. »Er meinte damit, du schieltest heimlich nach allen Seiten, ob man dich als stolze Reiterin auch genügend bewundert!«

»Er bewundert mich bestimmt nicht, dieser dumme Junge!« murrte ich.

»Das freut mich«, lobte zu meinem Erstaunen und meiner Enttäuschung meine liebe Mutter, die doch sonst immer mit mir eines Sinnes war. »Er erzieht dich richtig, so jung er auch ist. Er hilft dir dazu, daß du nicht in Hochmut verfällst, sondern fein in der Demut bleibst, so wie ich dir darin ein Vorbild sein möchte. Sogar deine Tante, die Frau Bischöfin von Osnabrück, die mich leider immer weniger liebt, hat mir diese Tugend zugestanden. Der Junker Königsmarck ist nicht dumm. Er weiß, daß du hingegen noch ein dummes kleines Mädchen bist, wenn du auch schon viel gelernt hast. Er will dir keine Flausen in dein Köpfchen setzen. Schiele nicht auf andere und trachte nicht nach ihrer Bewunderung. Hochmut und Eigenliebe sind vor Gott sehr schlimme Sünden.«

Sie ließ mich sanft aus ihren Armen. Ich schlich beschämt vom Spiegel fort.

Mein Vater, der Herzog, hat herzlich gelacht, als ihm meine liebe Mutter von meinem »Schielen« erzählte.

»Dieser Junker Königsmarck ist ein kecker Bursche«, hat er geurteilt, »auch er muß einen Dämpfer bekommen. Aber er gefällt mir. Er gefällt mir sogar sehr. Er hat das Zeug, um ein vortrefflicher Offizier, ein Feldherr gar zu werden. Er ähnelt mir, wie ich in meiner Jugend war.«

Meine Mutter lächelte und strich ihm zärtlich über die Hand.

»Wenn er dann auch so würde wie du«, sagte sie. Nachdenklich fügte sie hinzu: »Als die Alte von der Heide mir vor einigen Tagen Kräuter brachte, traf sie ihn, als er so eifrig mit den Pferdeburschen schwadronierte, wie er sich hier gewandt auf dem Parkett bewegt. Man berichtete mir, daß sie ihn scharf angesehen und dann gemurmelt hätte:

»Hüte dich, junger Herr, du kannst hochsteigen und tief fallen.«

Mein Vater lachte wieder herzhaft.

Ach, wie tief ist der tapfere, sorglose Königsmarck gefallen! Durch meine Schuld! Doch noch verlebten wir fröhliche Tage miteinander. Ich wurde immer vertrauter mit ihm. Es war eine sonnige unbeschwerte Zeit.

Die Herzogin

Es war ein Tag, wie ich ihn nie vergessen werde, der immer wieder in meinem Gedächtnis aufsteigt, wenn die Heide ihr armseliges Magdkleid in ein unvergleichlich schönes leuchtendes Königinnengewand verwandelt und vieltausend Bienen von einer ihrer Blüten zur andern summen.

Ich war mit Philipp Christoph Königsmarck weit, sehr weit über die Pracht dieser Heide geritten. Stolz saß ich auf meinem edlen Hannoveraner aus dem berühmten Celler Gestüt meines Vaters, auf meinem geliebten Pferd, in dessen Mähne ein Band mit den herzoglichen Farben geflochten war. Ebenso stolz hielt sich mein Page Christoph in seinem hirschledernen Reitrock auf seinem Rappen.

Bei den hohen düstern Wacholderbüschen stiegen wir ab und setzten uns auf einen der Findlinge, das heißt, gesetzt hatte ich mich nur, er lag streckslang zu meinen Füßen. Ich schaute in den blauen Himmel hinauf, auf dem einige winzige weiße Wölkchen segelten. Es war solch eine Stunde, in dem Freunde großes Vertrauen zueinander haben und vor dem andern das Herz aufschließen.

»Ich bin auch ein Graf«, sagte er nach langem Schweigen.

»Ja«, erwiderte ich harmlos lachend, »und ich eine Gräfin.« Ich wußte gar nicht, was er damit sagen wollte.

»Mein Adel ist älter als der deine«, fuhr er nachdenklich fort.

»Aber mein Vater ist ein Herzog«, wandte ich ein.

Dann schwiegen wir wieder, und plötzlich war es mir, als zöge über den blauen Himmel eine dunkle Wolke.

»Warum nennt diese Liselotte von der Pfalz, die alle so schätzen, meine Mutter und mich einen Mausdreck?« fragte ich.

Philipp Christoph lachte schallend.

»Ein drolliges Wort!« meinte er. »Soll ich dich nun auch so rufen?«

Ich fuhr zornig auf. »Untersteh dich! Es ist schon arg genug, daß es überall an den Höfen, wo sich ja jeder Klatsch so geschwind verbreitet, bekannt ist und meine Tante Sophie dies Schimpfwort so gerne wiederholt. Warum nur? Warum haßt sie auf einmal meine liebe sanfte chère Maman?«

»Das mußt du verstehen«, antwortete Philipp Christoph, »weil sie deinen Vater oder vielmehr dein Vater sie nicht geheiratet hat. Sie ist eifersüchtig.«

»Aber sie ist doch verheiratet«, entgegnete ich. »Und sie hat doch meiner Mutter damals so sehr zugeredet, meinen Vater zu erhören, obwohl Maman so große Gewissensbisse hatte und zuweilen heute noch hat, weil sie als fromme Christin nicht den Segen der Kirche für ihren Ehebund empfangen durfte. Tante Sophie hat ihr diese Bedenken tagelang auszureden versucht, und sie hat auch den Kontrakt mitunterschrieben, daß mein Vater meine Mutter wie eine Gemahlin halten und ihr immer, immer treu bleiben will.«

»Ja«, antwortete Philipp Christoph gedehnt und nagte dabei an einem der zarten bräunlichen Hälmchen. »Sie hat aber deinen Herrn Vater als durchaus nicht treuen Liebhaber gekannt, ihr selber ist er ja untreu geworden, was sie nie vergessen kann. Sie hat angenommen, deine schöne Frau Mama wäre nur ein Zeitvertreib, ein neues Spielzeug für ihn, das er nach geraumer Weile wie ein Kind sein Spielzeug fortwerfen würde. Und nun muß sie mit ansehen, wie die beiden einander von Tag zu Tag mehr lieben, wie er auch in der Politik sich von ihr beraten läßt und sie so hoch in Ehren hält, daß er gar nicht auf den Gedanken käme, ihr untreu zu werden. Der Herr Gemahl dieser Sophie, Ernst August, betrügt sie dagegen nach Strich und Faden, hat eine Mätresse nach der andern und als Obermätresse diese berüchtigte Gräfin Platen. Das tut er trotz kirchlichem Segen, den seine Ehe mit Sophie empfangen hat. Sie weiß es natürlich, hat es täglich vor Augen und behauptet als treue Schülerin und Seelenfreundin dieses gelehrten Leibniz, daß sie es mit vornehmer philosophischer Ruhe trage. Glaub doch das nicht! Sie ärgert sich krank darüber.«

»Und was hat die Liselotte von der Pfalz damit zu tun, daß sie meine Mutter und mich so schmäht?« fragte ich traurig.

»Nun«, erklärte mein weltgewandterer Freund. »Sie redet ihrer lieben Tante nach dem Mund, kennt die Verhältnisse auch nur nach den Berichten dieser Sophie. Dazu ist sie, obwohl sie von allererster Jugend an mit dem Herzog von Orléans verheiratet ist und in Versailles als Schwägerin des Königs eine Rolle spielt, eine derart überzeugte Deutsche geblieben, daß man sie darum bewundern muß, und da kränkt es sie, daß deine Mutter als Französin hier mit einem französischen Hofstaat paradiert.«

Wieder schwiegen wir, und wir hörten nur das Summen der Bienen und spürten den leisen Windhauch, der über die Heide strich. Christoph – wie ich ihn meist nur nannte – nagte immer noch an dem Hälmlein, und es schien mir, als wenn er etwas überlegte.

»Du möchtest mir noch etwas sagen!« forderte ich ihn schließlich auf.

»Ich weiß nicht, ob ich weiter darüber mit dir reden soll«, fuhr er bedächtig fort. »Du bist noch ein Kind, und ich darf dich nicht beunruhigen. Deine hohen Eltern würden es mir verargen, würden mich am Ende vom Hof weisen.«

Ich stampfte mit dem Fuß. »Du mußt es mir aber sagen!« befahl ich. »Ich bin, obwohl ich noch jung bin, kein dummes Kind mehr. Ich werde auch nie verraten, daß du es mir anvertraut hast. Du bist es unserer Freundschaft schuldig.«

Er stützte sich auf seine Ellbogen und blickte mich scharf an. »Vielleicht ist es besser, du weißt darum«, entschied er. »Dir ist sicher bekannt, daß dein Herr Vater vor Jahren einen Vertrag unterschrieben hat, daß er nie heiraten wollte und sein Bruder Ernst August und dessen Kinder seine Erben sein sollten.«

»Sie werden ja seine Erben werden«, fiel ich ein. »Ich bin zwar seine Tochter, aber nicht ebenbürtig. Ich bin nur eine Gräfin.«

»Und ich ein Graf«, wiederholte er wie vor kurzem und lächelte dazu. Dann fuhr er ernster fort: »Nun, sie werden wohl seine Erben werden, aber die raffgierige Sophie bangt trotzdem um dies Erbe, und außerdem schenkt dein Herr Vater in seiner übergroßen Liebe deiner Frau Mutter und dir ein Dorf, ein Schloß, einen Ort mit all den Einnahmen aus diesen Gütern nach dem andern, und was er euch schenkt, geht Sophies Kindern verloren.

Als ihren schlimmsten Feind betrachtet Sophie den Kanzler, den Baron Schütz, der deinem Herrn Vater treu zur Seite steht.«

»So ein feiner Mann ist das!« klagte ich. »Wie kann sie ihn denn hassen?«

»Sie hat allen Grund«, fuhr Christoph fort. »Ein jeder hier am Hof weiß, daß er deine Frau Mutter hoch verehrt – natürlich so, wie es sich gebührt – und daß er immer wieder betont, daß dein Herr Vater dies Versprechen in jugendlichem Leichtsinn aus Mangel an Urteilskraft gegeben hätte, als sein Charakter noch nicht gereift und er die Folgen dieses Dokumentes noch nicht hätte übersehen können.

Ich hörte vor kurzem, als ich eine lange Nacht im Saal zu Diensten bereit gestanden hatte und mich danach auf einer versteckten Bank im Park dort unter dem dichten Fliedergebüsch ausschlief, nach meinem Erwachen ein Gespräch zwischen dem Herrn Kanzler und unserm guten Hofprediger, die dicht dabei auf und ab gingen.

Der geistliche Herr meinte, der Herr Herzog hätte genau wie Esau gehandelt, der sein Erstgeburtsrecht für ein Linsengericht verschenkt hätte und danach, wie es in der Heiligen Schrift zu lesen wäre, bittere Tränen darum vergossen, hätte es aber nicht mehr ändern können. Dabei hätte dieser unbesonnene Esau wenigstens ein Linsengericht für dieses Erstgeburtsrecht erhalten. Unser guter Herzog aber hätte noch viele tausend Taler dazu gezahlt.

Der Herr Kanzler hat bei diesen Worten den klugen Kopf gewiegt und gemeint, daß sich unser Herzog von diesem Versprechen entbinden könnte.

Aber ob das gerät? Ob er es überhaupt wagt? Er steht immer noch, wenn auch längst nicht mehr so wie früher, ehe er deine Frau Mutter ehelichte, unter dem Einfluß seines Bruders Ernst August. Und die Herzogin Sophie hat überall ihre Spione.

Ich sage es dir im Vertrauen, kleine Louche, um dich zu warnen. Der schlimmste Spitzel, vor dem du dich hüten mußt, ist der Graf Bernstorff, der deinen Eltern liebedienerisch unter die Augen geht, bei deinem Vater hoch angesehen ist und dabei alles, was hier geschieht und was er an Unterredungen aufschnappen kann, nach Hannover berichtet. Von ihm weiß diese Sophie von den Bestrebungen unseres vortrefflichen Kanzlers, den sie als ihren ärgsten Feind betrachtet.

Anstatt daß diese so kluge Frau sich nun einmal in aller Ruhe mit unserm Herrn Herzog auseinandersetzt, bombardiert sie ihn mit Briefen, die immer gehässiger werden. Ich merke es, wenn ein Kurier kommt und ihm eines ihrer liebenswürdigen Schreiben überreicht. Wenn unser gnädiger Herr ihre neuen Wutausbrüche dann liest, so verfinstert sich sein Gesicht, wie man es bei ihm gar nicht gewöhnt ist, und er haut mit der Faust auf den Tisch, daß man Angst bekommen könnte.«

»Ja«, sagte ich betrübt, »und ich merkte es auch, das heißt, bis jetzt habe ich noch nicht gewußt, warum meine chère Maman zuweilen am Fenster sitzt und mit einem Spitzentüchlein über ihre schönen Augen wischt, und warum sie mich dann zu sich ruft und mich an sich drückt, als ob sie mich beschützen wollte.«

»Natürlich wollen dich deine hohen Eltern schützen«, versicherte mir Christoph. »Diese Sophie wird immer gefährlicher, und ihr kaltes Herz, womit sie deinen Vater und später deinen Onkel nicht fesseln konnte, glüht immer heißer vor Haß.«

Ich bin ein schlauer Junge, kleine Louche, und ich erfahre mehr als manche gereiften Hofherren, weil ich überall und nirgends bin und mich sehr für dein Wohlergehen interessiere und gerne für dich kämpfen würde. (Und wie hast du das später getan, treuer Freund!) Ich habe in der Kanzlei ein Schreiben erwischt, vielmehr einen raschen Blick hineinwerfen können, wonach dein Herr Vater Schritte unternehmen will, die Zukunft seines einzigen Kindes zu sichern, sofern ihm etwas zustoßen sollte. Er hat König Ludwig XIV. ersucht, dir für den Fall einer Gefahr Naturalisation und Asylrecht zu gewähren.«

Später, viel später hat mir meine liebe Mutter das Dokument überreicht, womit der große Sonnenkönig dieser Bitte nachgekommen ist, und ich habe noch darüber gelächelt, daß es mit Louy unterzeichnet ist, und gefragt, ob dieser Herrscher seinen eigenen Namen nicht richtig schreiben könnte. Dies Schriftstück habe ich wie einen großen Schatz aufgehoben. Ich hoffte, es würde mir noch einmal große Dienste leisten, aber es hat mir nicht helfen können, weil man mich zu scharf bewacht hat. Ach, hätte ich doch in das sonnige Heimatland meiner Mutter entfliehen können! Daß der französische König meinem Vater diesen Gefallen erwiesen hat, war anzunehmen. Er wußte, daß der Herzog über ein tüchtiges kampferprobtes Heer verfügte, womit er Brandenburg geholfen hatte. Dasselbe wußte aber auch der Kaiser, und auch er zeigte meinen Eltern, daß er ihnen wohlgesinnt wäre. Meine Mutter strahlte, und auch mein Vater war hoch befriedigt, als ihr die Kaiserin die Insignien des Tugendordens sandte, den bisher nur Fürstinnen erhalten hatten und den meine Mutter wahrhaft verdiente.

Von beiden Seiten, dem deutschen Kaiser wie dem König von Frankreich, stand einer rechtsgültigen Vermählung nichts mehr im Wege. Sophie aber war so unklug, meinen Vater immer mehr zu reizen, und als sie meiner Mutter selber einen gar zu bösen Brief geschrieben hatte, bestimmte der Herzog: »Jetzt ist der Augenblick gekommen, daß geheiratet wird!«

Noch einmal versuchte Sophie mit Briefen voll eigensüchtiger Dringlichkeit und mißtrauischen Ermahnungen meinen Herrn Vater an seine Versprechungen zu erinnern, die er ihrem Hause getan hätte. Sie warf ihm Wortbruch und Unehrlichkeit vor.

SOPHIE DOROTHEA (1666–1726),
Kurprinzessin von Hannover,
»Prinzessin von Ahlden«

Oben: Schloß in Celle. – Unten: Schlafzimmer der Herzogin Eleonore geb. d'Olbreuse im Schloß von Celle

GEORG WILHELM (1624–1705), Herzog von Braunschweig und Lüneburg, letzter Herzog zu Celle

ELEONORE D'OLBREUSE (1639–1722), Gemahlin Herzog Georg Wilhelms seit 1665

GEORG LUDWIG *(1660–1727),*
Gemahl Sophie Dorotheas,
1698 Kurfürst von Hannover,
1714 als Georg I. König von England

Das empörte den Herzog erst recht, der, was die Erbfolge betraf, nie sein Wort gebrochen hätte.

Sein Entschluß blieb unerschütterlich. Am 2. April 1676 fand in Gegenwart des Vetters meines Vaters, des Herzogs von Wolfenbüttel, und des Kanzlers Schütz die kirchliche Einsegnung der von Gott schon zuvor gesegneten Ehe statt.

Am 14. April wurde der Name Eleonores verbunden mit dem ihres Gatten zum erstenmal im Kirchengebet bei der Fürbitte für das Herrscherhaus genannt. Die Bevölkerung jubelte ihr zu. Der Sondergesandte des Kaisers huldigte ihr als Erster mit der Anrede »Hoheit« und übermittelte ihr die Grüße des Kaisers.

Eleonore erlebte den Tag ihres höchsten Triumphes und beugte sich in tiefer Dankbarkeit vor Gott und ihrem Gemahl.

Sie war Herzogin von Braunschweig-Celle.

Der »Mausdreck« Eleonore d'Olbreuse war die vom Kaiser anerkannte Gemahlin des Herzogs geworden.

Die schönsten Jahre

Die Jahre nach der kirchlichen Einsegnung der Ehe meiner Eltern waren nicht nur für mich, sondern auch für die beiden die glücklichsten und unbeschwertesten ihres gemeinsamen Lebens. Mein Vater, der Herzog Georg Wilhelm, fühlte sich endlich von allen häuslichen Sorgen befreit. Über die böswilligen Bemerkungen, die seine Schwägerin Sophie immer noch nicht lassen konnte und die bald an allen Höfen – wie immer – verbreitet waren, lachte er nur noch und äußerte einmal wohlgefällig: »Mir ist ein Fräulein von Poitou, die von dem französischen König die herrlichsten Geschenke erhält, so hoch in seiner Achtung steht, daß er sie mit ›ma cousine‹ anredet und die durch die Freundschaft dieses mächtigen Herrschers vom gesamten Welfenhaus beneidet wird, lieber und ich bin stolzer auf diese Gemahlin als auf die Tochter eines Königs ohne Land.«

Daß er damit auf seine Schwägerin Sophie anspielte, war allen klar. Als sie darüber wieder in wilde Haßausbrüche geriet, störte es ihn wenig. »Es mag ihrem kalten Herzen wohltun, wenn es einmal eingeheizt bekommt«, meinte er.

Sie konnte ihm und seiner geliebten, immer mehr von ihm geschätzten Frau nicht mehr schaden. Er konnte sich nun gelassen und beruhigt seinen Pflichten als Landesfürst zuwenden. Er widmete sich mit einer Schwungkraft, einem Ernst, den man ihm nie zugetraut hätte, sowohl der mustergültigen Verwaltung als auch der äußeren Politik und der sorgfältigen Ausbildung seines Heeres. Er verkaufte nicht, wie seine verstorbenen Brüder gewissenlos getan hatten, seine Soldaten wie Schlachtvieh an andere Staaten. Er aber stand mit ihnen dem Kurfürsten von Brandenburg bei, Stralsund von den Schweden zurückzuerobern.

Er, der früher kaum etwas ohne den unzertrennlichen Bruder Ernst August unternommen hatte, ging nun – allerdings unter anderem Einfluß, unter dem seiner Gemahlin – eigene Wege. Der Haßtirade seiner Schwägerin Sophie ist es zuzuschreiben, daß sich auch die Brüder voneinander fernhielten.

Immerhin war der älteste Sohn des Herzogs Ernst August gekommen, der 16jährige Georg Ludwig, um meiner Mutter zu ihrer Erhebung zur Herzogin zu gratulieren. Ich sah diesen jungen Mann, der für mich mein Schicksal, mein furchtbares Schicksal bedeutete, zum ersten Mal, konnte mich aber danach kaum noch an ihn erinnern. Ich weiß nur noch, daß ich übermütiges zehnjähriges Mädchen mir drüber mein Lachen verbeißen mußte, weil ich erfahren hatte, daß man diesen häßlichen derben Jungen in Hannover Schweineschnauze nannte. Er selber schien mich überhaupt nicht eines Blickes zu würdigen. Mir war das nur recht gleichgültig. Ich hatte gar keinen Grund, mich für ihn zu interessieren. Als die Ehe meiner Eltern eingesegnet worden war, wurde zugleich meine Verlobung mit dem ältesten Sohn des verwandten Herzogs Anton Ulrich von Wolfenbüttel, der sich sehr verdient darum gemacht hatte, daß sich mein Vater zu dieser Entscheidung entschloß, mit dem Prinzen Friedrich August von Wolfenbüttel verkündet.

Auch dies berührte mich, die Zehnjährige, kaum. Es war ja noch lange Zeit, bis es zu einer Hochzeit kommen würde, bis ich meinen Verlobten, den ich nur flüchtig sah, überhaupt näher kennenlernte. Zu beidem kam es überhaupt nicht, denn der junge Mann fiel vor Philippsburg. Daß ich darüber trauerte, konnte man nicht von mir verlangen, und niemand erwartete es auch von mir. Näher ging mir, als Philipp Christoph von mir Abschied nahm. Er wurde als Offizier in das Heer übernommen. Er war freudig bewegt über diese weitere Entwicklung seiner Laufbahn. Ich hingegen war wirklich sehr betrübt, daß er Celle verließ. »Wer soll jetzt mit mir so lustig ausreiten?« klagte ich ihm. »Das kannst du mit deinen lieben Eltern!« tröstete er, worauf ich nur weiter jammerte:

»Wer soll mich im Winter mit dem Schlitten über den Schloßgarten fahren? Auch mein Hündchen, das ich dann im Muff mitnehme, wird traurig sein. So wie du kann keiner über das Eis flitzen.«

Er lachte. »Haben wir nicht fast in jede der zugefrorenen Scheiben der 382 Fenster des Schlosses eingeritzt: ›Vergiß mein nicht‹? Ich vergesse dich nicht«, versprach er. »Warte nur, kleine Louche, ich werde noch Feldmarschall wie mein Großvater und mein Onkel. Das heißt, warten kannst du nicht gut auf mich, da ihr Prinzessinnen gar so früh verheiratet werdet, aber, nicht wahr, du wirst mich doch wiedererkennen und stolz auf mich sein, wenn ich als General vor dir stehe!«

Wir ahnten beide nicht, wie und unter welchen Umständen das geschehen würde, daß er dann anstatt eine blühende junge Frau eine verhärmte unglückliche antreffen würde.

Zum Abschied durfte ich mit meiner Mutter Erlaubnis ihm ein kleines Bild von mir überreichen, und er sandte mir später noch einen in den Formen unserer Zeit sehr gewundenen Dankesbrief, der so gar nicht meiner sorglosen Art entsprach, den ich aber doch sorgfältig aufhob und auch beantworten durfte. Es war ja mit Billigung der chère Maman geschehen, und so konnte es nichts Verbotenes, Unwürdiges sein.

Sie selber hatte sich als Herzogin in keiner Weise geändert. Sie behielt wie bisher am Hof, in der Gesellschaft, vor dem Volk ihre ruhige Würde, Freundlichkeit und Zurückhaltung. Einer der wenigen Réfugiés, die mich hier in Ahlden besuchen durften, schrieb mir jetzt noch über sie: »Sie vereinte körperliche Schönheit mit hervorragenden Geistesgaben und einer gewissen majestätischen Würde in ihrer ganzen Erscheinung, die mit großer Sanftmut, Güte und sogar Bescheidenheit gepaart war.« Er rühmte zugleich die Soldaten des Herzogs, die prunkvollen Karossen und vor allem die kostbaren Pferde im Gestüt von Celle.

Der französische Gesandte war von den prachtvollen Parkanlagen und den Veranstaltungen jeglicher Art, die zu jeder Jahreszeit stattfanden, sehr beeindruckt.

»Oh«, schwärmte er, als er eines Nachmittags galant neben mir durch den Park spazierte, »daran erkennt man den auserlesenen Geschmack von Son Altesse (Ihrer Hoheit), den echt französischen einer grande (großen) Dame. Son Altesse die Herzogin müßte dem Schloß in Versailles einen Besuch abstatten. Seine Majestät der König würde ihr den glänzendsten Empfang bereiten. Weiß Seine Majestät doch, daß sie die Interessen Seiner Majestät bei ihrem hohen Gemahl auf das wärmste unterstützt. Sie würde als strahlender Stern am Hof von Versailles aufgehen. Oh, Versailles!« Er küßte verzückt seine Fingerspitzen.

Ich junges Ding lächelte darüber, aber ganz verstohlen. Ich wußte bereits, wie ich mich am Hof zu benehmen hatte.

Ich wußte aber auch, daß Ihre Hoheit, meine chère Maman, gar nicht dorthin nach Versailles passen würde. Gewiß würde sie durch ihre Schönheit, ihre stolze Haltung, ihre geschmackvollen Roben dort Eindruck machen. Aber wenn auch unser Celler Hof unter ihrer Leitung bald wegen seiner glanzvollen Festlichkeiten berühmt war, so war auch wohlbekannt, daß die losen Sitten, die in Versailles und den kleineren, Versailles nachahmenden Höfen gang und gäbe waren, durchaus nicht hier geduldet wurden und das Herzogpaar selber mit gutem Beispiel voranging.

Ich lernte viel Edelleute bei all den Veranstaltungen kennen, die im

Sommer auch in den Gartenanlagen stattfanden. Ich schloß auch aus den bewundernden Blicken, die mir zuweilen mehr oder weniger sichtbar zugeworfen wurden, daß ich nach und nach zu einem recht hübschen Mädchen erblühte. Das machte mir zwar Vergnügen, veranlaßte mich jedoch nicht zu irgendeiner kleinen Liebelei, wie sie auch viel an Fürstenhöfen Brauch war. Dazu war ich von meiner Mutter zu streng erzogen.

Am interessantesten fand ich all die mannigfachen hohen Besuche, von denen einer den andern ablöste und zuweilen auch mehrere sich in unserm Schloß trafen.

Was gab es da für bemerkenswerte Menschen kennenzulernen! Ich will nur einige aufzählen: den Prinz und die Prinzessin von Dänemark, die Landgräfin von Hessen, die Herzöge von Lauenburg und Holstein-Plön. Eines Tages erschien sogar die Tochter der uns so feindlich gesinnten Sophie, meine Kusine Sophie Charlotte, mit ihrem Gemahl, dem Kurprinzen von Brandenburg, der später König von Preußen wurde. Wilhelm von Oranien kehrte bei uns ein, ehe er nach London reiste, wo er als Wilhelm III. in Westminster gekrönt wurde. Seine Gemahlin Maria war eine Enkelin Jakobs I., des Vaters der »Winterkönigin«, und darum erbte er den englischen Thron.

Die eigenartigste Besucherin, deren ich mich noch so genau erinnere und die mir bis heute so rätselhaft ist, daß ich zuweilen in schlaflosen Nächten über sie nachsinne, war die Königin Christine von Schweden. Eigentlich war sie gar keine Königin mehr, als sie bei uns einkehrte, wenigstens keine regierende Königin. Sie hatte schon vor Jahren abgedankt zugunsten ihres Vetters, des Königs Karl X. aus der Linie Kleeburg.

Ich verstand nicht und verstehe es heute immer noch nicht, daß man eine Krone so achtlos wegwerfen kann. Ich verstand und verstehe nicht, daß die Tochter und Nachfolgerin des großen Schwedenkönigs Gustav Adolf, der für den protestantischen Glauben kampfte und sein Leben auf dem Schlachtfeld von Lützen dafür dahingab, zum Katholizismus übertreten konnte.

Darüber regte ich mich geradezu auf, und meine Mutter, der ich meine Meinung darüber anvertraute, nachdem ein Kurier meine Eltern benachrichtigt hatte, daß die Königin, von Hamburg kommend, bei uns Station machen wollte, ermahnte mich dringend, ja nichts von meinen Gefühlen und Ansichten bei diesem hohen Gast verlauten zu lassen.

Natürlich hielt ich, als ich die Ehre hatte, mit der Königin an der Tafel zu sitzen, den Mund. Ich hätte sowieso mich nicht in die Unterhaltung gemischt, denn ich war noch ein junges Ding und sie eine nicht bloß imponierende, sondern auch ältere Dame, nur 2 Jahre jünger als mein 1624 geborener Herr Vater.

Sie hatte schon vor einer Reihe von Jahren im 28. Lebensjahr auf den Thron verzichtet, wohnte zumeist in Rom, unternahm aber viele Reisen und war noch zweimal in ihrem von ihr so achtlos verlassenen Vaterland, wo man sie jedesmal mit allen Ehren, jedoch – wie sie es meiner Meinung nach verdiente – sehr kühl aufgenommen hatte. Sie wußte, daß meine Eltern protestantisch und sogar überzeugte Protestanten waren. Sie selber hatte, als das Edikt von Nantes 1685 aufgehoben worden war und dadurch die Hugenottenverfolgung wieder und besonders grausam ausgelöst wurde, auch als Katholikin den französischen König Ludwig XIV. in einem sehr energischen Brief auf das große Unrecht hingewiesen, was er damit seinen protestantischen Untertanen zufügte.

Sie schrieb an Kardinäle, den Herzog von Orléans und andere Persönlichkeiten: »Frankreich wird bald einsehen, welch großer Fehler die grausame Verfolgung der Hugenotten ist.«

Dem König selber teilte sie mit: »Ich beklage den Ruin vieler beachtenswerter und wertvoller Familien, die wohl Mitleid, aber keinen Haß verdienen, die nun vaterlandslos geworden sind, und zwar zum Schaden ihres Landes. Frankreich kommt mir vor wie ein Kranker, der sich Arme und Beine abnehmen läßt, um sich von einem angeblichen Übel zu befreien, das man mit ein wenig Geduld, Einsicht und Nachsicht wohl völlig ausgeglichen hätte. Monsieur, die gekrönten Häupter sollten sich nicht nur Verwandte und Verbündete nennen, sondern sich auch tatsächliche Beweise dieser Gesinnung geben, wenn sich die Gelegenheit dazu bietet. So kann ich angesichts der inneren Kämpfe in Frankreich meine Besorgnis nicht verschweigen. Ich habe den Wunsch, daß sich die Franzosen jetzt durch einen neuen Bürgerkrieg nicht selber schwächen und zerstören.«

Meine Mutter, die fromme Hugenottin, wußte es wohl zu würdigen, daß sich Christine der protestantischen Franzosen derart annahm, und zeigte ihr das auch durch besonders herzliche Gastfreundschaft. Ich hegte, als ich von diesen Schriftstükken von meiner Mutter selber erfuhr, große Sympathie für die ehemalige Königin, aber verstehen konnte ich sie daraufhin erst recht nicht.

Wer konnte diese eigenartige Frau überhaupt verstehen? Ich denke jetzt zuweilen, daß sie gar nicht aus Glaubensüberzeugung zum Katholizismus übergetreten ist. Die Schönheit der katholischen Gottesdienste mag sie dazu verlockt haben, aber noch viel mehr die Schönheit der Kunstwerke Italiens, über die sie sich mit meinem Vater angeregt unterhielt. Er hatte als junger Mann nicht nur seinen Vergnügungen gelebt, sondern auch viel mit Malern und Bildhauern verkehrt, was ich bisher gar nicht gewußt hatte und es da erst mit großer Verwunderung erfuhr. Daher hatte er wohl auch durch italienische Künstler das Celler Schloß derart verschönern und unsere kleine Schloßkapelle so prächtig und farbenfroh gestalten lassen.

Ich lauschte mit regem Interesse der Unterhaltung der beiden, und wiederum staunte ich: die mir zuerst so unansehnlich, geradezu häßlich erschienene Dame, deren schiefe Schulter, allerdings sehr majestätisch wirkende Hakennase, die ihre Abstammung vom Geschlecht der Wasa bestätigte, und deren scharfes Profil mir gar nicht gefallen hatten, wirkte, während sie so lebhaft redete, auf einmal sehr anziehend, und wie ihre großen blauen Augen, die Augen Gustav Adolfs, mich nun anstrahlten, während sie mir ein ganz bezauberndes Lächeln schenkte, da schien sie mir völlig verwandelt, schien mir schön und anziehend.

Sie hatte gemerkt, wie ich ihr so gespannt gelauscht hatte, und freundlich ließ sie sich herab, mich am nächsten Morgen zu einem gemeinsamen Spaziergang durch den Park einzuladen, und als ich ihr verriet, daß ich eine gute Reiterin wäre, zog sie sogar vor, mit mir in scharfem Galopp durch die Heide zu preschen, was meiner Mutter, die sie als tollkühne Reiterin hatte rühmen hören, nicht ganz recht war, weil ich ja auch ein recht forsches Tempo liebte.

Unter dem gleichen düstren Wacholderbusch, bei dem ich einst mit Christoph Königsmarck Rast gemacht hatte, hielt auch die Königin ein und ließ sich vom Pferd gleiten. Wir saßen miteinander auf dem Findlingsblock, und sie erzählte mir, indem sie leise über meine weit geöffneten Augen lächelte, von dem tiefblauen Himmel Italiens, dem der blaßblaue oder gar graue des Nordens gar nicht zu vergleichen wäre, von der strahlenden südlichen Sonne, den Palmen, den Lorbeerbäumen, den Pinien und den unbeschreiblich wundersamen weißen Marmorbildern.

Sie weckte in mir jungem Mädchen eine rechte Sehnsucht nach diesem Land Italia. Oh, dorthin wollte ich auch später einmal reisen! Aber eine Krone würde ich nicht dafür hingeben. Ich wollte auch nicht unverheiratet bleiben wie Christine. Ich wollte so glücklich werden wie meine Eltern. Die Sonne, der blaue Himmel Italiens und eine glückliche Ehe – das waren meine Wünsche für die Zukunft.

Vergaß ich darüber den höchsten Wunsch, für den meine Mutter mein Sehnen erwecken wollte: den Wunsch, ein rechtes Kind Gottes, eine Jüngerin Jesu zu werden?

Nun bin ich eine Königin. Aber die Krone blieb mir versagt. Werde ich die Krone des Lebens, die Gott denen verheißen hat, die ihn lieben, erlangen? Ich bin durch große Trübsal gegangen. Werden mir die Worte gelten: »Selig sind, die da Leid tragen; denn sie sollen getröstet werden«?

»Sie sind gekommen aus der großen Trübsal und haben ihre Kleider gewaschen und haben ihre Kleider hell gemacht im Blut des Lammes.«

Wieder flehe ich wie fast täglich:

> »Christe, du Lamm Gottes, der du trägst die
> Sünd der Welt (auch meine Sünde),
> erbarme dich!«

Die Heirat

Ich war noch ein Kind, ein sorgloses, fröhliches, verwöhntes und ausgelassenes Kind, das aber – wie sogar Onkel Ernst August selbst vor seinen Räten zugab – sein Bruder, mein lieber Vater, »sehr sorgfältig und tugendhaft erziehen und ihre mannigfachen Talente und Interessen sich entwickeln ließe«. Seine Gemahlin Sophie wird ihm dabei wahrscheinlich nicht zugestimmt haben, und er hat diese Bemerkung, die meinen Eltern zugetragen wurde, gewiß nicht in ihrer Anwesenheit gemacht.

Die beiden freuten sich darüber. Ich machte mir weniger daraus. Ich lebte in den Tag hinein, betete morgens und abends und liebte in kindlichem Vertrauen den Vater im Himmel, den Herrn Jesus, wie mich die Mutter gelehrt hatte, und war mit mir und der ganzen Welt zufrieden.

Über die Zukunft machte ich mir wenig Gedanken. Meine lieben Eltern würden wohl das Beste für mich vorhaben wie auch der himmlische Vater.

Trotzdem ich nicht, wie manche anderen jungen Mädchen meines Alters, sehr eitel und von meinen Reizen ungemein überzeugt war, las ich doch mit heiß geröteten Wangen, was der »Merkur Galant« (Zeitschrift) über mich zu berichten wußte, als ich mein sechzehntes Lebensjahr erreicht hatte: »Sie ist sehr gut gewachsen, ihr Haar ist kastanienbraun, ihr Gesicht oval. Sie hat ein Grübchen im Kinn, und ihr Teint ist sehr schön, ebenso ihr Hals. Sie spielt das Clavecin, und sie singt. Sie hat sehr viel Geist, Phantasie und ein sehr glückliches, lebhaftes Temperament. Sie ist sehr belesen und besitzt ein gutes Gedächtnis. Ihr angeborener guter Geschmack wird durch sorgsame Erziehung noch verfeinert. Ein Mann, der so viel Wissen hätte wie sie, könnte glücklich und zufrieden sein. Sie besitzt ein sehr gutes Urteil in allen Dingen, geht mit Interesse auf jedes Gespräch ein und beantwortet es demgemäß.«

Natürlich fühlte ich mich von dieser Beurteilung geschmeichelt. Ich ahnte nicht, daß ich wenig Monate danach verheiratet sein würde und daß man mit all diesen Vorzügen dennoch sehr unglücklich sein kann und der Gatte nicht glücklich und zufrieden mit solch einer Gemahlin. Wie dankbar müssen wir sein, daß uns die Zukunft verschleiert, verborgen bleibt.

Ich wußte natürlich, daß ich bald in den Ehestand treten würde, wie es in fürstlichen Kreisen schon in sehr jugendlichem Alter geschieht. Meine Mutter war zwar schon Mitte zwanzig und mein Vater ein Vierziger gewesen, als sie den Bund miteinander schlossen. Doch das war eine Ausnahme, so wie ihre Vereinigung in solch zärtlicher Liebe und Treue eine Ausnahme bildete und wie aus einem Marchen anmutete.

Es war zumeist Brauch, daß die Eltern über die Ehepartner ihrer Kinder bestimmten. Darum machte ich mir keine Sorgen. Ich war gewiß, daß für mich der Allerbeste und der mir Zusagendste ausgewählt werden würde, nicht solch einer wie mein wenig anziehender mürrischer Vetter Georg, von dem das Urteil seiner Kusine Liselotte an den Höfen bekannt und belacht wurde. Sie nannte ihn zwar nicht einen »Mausdreck« wie mich und meine liebe Mutter, aber sie schilderte den doch durchaus ebenbürtigen als unleidlich, trocken und kalt, dabei jähzornig und gehässig, verschlossen, von selbstsüchtigem Charakter, der stets seinen eigenen Weg ginge und den eigenen Vorteil wahrzunehmen trotz aller Dummheit außerordentlich gut verstände. »Er redet gar nichts – er ist wie von Eis, so daß alles in seiner Nähe zu Eis erstarrt.«

Nein, solch einen Gemahl würden meine lieben Eltern mir nie zumuten, dachte ich damals. Es warben ja solch ansehnliche und würdige Freier um mich, schon allein da ich für eine reiche Erbin galt, aber sicherlich auch, weil ich ein recht ansprechendes Äußere hatte.

Im Jahre 1679 war der drittälteste Bruder meines Vaters, Johann Friedrich, gestorben, so war Hannover zwar an meinen Onkel Ernst August gefallen, aber die andere Hälfte des Besitzes an meinen Vater, so daß ich noch begehrenswerter geworden war.

Sogar der Erbprinz von Schweden war meinem Vater von König Ludwig XIV. als Schwiegersohn vorgeschlagen worden. Mir selber gefiel der junge Prinz von Nassau, der einmal einen Besuch in Celle abgestattet hatte, am besten, wenn meine Gefühle für ihn auch nicht als Liebe bezeichnet werden konnten. Chère Maman war mit dieser Wahl einverstanden, und wir überlegten schon heimlich miteinander, wie das Hochzeitskleid, das sie in Paris bestellen wollte, und die Edelsteine aus Amsterdam, die mir mein Herr Vater verehren würde, beschaffen sein sollten.

Ach, wie wenig oder gar nichts ahnte ich und wohl auch meine liebe Mutter von den Unterhandlungen, die bereits Jahr und Tag gepflogen, einmal unterbrochen und dann wiederum aufgenommen wurden.

Wenn mir die Ehe meiner Eltern – ebenso wie dies Schloß und die Stadt Celle – wie eine aus einem Märchen dünkt, so taucht das Bild meiner Tante und späteren Schwiegermutter wie das der bösen Stiefmutter auf. Manchmal denke ich auch, die Bezeichnung eines Frosttages im Frühling, der häufig alle Blüten erstarren läßt, könnte auf sie passen, »die kalte Sophie«. Doch nein, ihr Haß war nicht kalt, sondern schauerlich heiß.

Nachdem sie durch diese Erbschaft Herzogin von Hannover geworden war, schwelte in ihr immer heftiger der Ehrgeiz, die Macht- und Habgier, die sie von ihrer Mutter Elisabeth geerbt hat, die ihren Vater zur Annahme der böhmischen Krone und dadurch in sein Unglück gedrängt hatte.

Der Gedanke, daß die Welfenmacht wieder in einer Hand vereinigt werden müßte, gewann zunehmend Macht über sie, quälte sie Tag für Tag. Das sollte ja nach dem Abscheiden ihres Schwagers, meines Vaters Georg Wilhelm, gemäß seiner Verzichtserklärung geschehen. Sie fürchtete aber die Gefahr, daß ich einen regierenden Fürsten heiraten und dieser dann dieses Dokument für nichtig erklären und am Ende gar mit Waffengewalt meines Vaters Land an sich reißen könnte.

Das durfte auf keinen Fall geschehen. In einer Nacht im Jahre 1680 soll sie – wie wenigstens ihre Kammerfrauen berichteten – aus dem Bett gesprungen sein, sich eilig ankleiden haben lassen und dann »plein chasse« (in großer Eile) nach Celle gefahren sein, um dort meinen Vater wecken zu lassen und ihn zu beschwören, »aus Staatsrücksichten«, das will heißen im Hinblick auf die Staatseinheit, keine bindenden Versprechen und Zusagen andern gegenüber zu geben.

Heute erst weiß ich, warum diese so kühle Frau, die so selbstbeherrscht war, so streng auf Etikette hielt, derart unbeherrscht mitten in der Nacht aus dem Bett sprang, sich eilig, übereilig ankleiden ließ und dann in rasendem Tempo durch die Dunkelheit über holprige, kaum passierbare Straßen nach Celle fuhr, dort im Morgengrauen ankam und meinen Vater aus dem Schlaf reißen ließ.

Der Intrigant und Spitzel Graf Bernstorff, den weder sein gutgläubiger Landesherr noch meine kluge Mutter durchschauten, der durch die Gunst des Herzogs immer höher stieg, hatte der Frau Herzogin Sophie einen Kurier gesandt. Er hatte ihr mitgeteilt, daß er, als Vertrauter meines Vaters, erfahren hätte, daß am nächsten Tage Herzog Anton Ulrich von Wolfenbüttel bei uns erscheinen würde, und zwar in Begleitung seines zweiten Sohnes, der Bruder meines ersten Bräutigams. Es wäre sehr wahrscheinlich, daß dieser junge Mann mein Gatte werden sollte. Das würde bedeuten, daß nach dem Tode meines Vaters sein Land mit dem andern Welfenbesitz, dem Wolfenbüttler, vereinigt werden könnte und daß meine reiche Erbschaft, meine riesige Mitgift nicht an Hannover, sondern an die andern Verwandten fiele.

Nicht mehr der junge Prinz von Nassau wäre der gefährliche Nebenbuhler des hannoverschen Erbprinzen, sondern dieser dem Herzog, meinem Vater, weit genehmere Wolfenbüttler Verwandte.

Diese Nachricht hat die stolze Sophie aus ihrer Ruhe gescheucht, hat sie in der Nacht nach Celle getrieben und hat sie sich so weit demütigen lassen, daß sie ihren hochmütigen Stolz beiseite ließ und auf den leicht zu beeinflussenden Schwager so lange einredete, bis er sich dazu bequemte, den ihm so lieben Wolfenbüttler unverrichteter Sache zurückfahren zu lassen, als dessen Reisekutsche auf den Schloßhof gerasselt kam.

Die hochintelligente Sophie hat damals auf allen Saiten gespielt, um meinen weichherzigen Vater zu rühren und für ihren Plan einzunehmen. Vor allem galt es, ihn damit zu fangen, daß sie es darauf anlegte, die alte innige Freundschaft mit seinem früher von ihm so unzertrennlichen Bruder würde durch die Heirat ihrer beider Kinder wieder aufleben.

Meine Mutter wurde erst am andern Morgen von dieser Unterredung unterrichtet. Sie war entsetzt, wußte sie doch, wie es allgemein bekannt war, daß dieser Erbprinz trotz seiner Jugend ein grundverdorbener Mensch war. Ohne etwas von Gott zu wissen, war er aufgewachsen, und gottlos war er geblieben und in Schmutz und Sumpf versunken. Trotzdem sie wußte, daß ich mit solch einem Wüstling nie glücklich werden konnte, rührte es sie wiederum, wie glücklich mein Vater dagegen bei dem Gedanken war, mit seinem so geliebten Bruder wieder engere Verbindungen anzuknüpfen.

Immerhin gelang es ihr, die ganze Angelegenheit hinauszuzögern und hinzuhalten. Ich selber habe damals noch nichts davon erfahren. Mich ließ sie in meiner glücklichen Ahnungslosigkeit.

In Herzogin Sophie wiederum wurden neue Bedenken gegen eine Heirat ihres ältesten Sohnes mit solch einer Unebenbürtigen wie ich wach, und Liselotte von der Pfalz bestärkte sie darin, daß sie sich eine Schwiegertochter von solch niederer Abstammung nicht gefallen lassen sollte. So wurden die ersten Fäden, die Sophie geknüpft hatte, wieder abgerissen.

Auch ihrem Sohn, dem sie schon von ihrem Plan gesprochen hatte, machte sie klar, daß ihre Abneigung gegen diese Mißheirat unüberwindlich wäre, und er stimmte ihr, wie ich auch später zu fühlen bekam, in dieser Hinsicht völlig bei.

Dann aber erreichten sie erneut die Gerüchte von meiner baldigen Vermählung, wofür schon das Hochzeitskleid in Paris, die Diamanten in Antwerpen bestellt wären.

Da loderte die schwelende Glut zu heller Flamme auf. Diesmal soll Sophie sogar dreimal in einer Nacht aus dem Bett gesprungen sein, um diesmal mit meiner Mutter Besprechungen zu führen. Sie ließ sich herab, mit dem »Mausdreck« freundlich zu verkehren.

Wieder gelang meiner chère Maman eine Verzögerung. Wieder blieb ich ahnungslos.

Ich wunderte mich nur, daß in den folgenden Wochen auf den glanzvollen Festen, die am Hof in Celle stattfanden, auch das Herzogenpaar von Hannover erschien, daß mein Vater vor Glück strahlte und versicherte, daß nun die alte Freundschaft zwischen ihm und seinem Bruder neu und für immer besiegelt wäre und sie wieder das »Dioskurenpaar« (Zwillingspaar) genannt werden dürften wie einst in ihrer Jugend. Ebenso erstaunlich war mir, daß die hochmütige Sophie meinen tiefen Knicks und Handkuß gnädig in Empfang nahm und meine bisher von ihr so verachtete Mutter geradezu mit Hochachtung und – wenn auch kühler – Liebenswürdigkeit behandelte. Ihr ältester Sohn, Georg Ludwig, der die Eltern begleitet hatte, machte mir zwar seinen kavaliermäßigen Diener. Wir redeten aber nicht miteinander und kamen uns nicht näher.

Endlich mußte mich nun meine liebe Mutter zu ihrem und meinem Kummer von dem Heiratsplan unterrichten.

Ich verstehe es heute noch nicht ganz, daß ihre Liebe zu mir nicht so groß war, daß sie sich wie die Schwanenmutter auf unserm Schloßteich schützend vor ihr Kind stellte. Ich will es ihr nicht nachtragen. Sie hat es schwer gebüßt und hat mir ihre Liebe in den vielen Jahren, in denen sie mich bis in ihr hohes Alter bei jedem Wetter besucht hat, bewiesen.

Sie gehörte wohl zu den Frauen, bei denen die Liebe zu ihrem Gatten inniger ist als die zu ihren Kindern. Sie tat es, sie fügte sich meinem Vater zuliebe, wenn es wohl auch für sie selber ein Triumph war, daß die stolze Sophie sich nun derart bemühte, den »Mausdreck«, die Tochter einer Unebenbürtigen, als Schwiegertochter aufzunehmen.

Als chère Maman mir den Heiratsplan sehr zart und vorsichtig mitteilte, nahm ich ihn nicht so gelassen und ergeben auf, wie sie es wohl ersehnt hatte. Ich tobte, ich raste geradezu. Ich warf das mit einem von Brillanten besetzten Rahmen geschmückte Bild meines zukünftigen Gemahls, das mir die Herzogin Sophie gesandt hatte, gegen die Wand. Ich schrie: »Ich will ihn nicht! Ich nehme diese Schweineschnauze nicht. Ich ekele mich vor ihm. Ich verachte ihn. Ich verabscheue ihn!«

Ach, ich weiß nicht, was ich noch alles geschluchzt, gewütet habe.

Meine liebe Mutter hat mich an jenem traurigen Nachmittag zärtlich in den Arm genommen und hat mit ihrer weichen Stimme auf mich eingesprochen. Sie hat – so ungern sie dies tat – angeführt, daß mein Vater als junger Mann auch ein nicht einwandfreies Leben geführt hätte und daß er – wie ich wüßte – der beste aller Ehegefährten geworden wäre. Sie hat mir anempfohlen, mich an die Worte des Apostels zu halten, der den Frauen empfiehlt, die ungläubigen Männer durch ihren eigenen stillen frommen Wandel zu gewinnen.

Sie hielt mir vor, daß ich später als Landesmutter viel Gutes tun könnte, ja, den ganzen Hofstaat und die Bevölkerung im christlichen Sinne beeinflussen, daß ich meine Kinder als kommende Herrscher und Herrscherinnen im rechten Glauben erziehen könnte. Auch daß der Hof zu Hannover so glanzvoll wäre, daß viele Feste, mehr noch als in Celle, dort gefeiert würden, erwähnte sie. Ach, sie fand immer Neues, um mir die bittere Frucht, in die ich hineinbeißen sollte, zu versüßen.

Zum Schluß beugte sie mit mir gemeinsam ihr stolzes schönes Haupt und betete so innig um des Herrn Hilfe, um seine Weisung, daß meine Tränen sich mit den ihren vereinten.

Sie hat mich überredet. Ich habe es ihr später oft unbeherrscht vorgeworfen.

Sie hat es mit ihrer sanften Energie, womit sie in ihrem Leben so viel erreicht hat, auch so weit gebracht, daß ich mich nicht mehr wild aufbäumte, gegen mein zukünftiges Schicksal ankämpfte, daß ich sogar unter ihrem sanften Zwang, ihrer Leitung an meine Tante und zukünftige Schwiegermutter, die Herzogin Sophie, schrieb: »Ich habe so große Hochachtung vor meinem Herrn und Gebieter, dem Herzog, Ihrem Gemahl, und vor meinem Herrn und Gebieter, meinem eigenen Vater, daß, welche Behandlung sie mir auch immer geruhen mögen, mir zuteil werden zu lassen, ich mit allem zufrieden sein werde. Ihre Herzogliche Gnaden werden mir, dessen bin ich sicher, die Gerechtigkeit widerfahren lassen, mir zu glauben, daß niemand für die Beweise der Güte, die Sie mir geben, empfänglicher sein kann als ich. Ich werde zeitlebens mein Ziel darin sehen, sie zu verdienen, mögen Ihre Herzogliche Gnaden durch die untertänige Ehrerbietung, mit der ich Ihnen dienen werde, überzeugt sein, daß Sie keine Schwiegertochter hätten finden können, welche ihre Pflichten besser kennte. Celle, 21. Oktober 1682.«

Auch die Herzogin Sophie schrieb zu gleicher Zeit einen Brief. Sie teilte mit einiger Verlegenheit ihrer von ihr so geschätzten und ihr so vertrauten Nichte Liselotte von der Pfalz diese Heirat mit, die sie als eine Mésalliance (Mißheirat) betrachten mußte. Sie führt darin an:

»Zehntausend Taler Mitgift sind eine schöne Sache, nicht zu reden von einem hübschen jungen Ding, das mein Sohn bekommt, dieser garçon de plus tête de cochon (Schweinekopf) und der starrsinnigste Kerl, der mir je begegnet ist, und dessen Gehirn von einer dicken Kruste bedeckt ist, daß ich wette, niemand wird je entdecken, was sich darunter befindet. Die Heirat interessiert ihn wenig, aber die Erbschaft und die zehntausend Taler müssen ihn überzeugen, wenn er eigentlich auch nur Interesse für niedere Frauenzimmer und für Kriegskunst hat, wovon er wenigstens etwas versteht.«

Es ist zwar zu verwundern, daß Sophie, die vornehme berühmte Freundin des Philosophen Leibniz, die allgemein die »große Sophie« genannt wurde, derart über ihren eigenen Sohn urteilt. Aber sie hatte seinen niedrigen Charakter wohl erkannt, und es wurde ihr schwer, ihn als ihren Ältesten zu lieben. Konnte sie nach der großen Enttäuschung ihres Lebens überhaupt lieben? Mir schien, daß sie ihre vier jüngeren Söhne wirklich in ihr ach so kühles oder auch nur verborgen noch warmes Herz geschlossen hatte. Doch sie zeigte trotz ihres kränklichen Zustandes und ihres todblassen Gesichtes nicht, wie schmerzlich es ihr war, als zwei ihrer Söhne, auch der freundliche Jüngste Karl, im Krieg gegen die Türken fielen, und daß ihr sonst so gutmütiger Gemahl den dritten, Maximilian, verbannte, weil er sich dagegen auflehnte, daß sein Vater nur dem Erstgeborenen das große Erbe zuteil werden ließ – was er allerdings nicht aus Liebe zu diesem so unsympathischen Ältesten tat, sondern um das Welfenreich nicht zu zerstückeln. Sie hat mit keinem Wort dagegen protestiert oder sich für den ihr sympathischen Graf Moltke, den Freund ihres Sohnes Maximilian, eingesetzt, den der weichherzige Herzog auf Drängen dieser teuflischen Gräfin Platen hinrichten ließ. Auch über sein Verhältnis zu diesem Weib, das ihn immer mehr beeinflußte und vor der er sich geradezu fürchtete, hat sie nichts geäußert. Wäre sie mir doch mit dieser philosophischen Ruhe ein Vorbild gewesen!

Eines muß ich auch noch lobend von ihr wie auch von meiner Mutter im Hinblick auf meine Heirat erwähnen: meine Mutter verlangte, daß vor der Eheschließung die Mätresse meines zukünftigen Gemahls, die Frau von dem Bussche, die Schwester dieser unseligen Platen, entfernt würde, was Herzogin Sophie auch sogleich anordnete. Sie soll sogar in rasenden Zorn geraten sein, als sie bei unserm Einzug in Hannover das Gesicht dieser Verbannten an einem Fenster des Schlosses erblickte, und in schärfstem Ton sogleich den Befehl gegeben haben, daß dieses Weib sofort aus Hannover zu verschwinden hätte.

(Die Gräfin Platen setzte später mit ihrer noch größeren Machtstellung die Rückkehr ihrer Schwester durch. Doch meine Hochzeit hat sie nicht gestört.)

Meine Hochzeit, ach meine Hochzeit! Sie verlief so ganz, ganz anders, als ich sie mir als schwärmerisches Mädchen einst ausgemalt hatte, wobei mich mein Vater noch schmunzelnd bestärkt hatte.

Er hatte mir behaglich von der wunderbaren, märchenhaften Hochzeit der Elisabeth von England erzählt, der Mutter der Herzogin Sophie, von dem Triumphzug von London aus über das Meer quer durch Deutschland, von all den Festlichkeiten, wozu alle evangelischen Fürsten Deutschlands nach Heidelberg gekommen waren und das Volk auf den Straßen mitgefeiert hätte.

Und wie würde es erst bei der einzigen Tochter des letzten Herzogs von Celle werden! Welcher Glanz, welche Pracht würde im Schloß entfaltet werden, wieviel stolze Herren und Damen in glitzerndem Ordensschmuck und Geschmeide würden an der überreich gedeckten Tafel sitzen! Wie würde Musik, Geigen und Fanfaren, drinnen und draußen erklingen.

Auf dem Stechplan würde ein Ochse am Spieß gebraten werden. Alle Celler würden schmausen, trinken, würden ihre an sich schon bunten Häuser noch bunter mit Fahnen und Wimpeln schmücken. Die Heidebauern würden in die Stadt strömen, Abordnungen würden echten Heidehonig, Katenschinken, Heidschnuckenfelle überreichen. Ach, wir konnten stundenlang darüber schwatzen, immer Schöneres erfinden. Wie ein Märchen würde meine Hochzeit im

Märchenschloß, in der Märchenstadt mit ihren putzigen Häusern sein! Und wie war sie?

Am 24. Oktober 1682 wurde der Ehekontrakt unterzeichnet, der eigentlich nur ein Handelsgeschäft bedeutete und dartat, welche ungeheure Mitgift ich mitbrachte, welche Einnahmen mir und damit meinem Schwiegervater außerdem zufielen.

Die Hochzeit fand am 2. Dezember ohne alle Zeremonie unter Ausschluß der Öffentlichkeit statt. Nach dem ganz gewöhnlichen Abendessen begaben sich meine Eltern und Schwiegereltern samt mir und dem Bräutigam in eines meiner Gemächer, wo in Anwesenheit einiger Herren des Gefolges ein Minister die Ehe schloß.

Am nächsten Morgen fand in der mir so lieben, bezaubernd schönen Schloßkapelle die kirchliche Einsegnung statt. Ich trug zwar ein Diadem aus Silber- und Goldplättchen. Da mein Haar aber unter einem breiten weißen Samtband verborgen war, kam ich mir, als ich flüchtig in den Spiegel schaute, wie eine Nonne vor, die den irdischen Freuden entsagt. Und war es auch nicht so?

Als ich in die Kapelle trat, war mir, als fiele ein unheimliches Licht durch die bunten Fensterscheiben, die mich so oft durch ihren bunten Glanz erfreut hatten. Als die Glocken anfingen zu läuten und der Philosoph Leibniz sein Hochzeitspoem zu rezitieren begann, brach ein derartiges Unwetter los, daß es fast erschien, als erbebten sogar die starken Mauern unseres Schlosses. Danach legte sich ein derart dichter Nebel über das Land, daß von dem Feuerwerk, das mein Vater wenigstens für das Volk gewährt hatte, kaum etwas zu sehen war. Ich konnte mich nicht auf einem Balkon oder an einem offenen Fenster zeigen, wie es sonst bei fürstlichen Hochzeiten üblich ist.

Ich weiß, daß mich alle, alle in Stadt und Land liebten, aber kein Jubelruf, kein Glückwunsch drang von ihnen zu mir. Wußten sie, daß ich in mein Unglück ging, daß ich nun nicht mehr als glückliches Mädchen zu ihnen gehörte?

Ich war Ihre Herzogliche Durchlaucht Erbprinzessin von Hannover geworden.

Am 19. Dezember fand der feierliche Einzug in Hannover statt. Ich war sehr traurig, als ich Celle verlassen mußte. Mein Trost war, daß meine Jugendfreundin Eleonore von dem Knesebeck mich als Ehrenfräulein begleitete, daß ich einige Dinge, die mir besonders ans Herz gewachsen waren, mitnehmen durfte, wenn sie auch der Frau

Herzogin Sophie ein überlegenes Lächeln entlockten. Es waren meine Puppen, mit denen ich als Kind so gern gespielt hatte, ein Schreibsekretär, der eigentlich ein umgearbeiteter Bauerntisch aus der Heide war, und die geliebten Delfter Fayence-Hühner. Vor allem aber hielt ich mich daran und bewahrte dadurch die mir so sehr anempfohlene »Contenance« (Selbstbeherrschung, Haltung), daß meine Eltern mich noch begleiteten.

Der Einzug in die Landeshauptstadt entschädigte mich etwas dafür, daß meine Hochzeit in Celle so sang- und klanglos über die Bühne gegangen war.

Die vergoldeten Prunkkarossen, in denen außer mir, Georg Ludwig und unsern beiderseitigen Eltern auch alle hervorragenden Persönlichkeiten beider Höfe saßen, defilierten inmitten der Garderegimenter in ihren farbenprächtigen Uniformen und den in blaugelben Samt gekleideten Pagen. Die Bürgerschaft bildete Spalier, hatte geflaggt, Triumphbogen mit Spruchbändern errichtet, Blumengirlanden schwangen sich trotz der winterlichen Jahreszeit – wenigstens künstlich angefertigte waren es wohl – von Haus zu Haus. Feierliche Ansprachen wurden gehalten, Bürgerabordnungen begrüßten uns, der Schlüssel der Stadt wurde überreicht. Ach, wenn mich diese Hannoveraner auch wirklich so lieben würden wie meine Celler! Von meinem Gemahl hatte ich kaum Liebe zu erwarten.

Er hatte sich an diesem Tag zwar kalt höflich gegen mich betragen, aber er war wohl keiner rechten Liebe fähig. Während ich dem Volk zuwinkte und lächelte, blieb sein stumpfes Gesicht unbeweglich. Ach, und mich betrachtete er dann und wann mit einem Seitenblick, der mich, wenn ich ihn erhaschte, erschreckte. Lag Abneigung, gar Widerwillen in seinen leicht hervorstehenden Glotzaugen?

Ich wagte nicht darüber nachzudenken. Ich hatte auch kaum Zeit dazu. Ein Hofstaat mit Kammerherren, Ehrendamen und Pagen erwartete mich, lauter fremde Gesichter waren um mich, als ich vor meinem neuen Wohnsitz ausstieg.

Das finstere Alte Schloß gegenüber dem Wohnsitz der Schwiegereltern, dem eigentlichen Leineschloß, hatte man uns als Wohnsitz überwiesen.

So begann mein Leben als Herzogliche Durchlaucht Erbprinzessin von Hannover.

Die Erbfolge ist gesichert

Ich war ein Kind, als ich in die Ehe trat. Ich war sorgfältig erzogen, in mancherlei Wissenschaften und Künsten unterrichtet, in den Formen des Hofes belehrt und voll zärtlicher Liebe umhegt und gepflegt worden.

Aber über die eheliche Liebe – was man wohl Liebe nennt, aber in den meisten Fällen nur Sinnlichkeit ist – war ich nicht aufgeklärt worden.

So waren die beiden Wochen nach der Unterzeichnung des Heiratskontraktes und der kirchlichen Einsegnung, die wir noch in Celle mit kleinen Feierlichkeiten verbrachten, Tage und noch mehr Nächte des Schreckens für mich gewesen. Die Umarmungen meines angetrauten Gemahls waren brutal, und es erschien mir, als wäre es ihm eine teuflische Befriedigung, mich zu quälen. Man hatte mich erbarmungslos einem Wüstling, einem Ungeheuer ausgeliefert.

Ich fand inmitten der uns tagsüber umgebenden Gesellschaft kaum Zeit, meine Mutter unter vier Augen zu sprechen und ihr mein Herz auszuschütten. Als ich es in früher Morgenstunde erreichte, in ihr Schlafgemach unbemerkt einzudringen und ihr mein Leid zu klagen, tröstete sie mich damit, daß wohl fast alle jungen Frauen zuerst über das, was in der Ehe auf sie wartete, entsetzt wären. Doch sie könnte mir versichern, daß sich das rasch legte. Ich sollte nur versuchen, meinen Gatten durch Sanftmut und Demut, wie es die Heilige Schrift dem gläubigen Weibe sagt, zu gewinnen, und augenblicklich dürfte ich durchaus nicht mit solch vor Angst und Schreck und Entsetzen geweiteten Augen mich dem Hof darbieten. Ich müßte, wie es einer Erbprinzessin zustände, Contenance bewahren. Zugleich versuchte sie auch noch, mich mit dem Hinweis auf all die Schönheit, die glanzvollen Feste, die meiner in Hannover warteten, aufzumuntern. Wie konnte sie, die geliebte Mutter, die das erste und einzige Mal ihrer einzigen Tochter gegenüber so versagt hatte, die gewußt hatte, welcher Art dieser Schwiegersohn war, und trotzdem diese Ehe nicht mit allen Mitteln verhindert hatte, mich tief enttäuschte, verzweifelte junge Frau trösten?

Wie konnte sie mich in diesen Tagen noch ermutigen?

Nun, ich war trotz allem fürchterlichen Erleben noch ein Kind, ein Kind, das es wagte, sich ein wenig auf die Feste in dem Winterschloß an der Leine in Hannover und auf das so wundervolle Sommerschloß Herrenhausen mit seinen unvergleichlichen Gartenanlagen zu freuen. Ich war ein Sproß der stolzen, willensstarken Welfen. Ich wollte gleichfalls stolz und gefaßt erscheinen, Contenance behalten.

Doch allzu große Sanftmut und Demut kann man von einer Tochter des wild aufbrausenden Welfengeschlechts, die auch noch französisches Blut in den Adern hat, nicht erwarten. Gott ist mein Zeuge, daß ich mich dennoch bemüht habe, meinem Gemahl, den ich im Grunde meiner Seele immer mehr verabscheute, mit Freundlichkeit und Liebe entgegenzukommen. Was nützt jedoch, wenn man einem entgegenkommt, wenn der andere vor einem zurückweicht? Ja, wenn dieser Georg Ludwig wie mein Vater Georg Wilhelm gewesen wäre! Daß er nicht solch blendendes Äußere hatte, sondern recht plump und auch in dieser Hinsicht unsympathisch wirkte, dafür war er ja nicht verantwortlich. Daran war er schuldlos, und ich wußte und hatte den Spruch gelernt: »Der Mensch sieht, was vor Augen ist; der Herr aber sieht das Herz an.«

Sein Herz aber war nicht nur ein Eiszapfen, wie seine Tante Liselotte von der Pfalz geäußert haben sollte. Den hätte man vielleicht zum Schmelzen bringen können. Georg hatte und hat ein Herz von Stein. Sogar sein eigner Hofrat Jobst von Ilten soll einmal vertraulich geäußert haben: »Der Prinz ist undurchdringlich, selbst für die, die ihn näher kennen. Er ist scheinbar jedes wärmeren, gütigeren Gefühls unfähig, und er ist nur den leicht zugänglichen Frauen zugetan und nur unter der Voraussetzung, daß er sie rasch wechseln kann.«

Doch diesen Ausspruch habe ich viel später, als ich schon jahrelang mit diesem Unmenschen verheiratet war, erfahren, und das war gut – sonst wäre ich ganz und gar verzweifelt.

Ich schwöre, ich hatte den besten Vorsatz gehabt, eine pflichttreue und hingebende Gattin zu werden, wie meine Mutter mir Vorbild gewesen war. Aber bei diesem Mann wäre es vielleicht auch einer Frau wie ihr nicht möglich gewesen. Sie hatte dagegen einen edlen und ritterlichen, liebevollen Gemahl gehabt.

Meine Mutter! Diese Idealgestalt, wie sie mir bisher vorgeschwebt hatte! Warum hatte sie ihr Kind so im Stich gelassen! Der erste Flecken war auf das Bild, das ich von ihr im Herzen trug, gefallen.

Hätte ich an meiner Schwiegermutter wenigstens einen schwachen

Ersatz für sie gehabt! Ich wußte, die Herzogin Sophie war hoch gebildet, sie war eine Freundin des berühmten Philosophen Leibniz. Wenn ihr eigner ältester Sohn keine höheren Interessen hatte, konnte sie mich, ihre Schwiegertochter, nicht an ihrem reichen Geistesleben teilnehmen lassen, mich in die Gedankenwelt eines Philosophen wie Leibniz einführen, wie sie es mit ihrer Tochter Sophie Charlotte getan hatte, die zwei Jahre nach mir heiratete und als Kurprinzessin und spätere Königin von Preußen seine Protektorin wurde!

Wie gerne hätte ich mich von meiner Schwiegermutter weiterbilden lassen. Wie gerne wäre ich auch an ihr Herz geflüchtet, hätte mir von ihr für mein Eheleben mütterliche Ratschläge geholt. Nun, ich erwartete ja gar nicht, daß sie mich, die sie bisher mein Leben lang als Bastard, als Mausdreck geschmäht hatte, liebte. Wenn sie meine demutsvollen Knickse und Handgrüße wenigstens so gnädig aufgenommen hätte, wie vor meiner Heirat während der Festlichkeiten in Celle, indessen sie mir jetzt höhnisch ins Gesicht sagte, meine hohe Mitgift wäre wenigstens eine Versüßung der bittern Pille, mich als Schwiegertochter zu haben. Wenn sie nicht mit solch eisigem Hochmut auf mich herabgesehen hätte, mir jeder Blick ihrer eisblauen und eiskalten Augen stumm gesagt hätte, daß ich eine Unebenbürtige, eine Tochter einer »Person niederer Herkunft« (das sind ihre eigenen Worte) wäre!

Es schien jedoch der Herzogin Sophie, der weisen Philosophin, geradezu Freude oder wenigstens eine Genugtuung zu bereiten, mich Tag für Tag zu tadeln, wobei sich ihre schmalen blassen Wangen vor Ärger röteten. Sie klagte jedem, der ihr diensteifrig zuhörte, daß sie sich die größte Mühe gäbe, mich mit den Feinheiten der am hannoverschen Hof herrschenden Etikette vertraut zu machen, daß ich aber eine Ungeschicklichkeit nach der andern beginge und es bei solch einem jungen unwissenden Ding wohl vergebliche Arbeit wäre, die sie nur übermäßig anstrenge und ermüde, geradezu krank mache.

Sie fiel fast vor Entsetzen in Ohnmacht oder tat wenigstens so, als sie erfuhr, daß ich, wie es in Celle selbstverständlich gewesen wäre, mir die Freiheit genommen hätte – in Begleitung meiner lieben von dem Knesebeck allerdings –, sogar zu Fuß in und durch die Stadt zu gehen.

Sie erklärte mir mehr ungnädig als gnädig, daß wir in Hannover nach dem Vorbild des Kaiserlichen Hofes in Wien lebten und daß mir für eine Ausfahrt – auch ohne erst um ihre oder meines Gemahls oder Schwiegervaters Erlaubnis zu erbitten – jederzeit eine von vier Hannoveraner Schimmeln gezogene vergoldete Staatskarosse zur Verfügung stände.

Ich machte von diesem Anerbieten zwar mehrmals Gebrauch, aber ich kehrte von diesen Ausfahrten, die mir doch nicht zu der ersehnten frischen Luft verhalfen, unzufrieden und niedergeschlagen zurück.

Oh, wie fror ich unter den Eisaugen meiner Schwiegermutter! Wie fror ich in dem finsteren Alten Schloß. Ich blieb morgens immer länger im Bett liegen, wie ich es in Celle nie getan hatte. Ich legte mich auch nachmittags wieder hinein. Ich war müde, müde.

Erst gegen Abend ließ ich mich ankleiden, frisieren, pudern und mit Schmuck behängen, um so an der Abendtafel zu erscheinen.

Und da geschah es dann eines Tages, daß mein Herr Schwiegervater, der Herzog Ernst August – der einzige, der öfters ein freundliches Wort für mich hatte –, bemerkte, daß ich so schlecht aussähe, und mich fragte, ob ich mich krank fühle.

»Mir fehlt die frische Luft!« entgegnete ich leise, fügte dann aber rasch hinzu, um nicht wieder den Unwillen seiner Gemahlin auf mich zu laden: »Ich werde mich schon eingewöhnen!«

Im gleichen Augenblick wurde es mir unbeschreiblich übel, ich konnte mich nicht mehr entschuldigen, ich erhob mich taumelnd, stürzte, stolperte zur Tür. Die gute Eleonore von dem Knesebeck folgte mir.

Als ich zurückkehrte und eine furchtbare Zurechtweisung von seiten meiner Schwiegermutter erwartete, sah ich zu meiner Verblüffung nur lächelnde Gesichter. Machten sie sich alle über mich lustig?

Durchaus nicht! Der Herzog zwinkerte mir wohlwollend zu. Sogar die Herzogin sah mich freundlich an. Ich stutzte, und dann endlich begriff ich, daß ich ein Kind erwartete.

Nun war es natürlich aus mit den Festen, auf die ich mich gefreut hatte, mit deren baldigem Beginn zur Karnevalszeit mich mein Schwiegervater zuweilen getröstet hatte, wenn ich solch unglückliches, gelangweiltes Gesicht machte.

Die Feste fanden selbstverständlich statt, aber ich mußte ihnen fern bleiben, mußte auf sie verzichten. Ich mußte ganz zurückgezogen leben und möglichst viel ruhen, was ich ja sowieso schon früher getan hatte.

Da sich mein Befinden aber nicht besserte, ich immer blasser und matter aussah, ordnete der Hofmedikus an, daß ich mehr Bewegung und mehr frische Luft genießen müßte, um ein gesundes kräftiges Kind zur Welt zu bringen.

Aus diesem Grunde siedelte der Hof schon kurz nach der Fastnachtszeit nach Herrenhausen über, wo mir eine Flucht schöner, heller Gemächer angewiesen wurde.

Meine Schwiegermutter glaubte ein übriges zu tun, mich täglich zu einem Spaziergang einzuladen oder eher zu befehlen. Ich mußte mit ihr die langen geraden Alleen des berühmten Herrenhauser Parkes auf und ab, hin und her wandeln, und es war mir nicht nur körperlich, sondern auch seelisch eine Strapaze. Ich konnte mit meinen kleinen zierlichen Füßen kaum neben der unermüdlich ausschreitenden großen Dame Schritt halten. Und wenn sie mich nicht hier und da auf besondere Schönheiten ihrer Gärten aufmerksam machte, die sie so sehr liebte, daß sie äußerte: »Le jardin, c'est ma vie« (der Garten ist mein Leben), so redete sie nur immer von Etikette, diplomatischem Gezänk einiger Fürstenhöfe, oder sie hielt mir lange Vorträge über die Geschichte Englands, dessen Königin sie als letzte protestantische Stuart nach dem Tode der Königin Anna zu werden hoffte.

Wieder war es mein Schwiegervater, der mir beistand und mich von diesen strapaziösen Spaziergängen erlöste. Er war so vorsichtig, seiner lieben Gemahlin liebenswürdig beizubringen, daß ich auf das große Opfer, das sie mir mit ihrer Begleitung brächte, nun verzichten müßte, da mein Zustand mir nicht mehr die ihr so angenehmen weiten Gänge erlaubte. Er wollte sich dagegen an ihrer Stelle meiner annehmen und nur noch kleine Spaziergänge mit mir machen.

Von da an führte er, dem man wirklich mit Recht den Namen Gentleman-Fürst zugelegt hatte, mich ritterlich am Arm durch den Park, ermutigte mich durch allerlei angenehmes Geplauder, neckte mich, wenn ich so scheu und erwartungsvoll zu ihm aufschaute wie ein Kind vor Weihnachten, und versicherte mir, daß er wie mein Vater sich ebenso wie ich auf den Erben freuten.

Mir war es eine Erleichterung, daß der Gatte, der in andern Ehen in solcher Zeit seine Frau mit besonderer Liebe umgibt und ihr Stütze und Trost ist, fern war. Georg Ludwig kämpfte in Ungarn gegen die Türken.

Gewiß, ich freute mich auch auf das Kind, aber ich wußte, daß dies

Kind nicht, wie meine Mutter einst glückselig von mir rühmte, ein »Kind der Liebe« war. Ich fürchtete mich sogar, ohne zu wagen, es andern zu gestehen. Ich wußte, daß meine Mutter bei meiner Geburt dem Tode nahe gewesen war. Ich erinnerte mich, daß ich als etwa Elfjährige all die Aufregung am Hof aus der Ferne miterlebt hatte, als nach einer Fehlgeburt meine Mutter rettungslos verloren schien, schon von den Ärzten aufgegeben war und mein Vater von der Belagerung Stades herbeieilte und seine wilde Verzweiflung, seine Zärtlichkeiten und vor allem seine kniefälligen Gebete an ihrem Lager wiederum Wunder wirkten und sie ihm und uns noch einmal zurückgegeben wurde.

Fast noch mehr bangte ich davor, daß dies Kind, das geboren werden sollte, seinem Vater gleichen könnte, sein stumpfes, trotzig dummes Gesicht, seine derben Züge und am Ende gar seine Charakteranlage geerbt hätte.

Wie nötig war mir in diesen Tagen und Wochen der Zuspruch meiner Mutter. Sie wußte es wohl, aber sie wußte auch, daß ihr Besuch am Hof von Hannover nicht erwünscht und sie dort ein ungern gesehener Gast war. Sie fand auch für mich nicht mehr die Worte, die mich aufrichten konnten. War sie durch das unnahbare, hochmütige Benehmen der Herzogin Sophie gelähmt oder durch das Bewußtsein ihrer Schuld, die sie mir gegenüber fühlen mußte? Oder waren ihre Gebete, die sie mit mir sprach, dadurch nicht mehr so zu Herzen und zu Gott dringend, weil rings um uns her die satanischen Mächte des Herrenhauser Hofes schwebten? Ich war auch weit, weit von meinem kindlichen Glauben abgekommen, wenn ich auch pflichtgemäß mein Morgen- und Abendgebet sprach, ohne oft etwas dabei zu denken. Noch wußte ich in meiner Unerfahrenheit nicht, daß ich mich an einem der sittenlosesten Höfe Europas befand. Kann solch eine Umgebung, einem selber nicht bewußt, das Glaubens- und Gebetsleben hemmen?

Ich denke in meiner Einsamkeit oft darüber nach. Doch wer kann mir Auskunft geben, wie »der alt böse Feind« auf uns einzuwirken vermag! »Groß Macht und viel List sein grausam Rüstung ist.«

Am 30. Oktober 1683 wurde mein Sohn Georg August geboren, und – Freude und Dank gegen Gott den Herrn – ich sah sogleich, als man ihn mir das erste Mal vorwies, daß die feinen zarten Züge, diese schon jetzt leicht gekrausten blonden Haare nicht das Erbteil seines unschönen Vaters waren, und ich betete am Abend dieses Tages zum ersten Mal wieder so recht von Herzen, nicht bloß ein Lob-

und Dankgebet, ich flehte den Herrn auch an, daß dieser Sohn auch innerlich seinem sittenlosen Vater nie gleichen möge.

Der Jubel am ganzen Hof war groß. Mein Vater trat Arm in Arm mit seinem Bruder an die Wiege, und die »Unzertrennlichen« beglückwünschten sich lachend gegenseitig zu ihrem gemeinsamen Enkel. Ganz Hannover jubelte. Fahnen wehten. Alle Glocken läuteten. Die Erbfolge war gesichert. Und ich faltete die Hände in großer Dankbarkeit. Gott hatte sich meiner erbarmt.

Die junge Frau Erbprinzessin

Zum ersten Mal nach einem unglückseligen Jahr war ich wieder glücklich, so ganz von Herzen glücklich gewesen, und das war nach der Geburt meines süßen kleinen Sohnes.

Ich hatte mir ausgemalt, wie ich von nun an allen Kummer vergessen, alle Anfeindungen und Gehässigkeiten von seiten meiner Schwiegermutter und meines Gatten ertragen oder wenigstens mit des Herrn Hilfe übersehen und nur noch für mein geliebtes Kind leben wollte. Oh, wie würde ich sein erstes Lächeln erhaschen! Wie würde ich mit ihm plaudern, die ersten Gebetchen an seiner prunkvoll mit dem Wappen der Welfen geschmückten Wiege sprechen, ihn die Händchen falten lehren, seine ersten Schritte überwachen und später lustig mit ihm im Park spielen, ihn auf den Schoß nehmen und ihm die schönen biblischen Geschichten erzählen und die uralten Märchen, wie es einst meine Mutter bei mir getan hatte. Keine junge Frau kann glücklicher über ihr erstes Kind sein, als ich war.

Und dann, als ich gerade wieder vom Wochenbett genesen war, meine Frische und Schönheit zurückgewonnen hatte, eröffnete mir meine stolze kalte Schwiegermutter von ihrer unnahbaren Höhe herab, daß sie die Erziehung meines, *meines* Sohnes in die Hand nehmen würde, da ich bei diesem künftigen Chef des Herrscherhauses, dem wahrscheinlich noch höhere Ehren zugedacht wären, dazu nicht fähig wäre, meiner Jugend wegen und... ein hochmütiger Blick ersetzte die Worte »meiner unebenbürtigen Geburt wegen«.

Ich starrte sie sprachlos an. Ich wagte dieser bösen herrischen Frau nicht zu widersprechen. Auch meine Mutter, der ich bei ihrem nächsten Besuch mein Leid klagte, wagte es nicht. Sie machte sowieso einen bedrückten Eindruck. Es war eingetroffen, was sie befürchtet hatte: mein Vater stand wieder viel mehr, beinahe so sehr wie einst unter dem Einfluß seines Bruders, und dieser war seiner Gemahlin gegenüber machtlos, vielleicht, was ich damals nicht wußte, weil er ihr gegenüber all seiner Liebschaften mit andern Frauen wegen ein schlechtes Gewissen hatte.

Dieser auch als Sechziger noch leichtfertige Gentleman-Fürst, der die Sittenlosigkeit am Hof von Hannover eingeführt hatte, tröstete mich in seiner charmanten Art, daß die meisten, ja alle Fürstinnen ihre Kinder der Obhut der Kinderfrauen und später der Erzieherinnen und Erzieher überließen, daß das nun einmal allgemein Brauch und ich selber doch viel zu jung und schön wäre, um im Kinderzimmer zu verblühen. Solch eine Rose müßte in der Gesellschaft als die Königin der Blumen bewundert werden.

Diese Schmeichelei des gewandten Hofmannes war mir ein geringer Trost. Ich fühlte mich so ganz und gar als junge Mutter. Er erreichte ein endlich doch schüchternes Lächeln von mir, als er mir versprach, daß er jeden Morgen ein Stündlein seinen Enkel besuchen wollte und daß ihn dann keine Macht der Welt – und dabei zwinkerte er mir vielsagend zu – daran hindern sollte, seine Frau Schwiegertochter mitzunehmen. Zwar lauschte ich diesem Versprechen ein wenig ungläubig. Jedoch er hielt Wort, und wenn meine Frau Schwiegermutter argwöhnisch die Tür des Kinderzimmers öffnete und wahrscheinlich annahm, sie fände mich dort an verbotener Stelle, so blickte er ihr belustigt entgegen, machte auch zuweilen halb aus seinem Sessel aufstehend eine artige Verbeugung und rief ihr zu: »Unser Enkel gedeiht prächtig. Er gleicht von Tag zu Tag mehr seiner schönen Mutter!« – was durchaus nicht den Tatsachen entsprach. Der Kleine hatte nicht meine dunklen Locken und schwarzen Augen, und darüber war ich sogar froh. Er zeigte wenigstens äußerlich nichts, das verraten könnte, daß er vom Blut der »Unebenbürtigen« in sich hatte.

Sie warf uns beiden dann in ihrer – wie sie es bezeichnete »philosophischen Ruhe« – einen verächtlichen Blick zu. Manchmal senkte ich darauf die Augen wie ein schuldbewußtes Kind. Zuweilen aber zeigte ich mehr Mut. Ich schaute sie ebenso keck und trotzig an, wie sie mich hochmütig musterte, und mein Herr Schwiegervater stellte, wenn seine hohe Gemahlin zornig hinausgerauscht war, fest, daß wir drei ein Lied ohne Worte gesungen oder vielmehr ein Gespräch ohne Worte geführt hätten. Aber es war ein ungutes Lied.

Ich verargte es dem lebenslustigen Herrn nicht, daß es ihn auf die Dauer langweilte, eine ganze Stunde an der Wiege seines Enkels auszuharren, der wie die Säuglinge zumeist selig schlief oder später auch vor sich hin lallte und pappelte.

»Erziehen können wir ihn jetzt doch noch nicht«, erklärte mir mein Schwiegervater nach einigen Tagen, »ob er übrigens auch trotz aller zukünftigen Erziehung wohl erzogen wird, das weiß man noch nicht. Die Welfen waren im allgemeinen wilde Wölfe und keine braven Lämmlein. Ich meine, Frau Schwiegertochter, es genügt, wenn wir jeden Morgen ein paar Minuten zu ihm hineinschauen, daß er erstklassig versorgt, daß dieser Erbe aller möglichen Ehren, wie seine Frau Großmama schon erträumt, gehegt und gepflegt wird, dafür bürgt sie mit ihrem Pflichtgefühl und ihrem Ehrgeiz. Wenn es nach ihr geht, wird er ein Wunder an Kraft und Klugheit.«

So sah ich mein geliebtes Kind immer weniger, und wenn mein Herr Schwiegervater oft tagelang auf der Jagd oder auf Reisen war, wagte ich mich überhaupt nicht in das Zimmer des Kleinen, um den gehässigen Unwillen der Herzogin Sophie nicht zu erregen.

Mein Gatte war zurückgekehrt. Doch bei ihm fand ich keine Hilfe, suchte sie auch gar nicht mehr. Ich war froh, wenn ich ihn nicht sah, und zitterte, wenn er in meine Gemächer trat, da ich doch nur Kränkungen, Quälereien von ihm zu erwarten hatte. Liebe oder nur freundliche Worte richtete er nicht an mich. Ich war auch froh, daß er der Jagd ebenso ergeben war wie sein Vater, und noch froher war ich, wenn dann auch die Frau Herzogin ausfuhr oder ausritt. Manches blanke Talerstück ist in die Hand der Kinderfrauen gewandert, daß sie mich nicht verrieten, wenn ich mit dem immer kregler werdenden Kinde spielte und schäkerte. Ach, wie sehr war ich selber noch Kind, obwohl ich Mutter war.

Es fiel mir leicht, die Dienerschaft auf diese Art geradezu zu bestechen. Ich fand kein Unrecht darin. Unrecht geschah mir ja, indem man mir mein eigen Fleisch und Blut vorenthielt, es mir entfremden wollte. Und Geld hatte ich reichlich zur Verfügung, da mir laut Ehekontrakt auch die Einnahmen der Orte zustanden samt einigen Zöllen, die mir mein Vater zugesprochen hatte. Ich muß dabei zugeben, daß die Hannoveraner Fürstlichkeiten wohl machtgierig, aber auch wiederum nicht knauserig waren, vor allem wenn es um ihre Festlichkeiten ging und wenn es darauf ankam, daß man seiner Stellung entsprechend reich gekleidet und geschmückt darauf erschien.

Ja, diese Festlichkeiten, die sollten mich ablenken, die sollten mich heiter stimmen, empfahl mir mein Herr Schwiegervater.

Zur Karnevalszeit herrschte am Hof von Hannover ein übermütiges Treiben. Viele ergaben sich dabei ganz hemmungslos allen Genüssen, die sich darboten und die nicht nur Genüsse für den Gaumen waren. Es wurden Balletts aufgeführt, die mir nach meiner Erziehung als Tochter einer strengen Hugenottin geradezu schamlos erschienen. Es wurde ausgelassen getanzt. Es fanden Kostümfeste statt. Sogar mein Vater schwelgte in der allgemeinen Fröhlichkeit und erschien einmal zu meiner Verblüffung als Spanier, einmal als Schäfer, aber nicht als solch ein ernster nachdenklicher Schäfer von der Heide, sondern als ein koketter im französischen Geschmack des Hofes Ludwigs XIV. Meine Eltern weilten in jenem Jahr etwa vier Wochen am Hof von Hannover, und jedem mußte es erscheinen, daß nach allem Zwist nun eitel Frieden und Freude zwischen Hannover und Celle herrsche.

Meine liebe Mutter bewahrte auch inmitten des ausgelassenen Treibens ihre »Contenance« (Haltung), obwohl ihr gewiß als fromme Christin diese Zuchtlosigkeit, die nur äußerlich vom Firnis der Hofetikette überdeckt war, zuwider sein mußte. Ihr war gewiß nicht verborgen, daß hier Damen ihre Reize allzu verführerisch zur Schau stellten, die noch tausendmal weniger »ebenbürtig« als eine Eleonore d'Olbreuse waren, die nicht wie sie in Sittenstrenge und Keuschheit gelebt hatten, sondern die Mätressen (Geliebten) des Herzogs, seines Sohnes und anderer hoher Herren waren.

Ich hatte damals kaum Ahnung davon, da ich zwar an einem Hof aufgewachsen war, aber an einem der seltenen, an dem derartige Zuchtlosigkeit verpönt war und keine Mätressen zugelassen wurden. Ich bemerkte nur erstaunt und entrüstet, daß sich sogar mein mürrischer verschlossener Gatte von solch einer schamlos gekleideten Kurtisane (Geliebte) lachend zum Tanze mitreißen ließ.

Zugleich beobachtete ich, wie meine Mutter mit ihrem Schwager abseits in einem Seitengemach oder einer Fensternische ernste Gespräche führte. Erst viel später erfuhr ich, daß er es ihrer klugen Diplomatie zum großen Teil verdankte, daß er trotz des Widerstandes der andern acht Kurfürsten als neunter vom Kaiser eingesetzt wurde, allerdings erst nach jahrelangen zähen Verhandlungen im Jahre 1692. Auch daß die Erbfolge in England auf die hannoversche Linie übergehen sollte, wenn Wilhelms III. Gemahlin sowie seine Nachfolgerin Anna kinderlos starben, verdankte Sophie, die als Enkelin Jakobs I. die Erbin war, zum Teil den feinen Einmischungen meiner Mutter. Sie verdankte es ihr, aber sie dankte es ihr nicht, sondern ärgerte sich sogar, daß sie ihr Dank schuldete. Ich weiß nicht, ob meine Mutter diese Anstrengungen, die ihre zarte Gesundheit angriffen, darum unternahm, um ein besseres Verhältnis zu dieser machtgierigen Sophie zu gewinnen und dadurch auch mein Los zu erleichtern. Oder ob sie mich als künftige Kurfürstin und Königin von England erleben wollte?

Meine Mutter und mein Schwiegervater waren wohl die einzigen, die in jenen turbulenten Tagen sich auch ernsthaft unterhielten. Und ich – ich war wohl die einzige, die in all dieser ausgelassenen Lust traurig war, wenn ich auch wie meine Mutter »Contenance« bewahrte.

Warum ich nicht diese Feste genoß und fröhlich wie die andern war? Ich war doch jung, so jung, und als Tochter Georg Wilhelms so lebenslustig wie er veranlagt. Ich war nicht nur jung, ich war auch schön. Alle die hohen Spiegel ringsum an den Wänden warfen mir mein Bild zurück und bewiesen mir, welch reizvolle Erscheinung ich war. Ich wußte auch, daß ich – wie einst am Hof von Celle – mich geistreich unterhalten, jeden Scherz parieren konnte, ohne ausfallend zu werden. War ich nicht wie geschaffen, als Erbprinzessin den Mittelpunkt der Gesellschaft zu bilden? Doch ich stand abseits im Winkel, belacht von diesen aller Sittsamkeit spottenden Geschöpfen, die sich schamlos den Höflingen darboten und sich hinter ihren Fächern kichernd über mich lustig machten. Wußten sie doch alle – wem konnte es noch ein Geheimnis sein –, daß mich meine Schwiegermutter mißachtete, ja, verachtete, daß mein Gemahl mich geradezu übersah.

Wohl merkte ich auch, daß mich mancher bewundernde feurige Blick der Hofkavaliere traf, aber keiner wagte es, der Etikette zu trotzen und sich der Frau Erbprinzessin anders als nur untertänigst zeremoniell zu nahen. Oh, das sollte ein Vergnügen für mich sein? Wie hatte sich mein Schwiegervater geirrt! Ich hätte fortlaufen, laut schreien mögen, ich hätte diesen kichernden, mich unverschämt abschätzenden Dirnen ins Gesicht schlagen mögen! Wie schwer fällt es, »Contenance« zu bewahren.

Ich war immer erleichtert, wenn ich in mein Schlafgemach zurückkehren konnte, mir die Seidenrobe abgestreift, die Perlen von meinem Halse, die Diamanten aus meinen Locken gelöst wurden. Und dann verabschiedeten sich meine Kammerzofen mit untertänigem Knicks, und ich war allein und preßte den Kopf in die Kissen und weinte mich wie ein verlassenes heimatloses Kind in den Schlaf.

Würde ich immer so allein, so unsagbar unglücklich bleiben? So fragte ich bange, und ich ahnte nicht, daß ich wenige Jahre später noch einsamer, noch verlassener sein würde, aber – nicht unglücklicher. In dem lauten Treiben des Hofes vergaß ich meinen Gott, in der Gefangenschaft neigte er sich zu mir und hörte mein Flehen. Bin ich in dieser Einsamkeit nicht glücklicher als einst im wunderschönen Herrenhauser Schloß oder im Alten Schloß gegenüber dem prunkvollen Leineschloß als junge Frau Erbprinzessin?

Das Komplott

Ich war Ehefrau, aber ich kannte nicht die wahre eheliche Liebe, die nicht nur Sinnlichkeit ist, sondern innige seelische Vereinigung, in der einer des andern Last trägt und ein jeder nicht das Seine, sondern das Wohl des andern sucht. Wie konnte ich diese reinen guten Gefühle von diesem verderbten, diesem mürrischen und verschlossenen Mann je erfahren? Wie konnte ich erhoffen, daß er jemals mit mir zu unserm gemeinsamen Herrn beten würde? Ich selber war zu schwach, um allein im Gebet auszuharren. Ich brauchte einen Menschen, der mit mir glaubte, mit mir nach dem Wort lebte: »Wenn zwei oder drei versammelt sind in meinem Namen, so bin ich mitten unter ihnen.« Wörtlich kann ich diese Bibelstelle nicht angeben, aber ich kenne sie dem Sinn nach wie so viele, die ich einst gelernt hatte, die mir jetzt wieder Trost spenden, mir damals aber immer mehr aus dem Gedächtnis schwanden, so wie auch meine Gebete immer seltener und ohne innere Anteilnahme wurden. Ich war so schwach und wußte nicht mehr, daß seine »Kraft in den Schwachen mächtig ist«.

Ich war Mutter, aber meine Mutterliebe wurde unterdrückt – am liebsten hätte sie mir meine Schwiegermutter ganz aus dem Herzen gerissen, und ich mußte mich häufig wie ein Dieb heimlich zu meinem Kind schleichen.

Auch die Liebe zu meinen Eltern hatte abgenommen, vor allem zu meiner einst und heute wieder so geliebten und verehrten Mutter. Sie besuchte mich wenig, weil sie von der Herzogin Sophie so hochmütig und ablehnend empfangen wurde. Mir selber legte diese andern so vorbildlich erscheinende und im Grunde so bösartige Frau immer wieder Hindernisse in den Weg, wenn ich zu meinen Eltern fahren wollte, und hätte mich mein Schwiegervater nicht zuweilen mitgenommen, wenn er seinen von ihm »unzertrennlichen« Bruder besuchen wollte, so wäre ich kaum noch nach Celle gekommen. Ich sehnte mich zwar nach der unbeschwerten sonnigen Kindheit, die ich dort verlebt hatte, zurück, nicht mehr aber so sehr nach meiner Mutter. Sie hatte mich so furchtbar dadurch enttäuscht, daß sie diese Ehe zugelassen, mich sogar mit schmeichlerischen Worten dazu ermutigt, überredet hatte. Ab und zu hatte ich sogar geradezu feindliche Gefühle ihr gegenüber, wenn ich meiner elenden Lage bewußt war.

Daß ich unter dem Hofstaat, den Kavalieren und adligen Damen, die mich umgaben, keine Teilnahme finden würde, war mir bewußt. Es war ja augenfällig, wie ich meiner Schwiegermutter zuwider, ein Dorn im Auge war, wie mein Gemahl von ihr zu immer größerer Abneigung und Verachtung mir gegenüber aufgestachelt wurde. Und mag die Nachwelt sie zur Unterscheidung von den andern Sophien »die große Sophie« nennen, sie als hochherzig, feingebildet und als wer weiß noch alles rühmen, ich kann mit Fug und Recht bis an mein Ende mit reinem Gewissen behaupten, daß sie eine böse, böse Frau war, deren Sohn von ihr die Hinterlist und Heimtücke geerbt hatte, die manche Stuarts aufgewiesen, genau wie das ausschweifende Leben viele Stuarts geführt haben, das man ihr zwar nicht nachsagen kann. Die Welfen waren allesamt zwar zuweilen unbeherrscht, aber nicht von solcher niedrigen Gesinnung.

Ob das Volk etwas von den Zuständen am Hof ahnte? Es mag sein, daß nur weniges an die breite Öffentlichkeit drang.

Als meine Schwägerin Sophie Charlotte den Erbprinzen von Brandenburg heiratete, da war eitel Glück und Glanz und Pracht ringsum verbreitet. Da wurde uns zugejubelt so wie dem wunderbaren Feuerwerk, das am Abend über Herrenhausen aufstieg, strahlte, sprühte, funkelte und doch so rasch als rechtes Blendwerk in nächtlichem Dunkel verging. So war auch mein Dasein. Ein blendendes Feuerwerk! Ich saß neben meinem Gemahl, der auch bei diesen Feierlichkeiten seine groben Züge nicht zu einem freundlichen Gesicht, einem gnädigen Lächeln zwingen konnte, und ich – ich blendete aller Augen mit meinen kostbaren Juwelen, meiner schimmernden Gewandung, und ich – ich lächelte – lächelte... während ich inwendig weinte, indessen ich meiner eigenen Hochzeit gedachte.

Die einzige treue Seele, die mich an diesem von satanischen Mächten beherrschten Fürstenhof, der außen verlockend schön und inwendig faul wie die Sünde war, aufrichtig liebte und mir treu ergeben war, das war meine Hofdame von dem Knesebeck. Sie entstammte einem alten sehr vornehmen Geschlecht. Eine oder mehrere der mir vertrauten französischen Hofdamen des Celler Hofes hatte ich ja nicht mitbringen dürfen.

Wäre diese mir wahrhaft ergebene Hofdame nicht von solch allgemein bekannter und berühmter Familie gewesen, man wäre zum Lohn für die mir erwiesene Treue wohl noch schlechter mit ihr umgegangen, und man hätte die ihr angedrohte Folter, womit man falsche Aussagen wider mich erpressen wollte, wirklich angewandt.

Was hat sie in der ihrer Abstammung gemäßen Standhaftigkeit, Tapferkeit und Treue nicht alles für mich stolz schweigend erduldet!

Die gute Gesellschafterin meiner traurigen Tage, mein Ehrenfräulein Eleonore von dem Knesebeck, konnte mir nicht helfen, außer daß ihre verständnisvolle, mitfühlende Gegenwart mir einen kleinen Trost bedeutete.

Nur einer am Hof hatte die Macht, mir beizustehen und einzugreifen. Der Nächste dazu wäre natürlich mein Gemahl gewesen, aber der war auch wiederum der allerletzte, der zu mir hielt.

Sein Vater, der liebenswürdig leichtsinnige und doch politisch so entschlossen und klug denkende und handelnde Herzog Ernst August schien die Absicht zu haben, einmal alle Politik hintenan zu lassen. Oder war es doch Politik, daß er mein Leben und zugleich meine Ehe verbessern wollte? Fürchtete er, daß sonst das Erbe des mir im Grunde zustehenden Besitzes meines Vaters in Gefahr geraten könnte, dadurch daß diese Mißehe von Anfang an in Gefahr gewesen war? Ich weiß es nicht, kann es nicht beurteilen.

Kurzum, an einem schönen Frühlingstag, als im Park von Herrenhausen, der Sommerresidenz des Hofes, schon die Forsythien golden leuchteten und die weiten Rasenflächen voller lila und gelber Krokusse prangten, nahm er mich wieder einmal – wie seit langem nicht – ritterlich an den Arm und führte mich in die frische Luft hinaus, die mir nach den mannigfachen Parfümgerüchen in den Gemächern des Schlosses sehr wohl tat.

»Wie wäre es, verehrteste Frau Schwiegertochter, wenn wir jetzt in Italien wären!« raunte er mir lächelnd ins Ohr.

Ich fuhr zusammen, schaute ihm verdutzt in das schmunzelnde Gesicht. Italien! Oh! War es nicht das Land, das ich seit Jahren ersehnt hatte? Wollte mich der Herzog mit dieser Frage, der doch nie die Antwort der Erfüllung folgen würde, nur necken, gar quälen? Das traute ich dem Gentleman-Fürsten, der bisher am freundlichsten von allen hier am Hof zu mir gewesen war, nicht zu.

»Oh, Italien!« seufzte ich, und ich atmete tief auf, als atmete ich schon die Luft dieses sonnigen Landes. »Wie hat mein Herr Vater mit der Königin von Schweden Christine von dem blauen Himmel, den Kunstschätzen, den weißen Marmorbildern in den Lorbeerhainen, den Gemälden in den Palästen und Kirchen geschwärmt!« Herzog Ernst August lachte vor sich hin.

»Das wird meinem geliebten Bruder wohl bei aller Achtung und Bewunderung vor den Werken berühmter Künstler damals, als wir so fröhlich miteinander dort verweilten, nicht die Hauptsache gewesen sein. Mich zieht es weder nach Rom noch nach Florenz, wo es dieser Art am meisten zu bewundern gibt! Venedig, meine Kleine! Venedig! Venedig ist die fröhlichste, schönste Stadt auf der ganzen bewohnten Erde. Da ist überschäumende Lebenslust. Da ist Vergnügen über Vergnügen, da folgt Fest auf Fest.

Was haben mein Bruder und ich damals in allem Schönen, allem Herzbeschwingenden geschwelgt! Da wird auch diese Rosenknospe hier an meiner Seite, die noch nicht einmal aufgeblüht ist und doch schon dem Verwelken preisgegeben scheint, sich zur vollen Blüte als schönste aller Rosen entfalten. Da wird sie nicht abseits mehr stehen, im Schatten welken, da werden ihr die feurigen Kavaliere des Südens ihre Verehrung zu Füßen legen. Nun, was ist die Meinung Ihrer Liebden dazu?«

Ich wagte vor Staunen, vor Bewegung kaum zu atmen. Ich antwortete nicht, weil mir dieser Vorschlag zu schön erschien, um wahr werden zu können.

Der Herzog neigte sich vertraulich zu mir herab und redete mit gedämpfter Stimme auf mich ein, als wenn wir Verschwörer wären:

»Wie wäre es denn, meine schönste Schwiegertochter, wenn Eure Liebden es einmal mit Ihrem Holzklotz, Ihrem Eiszapfen von Gatten anders versuchten? Mit liebevoller Demut und sanfter Hingabe ist dem nicht beizukommen. Nun, und so etwas liegt auch sowieso einem so temperamentvollen Frauchen wie Ihr, die neben mir lustwandelt, gar nicht. Könnten wir ihn nicht vielleicht einmal eifersüchtig machen, wenn seine von ihm kaum beachtete Gemahlin plötzlich von soundsoviel Bewunderern umgeben ist und diesem und jenem ein liebenswürdiges Lächeln, ein zierliches Händchen zum Handkuß gewährt?«

Ich schüttelte traurig den Kopf.

»Ach, das würde meine Frau Schwiegermutter ja nie zulassen!« entgegnete ich niedergeschlagen.

Der Herzog lachte wieder, blickte mich verschmitzt an, beugte sich zu mir herab und raunte mir zu: »Haben Ihre Liebden schon einmal von den ›Eisheiligen‹ gehört, die jeden Mai mit Frost drohen? Dabei heißt ein Tag ›die kalte Sophie‹, wahrscheinlich meiner hohen Gemahlin zu Ehren. Diese hohe Dame lassen wir hier, die nehmen wir doch nicht mit, wenn wir uns in Venedig vergnügen wollen! Als wir beiden Brüder von Heidelberg fort gen Süden reisten, haben wir sie auch fein dahinten gelassen, und mein Bruderherz hat bei den temperamentvollen Damen Venedigs eingesehen, daß sie nicht die Rechte für ihn war.«

»Und hat in seinem Leichtsinn dir dafür sein Erbe überlassen«, hätte ich am liebsten hinzugefügt. Aber ich war ja viel zu angetan von diesem verlockenden Angebot, als daß ich diesen Vorwurf laut geäußert hätte.

»Sie wird nicht zulassen, daß ich mitfahre«, warf ich dagegen verzagt ein.

»Von Mitfahren ist gar keine Rede«, entgegnete der Herzog, der wohl wußte, wen ich mit diesem respektlosen »Sie« gemeint hatte.

Ich starrte ihn verständnislos an. Zuerst weckte er solche Hoffnungen in mir, und dann nahm er alles zurück, enttäuschte mich derart. Das war wirklich nicht nett von ihm. Das war geradezu eine Quälerei.

Er bemerkte, wie aufgewühlt ich war, und drückte meinen Arm beruhigend etwas fester.

»Kindchen!« mahnte er. »Doch nicht solch entsetzte Augen! Mach ich denn solch einen verwerflichen Eindruck, als wenn ich nur schlimme Scherze mit kleinen Mädchen triebe? Ich habe alles großartig ausgedacht. Ich bin nicht umsonst als guter Politiker bekannt. Aufgepaßt!«

Er neigte sich noch tiefer zu mir herab, und ich fürchtete schon, die Frau Herzogin könnte dieses intime vertrauliche Beisammensein bemerken. Ich schaute mich zum Schloß hin um, als wenn wir wirklich Verschwörer wären, als wenn wir ein geheimes Komplott schmiedeten.

Ich atmete erleichtert auf: eine der hohen sorgsam geschnittenen Heckenwände schirmte uns gegen das Schloß und alle neugierigen oder mißtrauischen Augen, die uns von dort aus erspähen und beobachten könnten, ab.

»Aufgepaßt!« forderte mich mein Schwiegervater nochmals auf, und ich wandte mich ihm wieder zu.

»Ich werde mit meinem Sohn und einem auserwählten kleinen Gefolge diese Reise nach Italien antreten«, erklärte er. »Wenn wir uns in Venedig behaglich und zweckentsprechend installiert haben, sende ich mit einem Kurier eine Einladung an meine Frau Schwiegertochter ab und betone, daß der Herr Erbprinz sie ebenso sehnlich erwarte, was zwar leider kaum stimmen wird. Immerhin betone ich, daß sich die Frau Erbprinzessin unter meinem persönlichen Schutze befinden werde und daß ich mir jeden Einspruch – von welcher Seite er auch käme – verbäte. Oh, meine teure Sophie weiß wohl, daß ich auch sehr, sehr energisch werden kann, und wird nicht wagen, gegen meinen ausdrücklichen Befehl etwas zu unternehmen oder Einspruch zu erheben. Und jetzt – scht! Keinem verraten und keinen durch allzu fröhliches Benehmen Verdacht schöpfen lassen!«

Märchenhaftes Venedig!

Venedig! Oh, du schönste, märchenhafteste, fröhlichste und – gefährlichste Stadt auf Erden!

Mein Schwiegervater hatte Wort gehalten. Er hatte von seinem Gefolge den General von Ilten nach Hannover gesandt und ihn die Botschaft überbringen lassen, daß er sich nach seiner geliebten reizenden Schwiegertochter sehne und sie mit ihrem Ehrenfräulein von dem Knesebeck und der Oberhofmeisterin, der Generalin von Ilten, sogleich zu ihm aufbrechen sollte. Ich kam zur Zeit des Karnevals in Venedig an.

Es war schon wie ein Traum, als mich der Herzog von einem in Purpurrot gekleideten Gondoliere in einer scharlachrot ausgeschlagenen Gondel, wie sie nur hohen Würdenträgern zusteht, abholen ließ und ich dann in diesem so seltsam anmutenden Gefährt die Wasserstraßen dahinfuhr, an einem zauberhaften Palast nach dem andern vorüber, die einen wie lauteres Gold glänzend, die andern mit feinstem Filigranwerk geschmückt, wiederum andere stolz verschlossen herabblickend, Ach, es war alles zauberhaft, verzaubert und bezaubernd. Wie unfaßbar war das alles! Eine Stadt auf dem Wasser, im Wasser erbaut. Konnte man denn nirgends zu Fuß gehen, reiten, in einer Karosse fahren? Wundersames, unvergleichlich geheimnisvolles Venedig!

Ich staunte, staunte mit weit aufgerissenen Augen, die doch nicht alles in sich aufnehmen konnten. Und wie staunte ich erst, wie überwältigt war ich, als mich der Herzog am frühen Abend zu dem dicht am Wasser errichteten unbeschreiblich schönen Dogenpalast geleitete, dessen großartige Säulenfront golden schimmerte, und noch fast goldener strahlte mir auf dem Markusplatz der byzantinisch erscheinende Markusdom entgegen. Ach, ich kann all dies überaus Prächtige gar nicht schildern! All das Wundersame, das ich erschaute! Und fast noch mehr wurde ich von dem ausgelassenen Treiben auf dem Markusplatz beeindruckt, das – wie mir der Herzog sagte – nach Sonnenuntergang erst richtig einsetzte und die ganze Nacht andauerte mit weithin schallender Musik, Tanz und überschäumender Lebensfreude.

»Ja, Kleine«, sagte mein Schwiegervater, belustigt über meine staunend weit aufgerissenen Augen, »das ist Leben und nicht dort im

Norden inmitten unserer langweiligen Heide, inmitten dieser steifen langweiligen Menschen, die uns argwöhnisch belauern und aus jedem harmlosen Kuß ein Kapitalverbrechen machen. Stürze dich hinein, kleine trübselige Prinzessin: Werde zu einer Prinzessin der Freude! Hinein in dieses übersprudelnde Leben! Genieße es, wie dein Vater, als er so alt war wie du, es ausgekostet hat!«

Ja, ich ließ es mir nicht zweimal sagen! Ich wollte endlich leben – leben, genießen. Ich hatte das Recht dazu wie einst mein schöner Vater. Ich war jung und schön wie er in seinen fröhlichsten Jahren. Ich war nicht mehr die Tochter der so streng denkenden frommen Mutter. Ich war die Tochter meines Vaters, des übermütigen Welfensproß.

Solch eine kleine Ausfahrt mit der Gondel, die mir mein Schwiegervater zum Willkomm dargeboten hatte, war nur der Auftakt gewesen. Wohl standen die Paläste auf Pfählen im Wasser gebaut, vom Wasser umgeben. Aber dieses Wasser trennte nicht die Palazzos voneinander. Im Gegenteil! Es war ein lebhaftes Treiben hin und her. Gondel fuhr nach und neben Gondel. Vor jedem der Wohnsitze der vornehmen und reichen Besitzer der Paläste waren Pfähle eingerammt, die mit den Farben der Geschlechter streifenweise bemalt waren und dazu dienten, die Gondeln der Besucher sowie die eigenen festzubinden. Wie viele Fahrzeuge hielten allabendlich vor dem nicht allzugroßen, aber reizenden fürstlich eingerichteten Palazzo Foscari, den Ernst August für sich und seinen Hofstaat eingerichtet hatte und wo ich natürlich auch Aufnahme fand.

So konnte mir die Frau Schwiegermutter nichts vorwerfen und anhaben. Ich war ja unter dem Schutz meines Herrn Schwiegervaters, der ein glänzendes Fest nach dem andern veranstaltete. Oh, er wußte zu feiern, rauschende, mitreißend jubelnde, jauchzende Feste. »Genießen, das ist der Sinn des Lebens, besonders wenn man so jung und schön ist!« belehrte er mich, und er fügte mit seinem mir schon vertrauten Augenzwinkern hinzu: »Ich bin überzeugt, daß der Raum für die Gondeln vor unserm Palazzo nicht mehr ausreichen wird, sobald sich die Kunde von der Ankunft der bezauberndsten aller Prinzessinnen noch weiter verbreiten wird!«

Der Herzog hielt eine offene Tafel. Vier Orchester spielten während des Essens. Ich hatte meinen Ehrenplatz neben meinem Schwiegervater. Ich genoß in vollen Zügen all diese Festlichkeiten. Ich tanzte, ich spielte auf dem Clavecin, ich sang. Ich feierte wirklich Triumphe, und mein Schwiegervater war stolz auf mich, sagte, ich wäre noch nie so schön gewesen, und war entzückt von meinen Erfolgen. Er freute sich wie ein gutmütiger Vater oder Großvater, wie ich mich über alles und jedes kindlich begeisterte, und er ließ mich Seiltänzer und Akrobaten, Puppenspieler und Gondelregatten, die feierliche Meerfahrt des Dogen, Nonneneinkleidungen und Blumenschlachten erleben.

»Genieße, kleine Prinzessin, genieße!« Wie oft mußte ich das von ihm hören. Und es war kein unangenehmes Muß, ich hörte diese Schmeicheleien nur zu gerne und, ich befolgte diese Lehren, die keine guten Lehren waren, die ich damals aber für die allerbesten hielt. Wie weit hatte ich mich verirrt!

Wie weit war ich von meinem Herrn abgekommen! Ich fand gar keine Zeit mehr zum Beten. Ich lebte, lebte und war doch tot, tot für Gott. Ich war wie in einem Rausch! Was scherte mich die Schwiegermutter fern im Norden! Was kümmerte es mich, daß ich Erbprinzessin war, daß ich darum Zurückhaltung, vornehme »Contenance«, wie meine Mutter oft gemahnt hatte, beachten mußte! Was lag mir an allem, was Pflicht und Ehre hieß!

Ich ließ mich bewundern, ja auch begehren. Ich war hoch befriedigt, wenn ich von glühenden Verehrern umgeben war, heiße Liebesschwüre zugeflüstert bekam, wenn ich in einer der zauberhaften Mondnächte mit einem der Herren in einer Gondel durch die Lagunen (Wasserstraßen) der Märchenstadt fuhr, aus allen der weit geöffneten Fenster der Palazzos Musik und Lachen ertönte und dann auf verschwiegeneren Gewässern der Gondoliere, der am Bug des Fahrzeuges stand und es mit langsamen Ruderschlägen vorwärtstrieb und lenkte, gefühlvolle schmelzende Lieder mit der den Italienern so eigenen einschmeichelnden Stimme sang.

Dies alles war mir so neu, so gänzlich ungewohnt. Ich ließ mich einfach darin versinken. Ich taumelte von einem Fest in das andere und fand alles herrlich, herrlich, auch die Veranstaltungen in andern Palästen unter all den mich bewundernden Galanen, den dunkelhaarigen, glutäugigen Damen, die mich eigentlich noch viel schöner, betörender dünkten, als ich selber war, und die viel sicherer als ich über die Marmorböden glitten, tanzten, lachten und durchaus nicht wie in den Sälen von Herrenhausen mich verächtlich musterten, nicht hämisch auf die »Unebenbürtige« herabsahen und auch nicht eifersüchtig auf meine Erfolge waren. Sie waren alle, alle die Liebenswürdigkeit selber zu mir, und ich bemühte mich, so sorglos zu lachen, zu tändeln wie sie und alle Komplimente der Herren beglückt hinzunehmen.

Am auffallendsten huldigte mir ein junger Franzose, der Marquis de Lassaye. Ich muß jetzt noch lächeln – spöttisch, wehmütig und meine eigene kindische Vertrauensseligkeit bemitleidend –, wenn ich mich seiner schwülstigen Briefe erinnere, die er mir fast jeden Morgen mit einem Blumenstrauß zustellen ließ.

Da kamen Sätze vor wie: »Wenn Ihre schönen Augen mich ansehen, wenn Sie mir Ihre reizenden niedlichen Hände zum Kusse reichen, so weiß ich beinahe nicht, wie mir geschieht, und ich bin so entzückt, daß es, wie ich fürchte, alle Leute merken. Ich habe nichts mehr zu wünschen als einen schnellen Tod. Er wird mein unglückseliges Geschick beenden, und da ich nicht leben kann und Sie lieben darf, so würde ich wenigstens daran sterben. Ich möchte keinen Augenblick ohne Sie leben und wage doch nicht, dorthin zu gehen, wo Sie sind. Wenn ich aber dort bin, so wage ich nicht mit Ihnen zu sprechen und zittere, wenn ich Sie ansehe. Ich fürchte den ganzen Hof und fürchte Sie mehr als alle andern zusammen.«

Ich könnte noch seitenweise solche Phrasen anführen, die wie Süßigkeiten in mein bisher so wenig an Männerliebe gewöhntes Herz eingingen, die ich wie Honig schlürfte, mir schließlich aber doch bange machten.

Er fürchtete den Hof! Ich hatte bisher nichts und niemand gefürchtet, wenn ich hier in Venedig meinen Vergnügungen nachging. Jetzt erst erschrak ich, wurde ich wachsam. Ich vertraute mich dem Herzog an und gestand ihm, daß ich durch diese Briefe doch etwas zu sehr angehimmelt würde.

Der alte Gentleman lachte. »Du mußt dieses Liebesgesäusel doch nicht ernst nehmen. Wie oft habe ich einst einer Schönen versichert, daß ich für sie sterben wollte. Das sind doch nur diesen Herren gewohnte und gebräuchliche Tiraden. Eure Liebden brauchen keine Angst zu haben, daß sich dieser kleine Franzose Ihretwegen gefühlvoll mit dem blanken Dolch ersticht oder eine Kugel durch den dunklen Lockenkopf jagt! Und den ganzen Hof fürchtet er? Was soll ihm denn einer von unserem kleinen Hofstaat hier anhaben? Wer als einziger in Betracht kommen könnte, ihn aus Eifersucht zum Zweikampf zu fordern, der tut es leider nicht. – Ich muß schon leider sagen, obwohl solch ein Duell eine gefährliche Angelegenheit sein kann. Leider sage ich, weil dieser Stoffel, mein Herr Sohn, wirklich mein Sohn, der von mir, dem einst so feurigen und jetzt noch nicht völlig ausgebrannten Gentleman abstammt, den Liebeständeleien seiner bezaubernden und bildschönen Gemahlin nur geringschätzig und unberührt zuschaut. Dieser verschlossene, mürrische Klotz, der nur bei andern minderen Personen weiblichen Geschlechts zu glimmen oder gar zu lodern beginnt.«

Ich verstand diesmal meinen Herrn Schwiegervater schon etwas mehr als früher. Ich hatte in Venedig manches hinzugelernt, was mein unberührtes, unbeflecktes Kindergemüt bisher gar nicht geahnt hatte, besonders auch weil mich keine liebende Mutter darüber aufgeklärt hatte, was eigentlich eine verheiratete Frau, ein junges Mädchen, das im Begriff war, in die Ehe einzutreten, wissen müßte.

Doch ich machte mir in jenen randvoll mit Lustbarkeiten gefüllten Tagen wenig Gedanken über das Betragen meines mir angetrauten und doch so fremden Gatten. Ich lebte nur meinem eigenen Vergnügen.

Mein Herr Schwiegervater hatte mich über den Inhalt der Liebesbriefe dieses für mich so entflammten Franzosen beruhigt.

Der Herr Marquis würde sich bestimmt meinetwegen nicht umbringen. Mein Gatte würde ihm auch nicht gefährlich sein und ihm als Nebenbuhler nach dem Leben trachten.

Was ich aber nicht beachtete: Der Hof, auch unser kleiner Hofstaat, konnte gefährlich werden, nicht dem Marquis, sondern mir.

Man beobachtete mich, wurde auf das auffallende Benehmen des leicht begeisterten französischen Edelmannes aufmerksam, und aus dieser in Italien gar nicht auffälligen, geradezu alltäglichen kleinen Liebeständelei wurde eine Staatsaktion gemacht. Frau von Ilten fühlte sich verpflichtet, meine Frau Schwiegermutter davon in Kenntnis zu setzen. Ausgerechnet diese Frau von Ilten, die Gattin dessen, der zu größeren Abenteuern insgeheim mit meinem Gemahl nachts auszog.

Einige Zeit danach empfing mein Herr Schwiegervater ein Handschreiben von seiner Gemahlin, der sogar ein Brief der mir immer so wenig wohlgesonnenen Liselotte von der Pfalz, der Herzogin von Orleans, beigefügt war, die gleichfalls von meinem »ehrenrührigen, aller Sitte und aller Würde ins Gesicht schlagenden« Benehmen unterrichtet worden war. Von wieviel Schlangen ist man doch auch im kleinsten Hofstaat umgeben, wieviel Klatschmäuler umlauern solch unschuldiges und doch unschuldig schuldiges, leichtfertiges Geschöpf, wie ich eines war.

Mein Herr Schwiegervater gab mir nicht nur den Brief seiner hohen Gemahlin zu lesen. Er ließ mich auch einen Blick in das Schreiben der Liselotte werfen, und ich war überrascht, daß diese mir immer übelwollende Dame geradezu entschuldigend derartig urteilte: »Ich glaube, S D war zu jung, um auf ihre eigene Hand allein zu reisen. Man hätte besser getan, sie bei Euer Liebden zu lassen, als sie nach Venedig zu fuhren und unter die Obhut ihres leichtsinnigen Onkels zu stellen.«

Dieser »leichtsinnige Onkel« lachte herzhaft über diese Bezeichnung. Ich blickte scheu zu ihm auf.

»Muß ich nun auf dem kürzesten Weg zurück nach Herrenhausen?« fragte ich beklommen. »Ich fürchte mich so vor der Herzogin Sophie!«

Der Gemahl dieser bösen Schwiegermutter lachte noch schallender. »Ach was!« wehrte er ab. »Soll sie doch, wie sie sich so hochtrabend zu äußern pflegt, weiterhin schweigend dulden und, wie sie sich so hochphilosophisch ausdrückt, eine königlich abstrakte Auffassung des Frauenschicksals aufbringen! Ich werde ihr die passende Antwort schreiben. Immer noch bin ich der Herr in Herrenhausen, und das kann ich in der Ferne noch besser betonen als in ihrer mich so geringschätzig musternden Nähe. Wir wollen ihr aber die bittere Pille versüßen, nicht mit deiner Mitgift, wie sie gleichfalls so oft betont. Ich werde ihr versprechen, auf mein Fürstenwort zusagen, daß wir umgehend auf ihren mich geradezu zerschmetternden und dich in Tränen auflösenden Brief Venedig verlassen werden.«

»Verlassen!« stieß ich hervor.

»Ja!« bestätigte er. »Wir beide haben einen ungeheuren Drang empfunden, die Kunstschätze Roms kennenzulernen. Das wird Eindruck bei ihr machen.«

So begleitete mich denn mein ritterlicher Schwiegervater nach Rom. Ich bewunderte doch diese unbeschreiblichen Schönheiten, und er ließ es natürlich seiner Veranlagung entsprechend nicht dabei bewenden, wie er scherzte, »kalte weiße Marmorbilder zu betrachten«, da er an marmorne Kälte schon allein von seiner kalten Sophie gewohnt war. Auch in Rom besuchten wir manche großartigen Festlichkeiten in stolzen Palästen, genossen aber auch wirkliche Kunstschätze und lauschten geistreichen Gesprächen berühmter Männer und Frauen. Mein Gatte Georg Ludwig war nicht bei uns. Er war mit dem gleich ihm veranlagten General von Ilten nach Neapel gereist, wo er seinen derb sinnlichen Gelüsten ungehemmter frönen konnte. Von dort aus wollte er sich wieder auf den Kriegsschauplatz in Ungarn begeben. Außer Dirnen war ja die Kriegskunst das einzige, wofür er Interesse hatte.

Selbstverständlich war aber die Gräfin Platen weiterhin in unserm kleinen Gefolge. Ich schreibe so selbstverständlich das Wort »selbstverständlich«. Nun, für den Herzog war es eine Selbstverständlichkeit, daß er, wie der anderen Fürsten vorbildliche französische König Ludwig XIV., seine Mätressen öffentlich an seiner Seite zeigte. Diese Platen war mittlerweile nicht mehr taufrisch jugendlich, war es schon nicht mehr gewesen, als sie nach mancherlei Irrfahrten in Hannover landete, aber sie wußte ihre Reize künstlich aufzufrischen. Sie war sehr darauf bedacht, den Herzog gefangenzuhalten, und daß er nun solch ein Wohlgefallen an mir hatte, die er »frisch erblühte Rosenknospe« nannte, deren Heiterheit, Schlagfertigkeit und künstlerischen Gaben er ständig lobte, konnte ihr natürlich nicht passen, wenn es bei ihm mir gegenüber auch nur eine väterliche Zuneigung war. Ich ahnungsloses »Kind« merkte zwar kaum etwas von ihrem Ärger, der sich fast zu Haß entwickelte. Sie wußte sich noch zu beherrschen. Nur einmal fing ich von ihr einen tückischen Blick auf, als mein Schwiegervater lachend feststellte, daß der zarte Goldschimmer auf meinem nördlichen Teint mich erst recht anziehend gemacht hätte. Sie konnte diese natürliche Tönung, die mir die südliche Sonne verliehen hatte, nicht mit den grellen Farben ersetzen, womit sie sich täglich schminkte.

Ich lächelte über sein Kompliment ebenso, wie ich über sein Lob lächelte, daß ich die anmutigste Tänzerin und in meiner Unbefangenheit und Heiterkeit das reizendste Geschöpf im ganzen Venedig wäre.

Ja, ich lächelte und wußte nicht, daß er mit solchen Bemerkungen eine dunkle Wetterwolke über mir heraufbeschwor. Merkte ich denn damals gar nicht, daß er damit die alternde Platen verärgerte, daß sie befürchtete, ich könnte sie aus seiner Gunst verdrängen, daß fernerhin nicht sie, sondern ich der strahlende Mittelpunkt des Hofes werden würde?

Ich dummes, dummes Kind (das war ich im Grunde immer noch) freute mich nur über meines Schwiegervaters Liebenswürdigkeit, und als er meine frische goldgetönte Gesichtsfarbe rühmte, lächelte ich sogar in mich hinein, als ich die grell geschminkte Platen betrachtete. Ich erinnerte mich daran, wie die jüngeren Brüder meines Gemahls, die diese Konkubine aufrichtig verabscheuten, ihr eines Abends bei der Tafel eine farblösende Flüssigkeit ins Gesicht gespritzt hatten, so daß die rote Schminke ihr in Streifen von den Wangen herab auf den Busen geflossen war.

Armer übermütiger Maximilian, geliebter Schwager. Du warst so unbesonnen wie ich. Und wie hast du diesen dummen Streich, für den du sogleich ungebührlich hart gestraft wurdest und die wutschnaubende Megäre um Verzeihung bitten mußtest, später erst recht büßen müssen, wie bekamst du später nach Jahr und Tag genau wie ich den Haß dieser Frau zu spüren!

Ich hätte ja von vornherein wissen müssen, daß sie mir nicht wohlgesinnt war. Hatte doch meine liebe Mutter verlangt und erreicht, daß die Schwester der Platen, die Frau von dem Bussche, die damals die Mätresse meines Gemahls war, vor der Hochzeit von Hannover entfernt wurde, und hatte nicht meine Mutter ein junges Mädchen bei sich als Kammerfrau aufgenommen, das auf Betreiben dieser bösen Weiber ins Gefängnis geworfen und später aus der Stadt gejagt worden war, nur weil die mächtige Mätresse darüber gekommen war, als der Herzog harmlos freundlich mit dem jungen Ding scherzte.

Doch nein, ich machte mir damals keine Sorgen, befürchtete nichts. Italien war so schön, so schön. Jeder Tag war ein Geschenk. Jeden Tag strahlte die Sonne vom tiefblauen Himmel.

Ich war glücklich und – war sehr fern von dem, der allein völlig glücklich machen kann. Welche Wege mußte mich der Herr noch führen, mich, die ich auch von mir singen konnte:

»Ich lief verirrt und war verblendet,
ich suchte dich und fand dich nicht;
ich hatte mich von dir gewendet
und liebte das geschaffne Licht . . .«

Heute aber in meiner Gefangenschaft darf ich hinzufügen:

»Nun aber ist's durch dich geschehn,
daß ich dich hab ersehn.

Ich danke dir, du wahre Sonne,
daß mir dein Glanz hat Licht gebracht;
ich danke dir, du Himmelswonne,
daß du mich froh und frei gemacht . . .«

Ja, als Gefangene bin ich nun frei! -

Als auch in Herrenhausen die ersten Blumen blühten, kehrten wir alle miteinander in den kühlen Norden zurück.

Ich habe den sonnigen Süden nie wiedergesehen.

Der Leidensweg einer Fürstin

Ich kehrte als eine andere aus Italien zurück, als die ich fortgefahren war. Als eine bessere, wenn wir Menschen überhaupt von Besserung unseres Innersten ohne unseres Herrn Gnade sprechen dürfen? War ich besser im Sinne Gottes geworden? Ich muß mich heute noch schämen, daß es nicht so war, sondern daß ich Gott noch ferner gerückt war. Ich hatte mich auf der Rückreise auf die Begegnung mit meiner mir jetzt wohl besonders gehässig gesinnten Schwiegermutter nicht mit einem festen Glauben an den allmächtigen Helfer, der mir beistehen würde, an den, der versprochen hat, bei uns zu sein bis an der Welt Ende, vorbereitet. Ich hatte nicht die Hände gefaltet und um Kraft, um Demut gebetet.

Ich war mit einem recht geringen Glauben nach allem bitteren Erleben der vergangenen Jahre in Herrenhausen abgereist. Hatte ich überhaupt noch Glauben, als ich zurückkam? Venedig, die Stadt meiner Träume und meiner Sehnsucht, war auf Holzpfeilern im Meereswasser errichtet. Wußte ich denn nicht, daß solche hölzernen Stützen mit den Jahren faulen, daß diese Stadt der Lust und Begierde zugleich eine sterbende Stadt war, eine, deren Halt vergehen und sie mit ihm versinken würde? Und würde es nicht auch aller derer Schicksal sein, die in dieser Stadt ihren Lüsten frönten? Waren sie nicht alle dem Untergang geweiht und ahnten es nicht, wollten es einfach nicht wissen? Steht nicht in der Heiligen Schrift, daß dessen Haus von den Winden umgestoßen und im Gewässer untergehen wird, der es auf Sand gebaut hat?

Alle diese Gedanken gehen mir jetzt durch den Kopf, dieweil auch ich ein solches Schicksal erleiden mußte.

Doch in jener Zeit, auf meiner Rückfahrt gen Norden, hatte ich sie durchaus nicht.

Ich baute nicht auf Felsen und fühlte mich nicht dadurch gefestigt. Aber ich war kein schüchternes, verscheuchtes Kind mehr, das sich vor der bösen Schwiegermutter ängstete. Ich war eine Frau, eine selbstbewußte Frau geworden, und ich wappnete mich mit Trotz und Stolz, ehe ich vor die Herzogin Sophie trat, und mein Schwiegervater Herzog Ernst August bestärkte mich noch in meiner Haltung, indem er mir zuflüsterte: »Kopf hoch, Eure Liebden! In Herrenhausen lebt es sich auch vergnüglich.« Es bedeutete für mich eine

Erleichterung, daß wir nicht in das düstere Stadtpalais einkehrten, sondern daß der Hof schon in die Sommerresidenz Herrenhausen übergesiedelt war.

Aber die »große Sophie« trat mir mit hochmütig in den Nacken geworfenen Kopf entgegen und maß mich verachtlich von oben bis unten. Gleich würde sie mit einer vernichtenden Strafpredigt beginnen, dachte ich. Aber ich ließ mich nicht mehr von ihr vernichten. Ich ließ mir mein Selbstgefühl nicht mehr von ihr nehmen. Ich versteifte mich in Widerstand. So stolz ihre kalten Augen mich verächtlich ansahen, so stolz und trotzig erwiderte ich ihren Blick. Und was lag alles in meinem Blick, alles, was ich nicht aussprach, aber sehr deutlich und lesbar in meinen ebenso hochmütigen blitzenden, aber durchaus nicht kalten Augen stand!

»Schilt doch! Schmähe mich doch! Nenne mich doch nur eine Unebenbürtige! Ich mache mir nichts mehr daraus. Ich bin aus dem unerschrockenen, berühmten Welfengeschlecht, und du stammst von den verderbten Stuarts. Wer hat denn der andern etwas vorzuwerfen? Ich habe Euch eine überreiche Mitgift mitgebracht, durch mich werdet Ihr meines Vaters Land erben! Und was bist du? Die armselige Tochter eines Königs ohne Land, eines verachteten Flüchtlings.«

Herzogin Sophie war klug, außerordentlich klug. Und ich bin sicher, daß sie meinen stummen Haßgesang gehört und verstanden hat.

Sie antwortete keine Silbe, sie hatte überhaupt keine Begrüßungsworte für mich. Sie zuckte nur die Achseln und wandte sich stumm um.

Seltsam, und von da an, als ich keine Furcht mehr vor ihr zeigte, als ich ihr selbstbewußt gegenübertrat, wurde ihr Benehmen mir gegenüber wesentlich besser, und ich war nicht so verhärtet, daß ich es nicht anerkannte. Ich bemühte mich, ihr als meiner Schwiegermutter wie auch als hochgebildeter kluger Frau wenigstens Hochachtung zu erweisen.

Vielleicht war ich selber auch milder gestimmt, weil mein Gatte bald danach wieder fortreiste, wieder in den Türkenkrieg, an dem er mit Karl von Lothringen teilnahm. Vielleicht war sie aus dem gleichen Grunde mir gegenüber sanfter, da sie schon zwei Söhne in den Türkenkriegen verloren hatte. Ich selber begriff zwar nicht, was die Herrscher im Norden Deutschlands ausgerechnet mit den Osmanen zu streiten hatten, aber ich bin und war nie so politisch geschult wie zum Beispiel meine liebe Mutter.

Zu all dem - meiner Erleichterung, daß mich Georg Ludwig nicht belästigte, die Bangnis seiner Mutter um ihn, wenn sie überhaupt so empfinden konnte - kam noch bald hinzu, daß ich ein zweites Kind erwartete. Diesmal war ich so gekräftigt, daß ich vor der Geburt wenig oder gar keine Beschwerden hatte.

Die kleine Sophie Dorothea erblickte das Licht der Welt, als ihr Vater, mein Gatte, gerade wieder zurückgekehrt war. Es war ein Frühlingskind, im Sonnenschein geboren, und ein wahrer Sonnenstrahl für mich, wie heute noch, wenn auch nur aus weiter Ferne.

Die Herzogin wollte wiederum die Pflege auch dieses Kindes mir ganz aus der Hand nehmen. Doch ich duldete nicht mehr schweigend, fühlte mich, als ich wieder aufstehen konnte, auch seelisch stark genug, mich empört gegen diese Maßnahme zu wehren, und erreichte, daß ich beide Kinder, zwei ganz reizende Blondköpfchen, wenigstens täglich eine wenn auch nur kurze Zeit um mich haben durfte.

Sie waren in den folgenden Wochen, Monaten, Jahren meine einzige Freude. Nur wurde mein sich so gut entwickelnder Sohn mir dadurch noch mehr entfernt, daß er in das Alter kam, daß er fremde Sprachen und viel Wissenschaft erlernen mußte und männliche Erzieher zur Seite und an Stelle der Erzieherinnen und Kinderfrauen traten, die dann nur noch für sein leibliches Wohl Sorge zu tragen hatten.

Ich war allerdings auch recht stolz und befriedigt, daß er außer seinem hübschen Äußeren solch reiche geistigen Gaben mitbekommen hatte und bis jetzt noch in keiner Weise seinem stumpfen, starrsinnigen Vater ähnelte, der sich letztlich nur für grob sinnliche Genüsse außer für Jagd und Kriegsdienst interessierte. Wenn mein Sohn einmal ein tüchtiger, ein hervorragender Herrscher und Landesvater werden würde, so wollte ich gerne darauf verzichten, daß er Zeit für Spiel und Scherz mit seiner Mutter übrig hatte.

Ich darf auch behaupten, daß ich zwar nur noch wenig, sehr wenig Glauben hatte und nur oberflächlich gedankenlos oder gar nicht mein Morgen- und Abendgebet sprach, wie es mich einst meine Mutter gelehrt und eindringlich dazu ermahnt hatte, daß ich aber trotzdem meinem lieben Jungen die mir vertrauten biblischen Geschichten erzählte, mit ihm die Hände faltete, und das sogar gegen den Willen meiner Schwiegermutter wagte, die der Ansicht war, die

Kinder ohne christlichen Glauben aufwachsen und sie später selber über die Religion entscheiden zu lassen, der sie angehören wollten.

Ich weiß, daß etwas, ein klein wenig von dem, was ich damals in das junge Herz einpflanzte, in ihm Wurzel geschlagen hat, wenn es sich auch nur kärglich entwickeln konnte. Vor allem durfte ich zu meiner innigen Genugtuung erfahren, daß er mich auch während all der Jahre meiner Gefangenschaft nicht vergessen hat, in Liebe an mir hängt, wenn er mir auch keinen Gruß senden, ich ihm nicht schreiben und ihn nie, nie wieder sehen darf.

Mein Herzenstrost war und ist auch heute noch mein herziges Töchterlein Sophie Dorothea, dieses entzückende Kind, das zu einem bildschönen Mädchen und einer herrlichen Königin heranwuchs. Was sie alles für mich getan hat, wie sich mein Sohn durch seine Anhänglichkeit an mich die Zuneigung seines Vaters verscherzte, das werde ich später noch berichten.

Jetzt erzähle ich von den Jahren, die meinem Besuch in Venedig folgten.

In einer Hinsicht vermochte ich damals den Anschein zu erwecken, daß ich versuchte, meiner Schwiegermutter nachzueifern: in Selbstbeherrschung, in starrem, höflichem und höfischem Lächeln, in einer unnahbaren Haltung, die man fast als Hochmut auslegen konnte. So zeigte ich mich der Außenwelt, der Umwelt.

Doch es war nur Schein - nur Schein. Nachts weinte ich noch oft in die Kissen, hätte mein sinnloses Leben am liebsten beendet und hätte auch beinahe dieser Versuchung nachgegeben, wenn mich die Hand nicht festgehalten hätte, diese starke Hand dessen, aus der uns niemand herausreißen kann und von dem geschrieben steht, wie ich in diesen einsamen Tagen hier in Ahlden gelesen habe: ». . . sind wir untreu, so bleibt er doch treu.«

Ich sehnte mich so nach Liebe und Verständnis und fand sie nur in für meine heißblütige Natur viel zu bescheidenem Maße in den kindlichen Liebkosungen meiner Kleinen sowie bei der treuen Gesellschafterin von dem Knesebeck. Mit der Liebe des Herrn, der mich je und je geliebt hat, wußte ich mich dazumal nicht zu trösten. Mein Gatte hatte keine Achtung, geschweige zärtliche Gefühle. Mein ritterlicher Schwiegervater hatte mir früher wohl eine wenn auch nur oberflächliche Zuneigung gezeigt. Doch jetzt kümmerte er sich wenig um mein Ergehen, fast so wenig wie um das seiner Gemahlin, die ihm und seiner Wesensart vollkommen fremd war und immer fremder wurde.

Er stand unter ganz anderem Einfluß.

Oh, ich war kein törichtes dummes kleines Ding mehr, mir waren in Venedig die Augen für das Schöne, im Sinne der Welt Schöne, aber auch für das Böse geöffnet worden. Ich wußte, daß ich gerade nach der Rückkehr von dieser Stadt der überschäumenden Sinnenlust ringsum von Spähern umgeben war, dauernd auf Schritt und Tritt beobachtet wurde. Aber ich beobachtete auch.

Mir konnte man hier am Hof keinen Fehltritt nachsagen, nichts Ehrenrühriges nachweisen. Aber ich sah viel, viel zuviel, und ich speicherte meinen Zorn, meine Verachtung auf. Ich schwieg, wenn es auch in mir kochte.

Würde all diese aufgespeicherte Wut einmal überkochen, würde das Pulverfaß in mir, der temperamentvollen Welfentochter eines Tages explodieren?

Ich bemerkte, daß mein Schwiegervater mehr und mehr von der Gräfin Platen beherrscht und beeinflußt wurde. Lag es daran, daß er älter geworden und dadurch leichter zu kneten war?

In seiner Politik verriet sich noch nicht greisenhafte Unfähigkeit. Er hatte 1692 ja endlich die Kurfürstenwürde, trotz alles erbitterten Widerstandes der andern Kurfürsten, vom Kaiser erreicht.

Bereits 1682 erließ er das Primogenitur-Gesetz. Das bedeutete, daß der männliche Erstgeborene der alleinige Nachfolger seines Vaters und das Land nicht unter mehrere Söhne zerteilt wird. Ich habe schon einmal darüber in diesen meinen Erinnerungen geschrieben und mich zu dieser Regelung befürwortend geäußert. Meine Frau Schwiegermutter war ihrer anderen Söhne wegen über dies Gesetz empört, und das Einvernehmen mit ihrem Gemahl trübte sich dadurch noch mehr. Erst recht, als der zweite Sohn Maximilian, der sich benachteiligt fühlte und sich dagegen auflehnte, von dem unerbittlichen Vater verbannt wurde und der Freund Maximilians, der Graf Moltke, der Maximilian in seinem Widerstand bestärkt haben sollte, hingerichtet wurde.

Ich verstand die Herzogin und spätere Kurfürstin Sophie in ihren mütterlichen Gefühlen, und ich fiel sozusagen aus allen Wolken, als ich vor das Gericht meines Schwiegervaters zitiert und gleichfalls wie Graf Moltke des Hochverrats in dieser Angelegenheit bezichtigt wurde. Sollte ich auch hingerichtet oder wenigstens vom Hof entfernt, eingekerkert werden? Wer hatte mich derart angeklagt? Der mir zwar nicht wohlgesonnenen Sophie traute ich in diesem Falle die Schandtat auf keinen Fall zu. Keine andere als die grundverderbte Gräfin Platen war es gewesen, die meine Schuld dadurch beweisen wollte, daß sie einen kurzen Brief, den sie irgendwo aufgestöbert hatte, vorwies, den ich vor Jahr und Tag wegen einer Kleinigkeit an meinen Schwager Maximilian gerichtet hatte und den ich darin der französischen und höfischen Gepflogenheit gemäß mit »Mon ami« (Mein Freund) angeredet hatte.

Meine völlige Ahnungslosigkeit und Schuldlosigkeit stellte sich natürlich auch vor dem strengsten von dem Kurfürsten zusammengestellten Gericht sogleich heraus.

Ich merkte an seinem geröteten und gesenkten Kopf, daß mein Schwiegervater sich vor mir schämte. Damit waren meine dankbaren, kindlichen Gefühle auch für ihn, den Gentleman-Fürsten, der sich seiner eigenen Schwiegertochter gegenüber wahrhaft nicht als Gentleman (Edelmann) gezeigt hatte, erloschen. Aber nicht erloschen, nein, immer mehr genährt und aufgeflammt war mein Haß, mein furchtbarer Haß, für den ich jetzt noch den Herrn täglich um Vergebung bitte. Gehaßt habe ich diese Gräfin Platen, die man bei Hofe hinter der Hand als »alte Zauberin«, als »alte Hexe« verspottete und lästerte. Aber nur sehr, sehr vorsichtig und heimlich, weil sie als Mätresse des Kurfürsten immer mächtiger wurde, und so wie meine liebe Mutter meinen Vater stets zum Guten beeinflußt hatte, so folgte Ernst August den teuflischen Einflüssen dieses Weibes, dieser »alten Hexe«. Sie war wirklich schon recht bejahrt. Aber durch alle möglichen Künste hatte sie sich eine fast jugendliche Schönheit erhalten, und hexenartig häßlich sah sie nicht aus, wenn ich zwar auch einmal gelesen oder gehört habe, daß manche als Hexe verbrannten Frauen und Mädchen ein geradezu bestrickendes bezauberndes Äußeres gehabt hätten.

So bezauberte, bestrickte die Gräfin Platen meinen Schwiegervater derart, daß nicht nur der Hof, sondern er selber sich vor ihr fürchtete. Da ihre Schwester, die Frau von dem Bussche, auf Veranlassung meiner Mutter vor meiner Heirat aus Hannover entfernt worden war, mein Gemahl nach ihrer Rückkehr keinen Gefallen mehr an ihr fand, war es der sündigen Platen ein besonderes Anliegen, ihm neue Mätressen zuzuführen. In ihrem ihr vom Herzog geschenkten Schlößchen Monplaisir, das günstig als Liebesnest zwischen Hannover und Herrenhausen lag, wartete sie ihm mit einer üppigen, ihn um einen Kopf überragenden Ehrengard Melusine von der Schulenburg auf, die als arme Verwandte völlig von ihr abhängig und bereit war, trotz ihres Ehrennamens ihre Ehre zu opfern und seine Mätresse zu werden. Dank der Bemühungen der Platen blieb diese etwas dümmliche Dicke länger als die andern in seiner Gunst, wozu sich natürlich noch andere Dirnen gesellten, womit er seine Nächte verbrachte. So stand auch Georg Ludwig unter dem Einfluß der verderbten alten Kurtisane Platen.

Aber es konnte mich wirklich nicht mehr betrüben oder zur Eifersucht reizen. In der ersten Zeit meiner Ehe hatte ich mich bei meinen Schwiegereltern wie auch bei meinen Eltern über seine ehebrecherische Lasterhaftigkeit beklagt, aber man hatte mir von beiden Seiten nur zugehört, geschwiegen oder nur geraten, mich nicht darum zu kümmern.

Mein Verhältnis zu Georg Ludwig war immer kalt gewesen und mit der Zeit eiskalt geworden. Ja, es wurde durch sein Benehmen noch mehr als das: es war vergiftet durch all das, was ich selber von ihm zu erdulden hatte und was ich von Tag zu Tag von seinen Ausschweifungen, seiner niedrigen Denkungsart erfahren mußte.

Was bekümmerte mich noch, welche dieser ihm an Sittenlosigkeit ebenbürtigen Dirnen ihn eingefangen hatte! In dieser Hinsicht war ich ihm ja wirklich die »Unebenbürtige«. Ich schaute mit spöttischem überlegenen Lächeln dem Treiben dieses Wüstlings zu, wunderte mich nur, daß er dieser Schulenburg, dieser überaus üppigen Person mit den glotzenden Augen, anscheinend mehr verfallen war als den Vorgängerinnen, ihr länger zugetan blieb (beinahe hätte ich »treu« geschrieben, was eine Herabsetzung dieses Wortes gewesen wäre).

Doch ich muß es vor mir selber eingestehen, ich betrog mich selbst. Dies Lächeln war nur vor den Augen der andern spöttisch und überlegen, als wenn mir an dieser und allen gleichzeitig verlaufenden Liebesaffären nichts gelegen wäre. Ich war nicht wie die stolze, kalte Sophie veranlagt. Ich weinte nun nicht mehr mich selbst und mein trauriges Los bemitleidende Tränen. Ich vergoß Tränen des Zorns, der Wut, und es bedurfte nur noch eines letzten Tropfens, bis ich überkochte, nur noch eines Funkens, bis der Zorn in mir explodierte. Wie lange würde ich mich noch in Gewalt halten können? Wie lange würde es noch dauern, bis ich mich selber erleichterte, bis alles, was in mir schwelte und mich krank machte, aus mir herausschoß und mich frei – frei machte?

Die klassische Ohrfeige

Es war ein Abend, der so schön und friedevoll war, daß man sich gar nicht vorstellen konnte, daß auf Erden Unfrieden, Streit, Haß und Neid möglich war.

Aus dem riesigen Park von Herrenhausen strömten Fluten von Wohlgerüchen von allerlei Blütenbüschen in das Schloß. Der letzte Amselgesang vermischte sich mit den zarten Tönen der Instrumente, die vorsichtig für das Konzert gestimmt wurden, das in den nächsten Stunden stattfinden und anschließend in einen glanzvollen Ball übergehen sollte. Hunderte von Kerzen waren bereits angezündet worden, obwohl noch Sonnenschein, rotgoldener Sonnenschein über all den Rasenflächen, Alleen, Rondells und verschlungenen gepflegten Wegen lag.

Ihr leise flackerndes Licht ließ die seidenen Tapeten schimmern, die hohen Spiegel gleißen, die goldenen Rahmen und Verzierungen auf den Wänden und Türen blitzen und erst recht all die Juwelen, womit sich die Damen geschmückt hatten. Es war der erste Besuch der 1684 mit dem Kurprinzen von Brandenburg vermählten Tochter des Hauses Sophie Charlotte, der gebührend gefeiert werden sollte. Sie war am Tage zuvor mit ihrem Gemahl, dem späteren König Friedrich I. von Preußen, eingetroffen, der Glanz und Prunk ebenso liebte und schätzte wie sein Schwiegervater Ernst August.

Die Kurfürstin Sophie stand hochaufgerichtet und hochmütig wie immer neben mir, um die Gäste zu empfangen. Ich selber - ich weiß es heute noch allzu genau - trug zu einer dunkelroten Robe mit gelben Brabanter Spitzen die von meinem Vater ererbten Diamanten aus dem Welfenschatz auf Brust, Nacken und in meinen Locken. Ich wußte, daß ich sehr reizvoll aussah, und merkte, daß mich von den schon anwesenden Herren bewundernde Blicke trafen.

Es dauerte etwas lange, bis der Kurfürst erschien. Ich erkannte an dem leichten Zusammenkneifen ihrer an sich schon schmalen Lippen, daß die Kurfürstin darüber ungehalten war. Mich kümmerte es wenig, daß auch mein Gemahl nicht an meiner Seite stand. Rücksichtslosigkeiten war jedermann von ihm gewohnt.

Plötzlich wurden von den Lakaien, die auch in goldstrotzenden Livreen prangten, die Flügel der hinteren ins Innere des Schlosses führenden Tür devot aufgeschlagen. Herein trat, anscheinend in allerbester Laune, mit so geröteten Wangen, als hätte er schon Alkohol genossen, mein hoher Herr Schwiegervater. Da er so aufgeräumt dreinschaute, war anzunehmen, daß er guter Laune war. Das war man bei ihm auch gewohnt.

Aber worüber nicht nur ich, sondern die andern alle vor Staunen erstarrten: an seinem Arm hing, mit schmachtenden Blicken zu ihm aufschauend, in einem Gewand, das mehr Fleisch, sehr üppiges Fleisch, als Seide vorzeigte, die mehr entkleidete als bekleidete auf jugendlich angemalte Gräfin Platen. Und um das Maß voll zu machen, folgte diesem Paar auf dem Fuße der Kurprinz Georg Ludwig, den ich gar nicht mehr als Gemahl bezeichnen möchte, und er hatte sogar an jedem Arm eine dieser schamlosen Weiber hängen, wovon die eine natürlich die massige Gräfin Schulenburg war.

Und da explodierte ich! Wenn die beiden Herren mit diesem Aufzug am Ende den ganzen Hof brüskieren, vor den Kopf stoßen wollten, so wollte ich nun auch für den nötigen Eklat (Aufruhr) sorgen. Ich wollte eigentlich gar nicht. Es brach einfach so aus mir hervor, was lange in mir aufgespeichert war.

Ich fuhr wie eine Furie los, wandte mich zuerst an meine Frau Schwiegermutter und schrie sie an: »Und das läßt sich Eure Liebden so gelassen gefallen, wollen sich in erhabner Resignation dieses scheußliche Schauspiel ansehen, wollen sich ein Mäntelchen der Philosophie umhängen?

Ich bin nicht so erhaben wie Eure Liebden. Nein, ich bin ja auch unebenbürtig, wie Sie und Ihre ebenbürtige Familie mich seit Jahren schmähen! Ihre Nichte Liselotte von der Pfalz miteingenommen, die ich ihres Deutschtums wegen, an dem sie treu festhält, gerne bewundert und bedauert hätte, weil sie den schlechtesten Mann des französischen Königshauses heiraten mußte, und die über mich ihre Bosheiten ausschüttet, ohne mich je gesehen und gesprochen zu haben. Ja, ich bin die Unebenbürtige.

Gott sei Dank habe ich nicht solch Hurenblut in mir wie diese Weiber, die Ihr Gemahl und Ihr Sohn augenfällig und öffentlich wagen in diese erlauchte Gesellschaft einzuführen. Gott sei Dank stamme ich nicht von solch einem lasterhaften Hof, wie dieser hier ist, dieser sittenloseste ganz Europas. Vor solchen Männern wie diesen da soll ich Achtung und Ehrfurcht haben! Oh, ich verabscheue sie allesamt, wie sie hier sind, das ganze Geschmeiß. Ehebrecher, Lüstlinge sind sie. Und mein Gemahl bringt noch sein ehebrecherisches Treiben vor meine Augen, wagt es, seiner ihm angetrauten Ehegattin seine Konkubine vorzuführen, wagt es, sein Ehebett zu besudeln, indem er von solch einer Dirne zu seiner Gemahlin kommt und sie damit demütigt! Meine Eltern haben eine Ehe in Reinheit und Treue geführt, obwohl meine Mutter eine Unebenbürtige ist. Und wie ist es hier? Ich verachte dich, du erbärmlicher elender Wicht, der sich Kurprinz nennt!

Ich verachte euch allesamt!«

Ich weiß nicht, was ich noch alles in meinem leidenschaftlichen Zorn geschrien habe. Ich weiß nur noch, daß ich sie alle mit Hohn und Spott und Schimpf und Schande übergossen habe. Ich bebte am ganzen Leib. Ich schöpfte Atem.

Da - plötzlich löste sich Georg Ludwig aus den ihn zärtlich umfangenden Armen seiner mehr als halbnackten Dirnen. Er, der sonst so Phlegmatische, Starre, den nie meine Schönheit, mein anerkannter Charme gereizt hatte, wurde nun durch den Ausbruch meines so lange aufgespeicherten Zornes gereizt. Er stürzte sich auf mich, riß mich mit seinen groben Händen in den Haaren, drückte mich dann gegen die Wand, umfaßte meine Kehle, würgte mich, daß laute Aufschreie durch den Saal gellten: »Er tötet sie! Sie stirbt! Er hat sie erdrosselt!«

Friedrich von Brandenburg eilte herbei, unfaßte ihn, zog ihn mit aller Kraftanstrengung zurück. Ehe Georg Ludwig mich losließ, gab er mir mit seiner harten Soldatenhand noch eine schallende Ohrfeige.

Das war die Ohrfeige, die ihn schon, ehe er ihr Land betreten hatte, bei den Engländern berüchtigt machte, die sie die »klassische Ohrfeige« bis heute nennen, die - wie sie sagen - »Dorothee niemals vergaß und niemals verzieh«.

Wer kann von ihnen in mein Inneres schauen, wer weiß, wie ich heute zu meinem Gott und zu dieser Mißhandlung durch die Hand meines Gatten stehe?

Ich aber weiß, daß ich vergeben muß, weil es der Herr verlangt. »Siebenzig mal sieben mal.« Aber es ist bitter schwer, solch eine Schmach zu vergessen, und heute noch träume ich zuweilen nachts davon und fahre, in Schweiß gebadet, in die Höhe.

Ich erinnere mich nicht, was dieser Grobian danach tat. Ich weiß nur, daß ich machtlos, fast ohnmächtig an der Wand lehnte, daß ich die glatte kühle Seide, womit sie bekleidet ist, fühlte, an die ich beide heiße Hände gelegt hatte.

Dann aber raffte ich mich jäh auf, blickte mich wie irr um und erkannte die Tür, rannte darauf los. Zwei angstbebende Lakaien öffneten sie vor mir. Ich lief an der Fassade entlang zu dem Marstall, rief einem Stallknecht oder Kutscher, irgendeinem der dort herumstehenden Bedienten zu, umgehend eine Karosse fertig zur Abfahrt zu machen. Ich stürzte hinein, die brave von dem Knesebeck kam atemlos angelaufen, riß den Schlag noch mal auf, warf mir einen Mantel über meine festliche Pracht, und dann ging es, immer von mir, der Zitternden, Bebenden angespornt, in rasendem Tempo nach Celle.

Dort mußte ich von dem zu Tode erschrockenen Hofmarschall erfahren, daß die Eltern die schöne Sommerzeit in dem lieblichen Lustschlößchen Bruchhausen genossen in der von ihnen so geliebten Zweisamkeit ganz ohne aufwendigen Hofstaat, nur mit der allernötigsten Begleitung. Ich verriet dem alten Herrn nicht, worüber ich so maßlos aufgeregt war. Weiter ging die Fahrt nach Bruchhausen. Schweißtriefend hielten die Pferde vor dem Eingangstor. Der diensthabende Kammerherr nahm mich mit einem entsetzten Blick auf mein verzerrtes Gesicht und meine seltsame Kleidung erschreckt in Empfang. Es war mittlerweile Nacht geworden.

Ein stiller Mond schimmerte durch die hohen Bäume, die das Schlößchen dicht umgeben, und der öffnende Diener sah nur undeutlich beim Schein des Kandelabers, den er trug, was den Kammerherrn am Tor schon im Mondenschein in Erregung versetzt hatte.

»Zu meinen Eltern! Zu meinen Eltern!« stieß ich nur noch mit letzter Kraftanstrengung hervor.

Zum Glück waren die beiden noch auf, während meine liebe Mutter ansonsten in Anbetracht des vorgerückten Alters meines Vaters sehr auf Ruhe und frühes Zubettgehen Wert legte, womit er mit seinem immer noch recht lebhaften Temperament nicht immer einverstanden war. Seit er mit seinem geliebten Bruder wieder so ein Herz und eine Seele war, hörte er nicht mehr allezeit wie einst auf die behutsamen Ratschläge seiner Gattin, und er zeigte ihr auch nicht mehr die gleiche Zärtlichkeit. Doch beides mochte auch von seinem Alter bedingt sein, tröstete sie sich.

Sie saßen noch behaglich miteinander an dem kleinen runden Tisch. Er hatte ein Gläschen Portwein, den er sehr schätzte, vor sich stehen. Sie hielt eine kleine Häkelarbeit in ihren schönen Händen.

Erschreckt fuhren sie auf, als ich so unbeherrscht zu ihnen hineinstürmte. Ehe sie noch fragen konnten, stürzte ich vor ihnen auf die Knie, blickte verzweifelt zu ihnen auf und flehte:

»Laßt mich bei euch bleiben! Schickt mich nicht wieder nach Herrenhausen zurück! Georg Ludwig hat mich vor der ganzen Hofgesellschaft, vor dem Kurprinzen von Brandenburg und seiner Gemahlin geschlagen. Ich will nicht länger von ihm mißhandelt, erniedrigt werden. Ich will frei von ihm werden. Ich will geschieden werden.«

Meine Mutter schaute mich entsetzt an, dann aber wendete sie sich noch besorgter meinem Vater zu.

»Regt Euch nicht auf, Euer Liebden!« mahnte sie und legte ihre Hand zärtlich auf seine Rechte, die er aufgestützt zur Faust geballt hatte, als wollte er auf den Tisch – oder gar auch auf mich schlagen.

Ich mußte wiederum erkennen, daß sie mehr liebende Gattin als liebende Mutter war. Die Sorge um ihn war größer als die um ihr einziges Kind.

Er hatte wirklich einen beängstigend geröteten Kopf.

»Ich mich nicht aufregen!« würgte er hervor und stand auf, hielt sich an der Tischkante fest.

»Empört bin ich!« keuchte er. »Zur Ordnung muß man diese junge Frau rufen! Gereizt wird sie ihn haben! Es ist schon mehr Ehemännern die Hand ausgerutscht. Es gibt viele Fürstenehen, die nicht so glücklich sind wie die unsere. Aber eine wahre Fürstin hält aus und eine wahre Christin auch. Sieh dir deine Mutter als Vorbild an!«

Er vermochte in seinem Zorn, der ihn mir wiederum in seiner Welfenart so nahe brachte, nicht weiterzusprechen.

Ich wandte mich der Mutter zu. Fand ich denn bei ihr keine Hilfe? Sie war nicht so empört über mich wie mein Vater, aber Trost, einen zärtlichen Beistand, wie ich erhofft hatte, hatte sie auch nicht für mich.

Sie ermahnte mich sanft, aber doch energisch. Sie wies - ganz nach ihrer bibelfesten Hugenottenart - auf die Worte der Heiligen Schrift hin, daß die Frauen ihren Männern untertan sein sollen, daß sie Geduld und Ergebung üben müßten. Sie führte aus dem 13. Kapitel des 1. Korintherbriefes an, daß die Liebe alles erduldet, das Böse nicht anrechnet.

Hatte es denn je Liebe zwischen mir und diesem Wüstling Georg Ludwig gegeben? Als meine einst so liebevolle Mutter merkte, daß ich durch Bibelworte nicht ansprechbar war, behandelte sie mich strenger, warf mir böswilliges Verlassen, Pflichtvergessenheit, Mangel an Selbstbeherrschung vor. Sie klagte – nicht über mein unglückliches Leben, mein Leid. Nein, sie klagte sich selber an, aber auch nicht, daß sie dieses Leid, diese unglückliche Ehe mitverschuldet hatte. Nein, sie warf sich vor, daß sie mich zu sehr verwöhnt, nicht härter angefaßt hätte.

Und dabei hatte sie immer wieder einen fragenden, ängstlichen Blick zur Seite ihres Gemahls, als suchte sie bei ihm Anerkennung für ihre Selbstvorwürfe und als wollte sie ihn damit beschwichtigen und ihn vor einem erneuten Wutanfall bewahren.

Ich war nicht so leicht »zur Ordnung zu rufen«, wie es mein Herr Vater bei seinen Soldaten erwarten konnte, aber nicht bei seiner eigenen Tochter.

Ich gab nicht nach. »Ich will geschieden werden!« schrie ich empört. »Ich will die Scheidung!« wiederholte ich immer wieder aufs neue mit heftigem Ungestüm.

»Und die zehntausend Taler, die ich für die Ehre zahlen mußte, daß du den Erbprinzen heiraten durftest?« brauste der Herzog Georg Wilhelm, der doch mein geliebter und liebender Vater war, auf. »Soll ich diese riesige Summe von meinem teuren Bruder zurückverlangen? Nein, das ist ausgeschlossen! Und willst du hier bei uns als mißachtete geschiedene Frau ohne Mitgift dein Leben führen, bis du als bettelarme Waise dankbar sein mußt, wenn dich irgendein Stift aufnimmt?«

Ich bestand starr darauf, daß ich nicht wieder nach Hannover zurück wollte.

Mein Vater überschüttete mich mit solch einer Schimpfkanonade, daß ich weinend meinen Kopf in meiner Mutter Schoß barg. Sie versuchte uns beide zu besänftigen. Ich gebe zu, daß sie in einer verzweifelten Lage zwischen zwei so ungestümen, wilden, starrsinnigen Welfenköpfen war.

Sie versuchte es auf andere mildere Weise, während sie beruhigend immer wieder – nicht über meinen Kopf, sondern über seine geballte Faust streichelte und ihn sanft auf seinen Sessel zurückdrückte.

Sie erinnerte mich an meine Kinder, denen gegenüber ich Pflichten hätte! bei denen ich Trost schöpfen könnte. Pflichten gegen meine Kinder! Sie waren mir ja gleich nach ihrer Geburt abgenommen, fremden Händen übergeben worden. Sollten die kurzen Stunden oder Viertelstunden, in denen ich mit ihnen vereint sein durfte, Trost für einen ganzen Tag, eine Nacht schenken?

Ach, es wurde noch so viel hin und her geredet, zornige, ärgerliche, sanfte, begütigende, jammernde, anklagende Worte.

Schließlich war ich zu erschöpft, um noch weiter erfolglos zu flehen, zu widersprechen. Zu gar nichts war ich mehr fähig. Es war mir, als hätte ich an diesem Abend auch meine Eltern verloren. Ich ließ mich, ohne auch nur noch eine Silbe auf alle Vorhaltungen, die mir im Guten und Bösen gemacht worden waren, zu erwidern, ohne Besserung zu geloben, ohne Versprechungen zu geben, von der treuen von dem Knesebeck mehr getragen als geleitet, zu meiner Karosse zurückbringen.

Sie hielt meine bebende Hand während der Rückfahrt. Wir sprachen beide nicht, aber ich fühlte an ihrem warmen Händedruck ihr Verständnis. Der einzige Mensch, der mir in jener Nacht geblieben war!

Ermattet, zerbrochen an Leib und Seele kehrte ich in der vor neugierigen Augen schützenden, bergenden Dunkelheit in das Herrenhauser Schloß und meine Gemächer zurück.

Ich kann heute und in den nächsten Tagen nicht mehr weiterschreiben. So sehr hat mich dieser Bericht aufgeregt, obwohl so viele Jahre seither verstrichen sind, seit der Geschichte von der »klassischen Ohrfeige«.

Die stolze Kurprinzessin

Als ich am Morgen nach diesem furchtbaren Abend aufwachte – hatte ich überhaupt geschlafen oder war ich nur vor Erschöpfung ohnmächtig, bewußtlos gewesen? –, da wollte ich nicht aufstehen. Ich war nicht nur von meinem Mann geschlagen worden, was ich natürlich nicht vergessen konnte und vielleicht auch – wie das englische Volk annimmt – nie vergessen, wenn auch um Christi willen vergeben kann. Ich war auch an allen Gliedern – von der rasenden Fahrt, von all den Aufregungen – wie zerschlagen. Ich wollte liegen bleiben, mich in meine Kissen vergraben, die seidenen Vorhänge um mein breites Bett zugezogen lassen und mich vor aller Welt verbergen.

Doch meine kluge von dem Knesebeck riet mir dringend und unabweisbar, mich zusammenzunehmen und mich nicht derart unsichtbar zu machen und abzusondern, wenn es mir auch noch so schwerfiele, mich unter den Menschen zu zeigen. Man könnte es sonst als Trotz auslegen, für den mich mein Schwiegervater, der meinen Vater jetzt auf seiner Seite wußte und den ich derart beleidigt hatte, unerbittlich strafen würde. Das hätte ich bei seinem eigenen Sohn Maximilian und dessen unglücklichen Freund miterlebt. Da war Ernst August wahrlich kein Gentleman gewesen.

Wenn ich mich hingegen als krank entschuldigen ließe, wäre es sogar möglich, daß man mich als geisteskrank bezeichnete, was nach der Szene, die ich am Vortage gemacht hätte, wohl anzunehmen und gut zu begründen wäre. Das brächte mir völlige andauernde Absonderung, die ich doch wahrscheinlich nicht erstrebte.

»Oh, die Scheidung!« stieß ich aufgeregt hervor. »Das wünsche ich ja!«

»Scheidung?« wiederholte die liebe Freundin, die mir mehr als nur Hofdame und Gesellschafterin bedeutete. »Ich glaube nicht, daß Georg Ludwig bei seinem ausschweifenden Leben auf Scheidung bedacht ist. Es sind Kinder da. Die Erbfolge ist gesichert. Mehr ist nicht erforderlich. Ohne Ehefesseln kann er noch ungebundener seinen sinnlichen Vergnügungen nachgehen. Wäre er jedoch geschieden, dann wäre er als Fürst zu einer neuen Eheschließung verpflichtet. Läßt er sich von einer gemütskranken oder gar irrsinnigen Gemahlin nicht scheiden, so wird ihm das am Ende noch als Edelmut und Treue angerechnet, sofern man sein Lotterleben nicht kennt.«

Sie konnte sich erlauben, so wenig respektvoll vor mir, seiner Gattin, zu reden. Sie hatte all meine Demütigungen miterlebt und wußte, daß ich sie als einzige Vertraute betrachtete und schätzte.

Ich folgte auch diesmal wie so oft ihren verständigen Ratschlägen. Wie eine steife Puppe, zum Teil mit geschlossenen Augen, ließ ich mich für die Mittagstafel ankleiden.

Als meine Toilette beendet war und ich in den Spiegel sah, erschrak ich vor meinem Anblick.

»So können Eure Liebden nicht gehen«, sagte auch die Kammerfrau, die mich bedient hatte. »Wir müssen etwas Rouge (Rot) auf Ihre Wangen legen, die Lippen anmalen, die blauen Schatten unter den Augen überpudern.« Das war bei meinen frischen Farben bisher nicht nötig gewesen. Ich bedurfte nicht wie die ältliche und in Schanden und Unzucht abgelebte Gräfin Platen der verjüngenden Schminkkünste.

Ich weigerte mich auch diesmal, mich damit herrichten zu lassen. Mochten sie doch alle wissen, alle, die an diesem Ausbruch meines Zornes und Unglücks anwesend und zum größten Teil auch schuldig daran gewesen waren, wie ich gelitten hatte und noch litt. Ich brauchte nichts zu verbergen. Sie hatten mit angesehen, wie mich dieser brutale Mensch, der eher ein Unmensch geheißen werden mußte, geschlagen hatte, mich, eine Welfentochter, eine aus dem gleichen stolzen Geschlecht wie er, mich, seine Gemahlin, die Mutter seiner Kinder.

Totenblaß, innerlich noch aufgewühlt und bebend, aber aufrecht betrat ich den Saal, setzte mich an meinen gewohnten, mir zustehenden Platz. Würde mich nach der Schmach, dem Spott, mit dem ich ihn überschüttet hatte, der Chef des Hauses, der Kurfürst, davon verweisen, an das unterste Ende der Tafel verbannen oder gar nicht mehr an der Mahlzeit teilnehmen lassen, nicht mehr im Saal dulden?

Man hat später, als die furchtbare Katastrophe über mich und den einzigen Menschen, der mir wirklich helfen wollte, hereinbrach, dem hannoverschen Hof, der davon schwer belastet wurde, wenigstens eine gewisse Größe zuerkannt, die sich in strengem Stillschweigen allen Fragen und Angriffen gegenüber erwies.

Dieses hannoversche Stillschweigen erfuhr ich schon in dieser Stunde. Noch nicht einmal der Lakai, der vor mir die Tür des Saales aufstieß, zuckte mit der Wimper, als er mir öffnete, oder ließ es an Ehrerbietung mangeln. Nun, solche am Hof geschulten Diener sind es gewohnt, ein undurchdringliches Gesicht bei allen, auch den aufregendsten Anlässen zu wahren.

Doch auch die Anwesenden, die Angehörigen des Hofstaates, die hohen Verwandten verzogen keine Miene, als sie meiner ansichtig wurden. Es war, als wäre nichts, aber auch gar nichts vorgefallen, und ich wartete auch nach dem Mahl und dem Aufbruch der meisten Teilnehmer vergebens darauf, daß mich der Kurfürst zur Rechenschaft zöge.

Es wurde einfach totgeschwiegen, was sich ereignet hatte. War die philosophische Ruhe der kalten Sophie auf alle übergegangen? War der Befehl erlassen worden, an diesem strikten Stillschweigen, das ich nach kurzer Zeit wieder erfahren sollte, unbedingt festzuhalten?

Wie eine Wand umgab mich dieses Stillschweigen, mochte es nun verächtlich, feindlich oder mitleidig sein. Mir war es gleichgültig. Ich hatte nicht die Absicht, dagegen anzurennen, mir den Kopf daran wund zu stoßen. Es war mir sogar recht, daß man mich so völlig in Ruhe ließ.

Doch auf die Dauer gelang es mir nicht, so gleichgültig, so apathisch zu bleiben.

Das war doch kein Leben, nein, das war kein Leben für eine junge Frau wie mich!

Wie sollte ich es aber ändern? Es hatte gar keinen Zweck, mich mit meinem Gatten auszusöhnen. Er wünschte das so wenig wie ich. Er vergnügte sich weiter mit seinen Mätressen, wozu dann und wann vielleicht für eine Woche oder nur eine einzige Nacht eine andere neue hinzukam. Das war meiner Frauenwürde ins Gesicht geschlagen. Einen Ehebrecher, einen, der täglich die Ehe aufs neue brach, konnte ich nicht mehr als meinen Ehemann anerkennen.

Ich fuhr noch einmal zu meinen Eltern, diesmal nicht als Weinende, jammervoll Flehende. Nein, ich trat meinem Vater als Fordernde entgegen. Ich verlangte mein Recht, diesen Ehebrecher verlassen zu dürfen. Doch mein ehemals so liebevoller Vater blieb unerbittlich. Er nahm mich gar nicht mehr ernst in meiner berechtigten Empörung. Er regte sich noch nicht einmal über meine Entrüstung auf. Er wagte sogar mich auszulachen.

»Larifari!« antwortete er mir. »Wenn alle Fürstinnen, deren Gemahl eine Liebschaft hat, sich scheiden lassen wollten, wäre die Welt bald voll geschiedener Hoheiten. Es gibt mehr und höher stehende Prinzessinnen auf Erden, die sich über die Untreue ihrer Ehegesponse beklagen könnten. Denke nur an die berühmte Liselotte von der Pfalz, deren Herzog von Orléans man den Titel ›Meister der Schlechtigkeit‹ gegeben hat! Hat die nicht ihren Humor und ihren Gemahl behalten? Es liegt an dir selber, wenn deine Ehe nicht in ruhigen Bahnen läuft.«

Als meine Mutter dazukam und sich besorgt erkundigte, was ich zu klagen hätte, warum ich solch aufgeregten Eindruck machte, beruhigte nicht sie ihn, sondern diesmal er sie und erklärte ihr:

»Du kennst doch unsere Kleine mit ihrem Temperament und ihrer lebhaften Phantasie. Sie bauscht eine kleine Meinungsverschiedenheit in ihrer Ehe zu einer Staatsaktion auf. Hilf du ihr nicht auch noch und bestärke sie nicht in ihrer Unvernunft. Ist ja nur eine Lappalie, worüber sie solch einen Buhei macht.«

Ich ging, ohne meine Mutter zu umarmen, hinaus. Ich wußte, daß ich bei ihr auch kein Verständnis mehr finden, mich bei ihr ausweinen könnte. Und wenn sie mich verstand, würde sie doch auf der Seite ihres geliebten Gatten bleiben.

Als ich von Celle enttäuscht zurückkehrte, hatte am nächsten Morgen mein Schwiegervater zum erstenmal wieder sein bekanntes Augenzwinkern für mich. Da erkannte ich, daß auch er meine Forderung nach meinem Recht, nach meiner Ehescheidung nicht ernst nahm, daß er mir meinen Wutanfall gar nicht so hoch anrechnete. Ich erfuhr bald danach von meiner treuen Freundin von dem Knesebeck, daß er seine Witzchen über das kleine reizende Kätzchen machte, das ab und zu seine Krallen zeigen und wild spielen müßte, ein gar temperamentvolles Kätzchen, dem man auf die Dauer nicht zürnen, sondern sich nur darüber amüsieren könnte.

Ich war tief gekränkt. Doch es blieb mir gar nichts anderes übrig, als dies traurige Leben weiterzuführen, mit Haltung und ohne die im verborgenen geweinten und ungeweinten Tränen die Außenwelt merken zu lassen. War ich schon nahe daran, meiner Schwiegermutter, der kalten unnahbaren Sophie nachzueifern? Ob sie auch so wie ich empfunden hatte? Ob sie auch heute noch ihr wahres Seelenleben verbarg und gar nicht so gefühllos war, wie sie erschien? Sie hatte gewiß auch gelitten, als mein Vater, der ihre echte große Liebe gewesen war, sie so leichtfertig aufgab. Sie hatte gelitten, als sie gewahr wurde, daß ihr Gemahl, von ihrer Gefühlskälte ihm gegenüber abgestoßen, sich Mätressen, feile Geliebte zulegte. Sie, die stolze Königstochter und Königsenkelin, litt gewiß auch jetzt noch, wenn sie mit ansehen mußte, wie gerade diese berüchtigte, schlecht beleumdete Gräfin Platen ihren Gatten beherrschte.

Ich begann, meine Schwiegermutter, die mit ihrem Leid in die Philosophie geflüchtet war, zu verstehen. Ich hätte sie sogar geliebt, wenn sie nicht so abweisend gegen mich gewesen wäre. Ich begann, ihr wieder mit Hochachtung, sogar mit Verehrung entgegenzukommen, aber sie hielt anscheinend mein Benehmen ihr gegenüber nur für einen scheinheiligen Versuch, bei ihr und durch sie bei den andern wieder in Gnaden angenommen zu werden, und so stieß sie meinen zaghaften Versuch, sich ihr zu nähern, scharf zurück.

Wie sollte ich weiterleben? Diese Frage stellte ich mir und der von dem Knesebeck jeden Tag.

Wie Sophie die Philosophie, und wäre sie auch die des berühmten Leibniz, als Deckmantel meines verletzten Herzens zu nehmen, das lag mir nicht. Wäre es nicht am nächstliegenden gewesen, mich in die Arme meines Herrn zu flüchten, der gesagt hat: »Kommet her zu mir alle, die ihr mühselig und beladen seid!« Doch ich war fern von ihm. Ich flüchtete mich nicht zu ihm. Ich war in meiner Ehe enttäuscht worden.

Doch die größere Enttäuschung hatten mir meine Eltern bereitet, und die allergrößte meine Mutter. Sie, die mich gelehrt hatte, zum Heiland zu beten, mich zu ihm hingeführt hatte, sie, die mir so viele Sprüche aus der Heiligen Schrift mitgegeben hatte, sie, die fromme Hugenottin, die mir das Vorbild einer Christin gewesen war, sie hatte mich im Stich gelassen.

Ich hatte gar nicht von ihr erwartet, daß sie mit mir in Zorn und Abscheu meinen Gatten verurteilen würde, daß sie mich in meiner Empörung bestärkt hätte. Wenn sie mich nur in die Arme geschlossen, mich getröstet und – mit mir gebetet hätte. Und wie konnte sie den Ehebruch, den wiederholten, täglich wiederholten Ehebruch meines Gemahls dulden, am Ende gar gut heißen! Wie konnte sie verlangen, daß ich bei ihm ausharrte, am Ende gar genau so sittenlos wurde, wie sie fast allesamt am Hof zu Hannover waren? Sie hatte das gewußt. Sie hatte auch die Bibelstelle gekannt: »Ziehet nicht am fremden Joch mit den Ungläubigen.« Aber sie hatte ihr einziges Kind ausgeliefert, hergegeben, geopfert wie Abraham den einzigen Sohn. Nein, Abraham hatte seinen Isaak Gott opfern wollen, auf des Herrn Geheiß, und sie hatte mich Satan geopfert!

So dachte ich damals enttäuscht, verbittert. Wie kann ein Christ andere von ihrem Glauben abbringen! Müßte uns das nicht immer eine Warnung sein?

Doch so weit habe ich darüber in jener Zeit nicht nachgesonnen. Ich wußte nur: ich konnte nach diesem Erleben nicht mehr glauben, nicht mehr beten.

Ich wurde nicht so sittenlos schlecht wie meine Umgebung. So weit ließ es der Herr, der mich, sein verlorenes Schäflein, immer noch mit Hirtentreue liebte, nicht kommen. Aber ich suchte nicht Zuflucht bei ihm. Als echte Welfentochter wählte ich als schützenden Schild, als Waffe meinen Stolz. Ich war versteint, erstarrt in Stolz, ich war nicht mehr die liebliche, reizende Kurprinzessin. Ich war die stolze Kurprinzessin geworden.

Ohne Liebe

Es war wieder Frühling geworden, und ich hatte in meinem armseligen Leben, das nach außen hin so glanzvoll erscheinen mochte, wenigstens die Freude, daß der Hof aus dem Leineschloß in der Stadt ausgezogen war und wieder in dem entzückend schönen Herrenhausen weilte und ich mich an den unvergleichlichen Gärten erlaben konnte. Welche Blütenpracht, welche Wolken von süßem Duft! Wie stiegen die herrlichen Fontänen hoch in die Himmelsbläue hinauf! Wie gleißten die weißen Marmorleiber all der Kunstwerke hier und dort, weiter und näher von den gepflegten Wegen, wie funkelten die vergoldeten Skulpturen!

Während die meisten Bewohner des Schlosses die Mittagsruhe in ihren Schlaf- oder Wohngemächern genossen, machte ich, nur von der von dem Knesebeck verständnisvoll schweigend begleitet, einen Spaziergang durch diese herzbewegende Frühlingspracht.

Ja, all diese Schönheit, dieses Blühen und Duften, das Vogeljubilieren bewegte wirklich mein Herz. Doch es wurde nicht fröhlich darüber. Meine Stimmung entsprach nicht all den Frühlingsliedern, die ich einst mit meiner Mutter im Celler Park geträllert hatte:

»Quand tout renaît à l'espérance . . .« war mein beliebtestes gewesen. »Wenn alles wieder zur Hoffnung erwacht . . .«

Bei mir war keine Hoffnung erwacht und würde kaum noch irgendwann erwachen. Wie lange noch, wie lange sollte ich dies Leben weiterführen, in Konzerten, auf Bällen, auf Festlichkeiten als stolze Kurprinzessin die Maske einer glücklichen Frau tragen, als einziges wirkliches Vergnügen solch einen Spaziergang durch den Herrenhauser Park genießen in der Zeit, wenn sich nicht der Strom der lachenden, scherzenden Hofgesellschaft darin ergoß und ihn mit ödem Geschwätz belebte?

»Der Mai macht nicht glücklich«, sagte ich zu der getreuen Gesellschafterin meines trübseligen Daseins, »der Mai macht traurig, sehnsuchtsvoll, und nie wird dieses Sehnen gestillt. Ich bin wie ein Singvogel, den man der Freiheit beraubt und in einen Käfig, einen goldenen Käfig gesperrt hat. Mich wundert nur, daß er in solch einer Gefangenschaft noch singen kann. Ich vermöchte es nicht.

Doch vielleicht sind meine Lieder auch Lieder der Sehnsucht! Sehnsucht nach der verlorenen Freiheit, Sehnsucht nach der Liebe, wonach er darbt wie ich?«

Ich brach plötzlich in Tränen aus. Tränen über mein trostloses Geschick!

Die getreue von dem Knesebeck faßte – wie bei so manchem Anlaß – beruhigend nach meiner Hand.

»Contenance, Eure Liebden«, mahnte sie. »Es treten einige aus dem Schloß. Man darf Eure Liebden nicht weinend antreffen, und die schönen Augen müssen heute abend strahlen, wenn die kleine Komödie, die unsere Frau Kurfürstin selber verfaßt hat, auf dem Gartentheater dargeboten wird, die erste Aufführung, die wir dort erleben werden. Freut Eure Liebden sich denn nicht auf dies Schauspiel?«

Ich schüttelte ärgerlich den Kopf. Was die Frau Herzogin derart liebte, das mochte ich erst recht nicht. Ich mußte zugeben, daß es kindisch von mir war. Diese Gartenanlagen, die vor allem meiner Schwiegermutter zuzuschreiben waren, verrieten feinsinnigen Geschmack. Ihre Liebe zu diesem Park ging so weit, daß sie ihre Wohnräume in die Galerie verlegt hatte, wo sie sich ihrem Werk am meisten verbunden fühlte.

»Le jardin de Herrenhausen, c'est ma vie«, hatte sie einmal geäußert. (Der Garten von Herrenhausen ist mein Leben.)

War er für sie ein Ersatz für alles, was auch ihr das wahre Leben vorenthalten hatte? War sie im Grunde nicht auch bedauernswert? Doch man konnte nicht von mir verlangen, daß ich für eine Frau, die mich derart mit ihren Gehässigkeiten quälte, Mitleid hegte. Ich tat ihr noch nicht einmal den Gefallen oder war ihr zu Gefallen, daß ich wie die andern über dieses neu angelegte Gartentheater in Entzücken geriet, das die Hofgesellschaft laut und lebhaft äußerte. Es war mir bewußt, daß es eine gelungene Schöpfung baumeisterlicher und gärtnerischer Kunst war. Büsche und Baumreihen waren dafür gepflanzt worden, an deren Südabschluß sich die Terrassen erhoben. Buchenhecken bildeten Kulissen und Umkleideräume für die Schauspieler! Vergoldete Bleifiguren, die zu beiden Seiten blinkten, waren aus Holland beschafft worden, Nachbildungen klassischer Bildwerke, die mich an mein geliebtes Italien erinnerten. Das Amphitheater für die Zuschauer schmückten reizende Putten aus Sandstein.

Wie war mir auf einmal wieder die Kunst des sonnigen Südens so nahe! Meine Tränen versiegten nicht, als ich daran dachte. Sie flossen noch heftiger.

»Ich kann jetzt nicht zurück ins Schloß«, schluchzte ich. »Wir wollen in den Königsbusch hinter die Hecken gehen und uns dort verbergen, bis ich mich beruhigt habe!«

Aber auch dort, wo die Statuen meines Schwiegervaters und seiner Gemahlin mir entgegenleuchteten, fand ich keinen Trost. Wie lebendig und naturgetreu wirkte die Plastik meiner Schwiegermutter. Wie stolz und hochmütig, wie überlegen und von sich selber überzeugt. Die Haare in Locken hoch aufgetürmt, den schönen Mund in den Winkeln herabgezogen, stand sie auf ihrem Podest, die »hohe Sophie«.

»Fort von hier!« befahl ich meiner geduldigen Begleiterin. »Ich mag sie nicht sehen. So ist sie auch als Mensch von Fleisch und Blut gefühllos, aus Stein!«

Ich bin jetzt nach Jahren überzeugt, daß ich ihr in mancher Beziehung unrecht tat. Sie hat gelitten wie ich, und sie war weiter als ich. Das fühlte ich sogar damals, wenn ich von Ferne erblickte, wie sie mit dem von ihr so verehrten Philosophen Leibniz langsam durch den Park wandelte. Gewiß war die Unterhaltung, die sie mit diesem weisen und lebensklugen Mann führte, kein leeres Geschwätz, wie es am Hof Brauch war, wahrscheinlich erholte sie sich in diesen Gesprächen von all den Kleinlichkeiten, die sie täglich reizten und die sie – wie ihr Mund auf dem Standbild so recht zeigte – im Grunde ihrer Seele so verachtete.

Dieser große Mann und dieser wundervolle Garten, das war ihr wohl ein kleiner Ausgleich für all das, was ihr das Leben vorenthalten hatte und was sie schweigend verkraftete in unbeugsamem Stolz.

Ich verstehe allerdings immer noch nicht, daß ihre Verbindung mit Leibniz, der solch duldsame, beinahe fröhliche Philosophie lehrte, sie nicht auch dahin führte, mich armes Geschöpf, mich, die ich mich am Hof von Celle auch geistvoll erwiesen hatte, gelten zu lassen, als mich weiter zu erziehen, mit mir mütterlich meine Probleme zu besprechen, mich zu sich heraufzuziehen. Ich wäre ihr eine dankbare Tochter gewesen. Doch alle Philosophie führt nicht zur Liebe, wie ich gestern wieder im Korintherbrief las: »Wenn ich mit Menschen- und mit Engelzungen redete und hätte der Liebe nicht . . . Und wenn ich weissagen könnte und wüßte alle Geheimnisse und alle Erkenntnis . . . und hätte der Liebe nicht . . .«

Die hohe Sophie hatte keine Liebe, ich hatte auch keine Liebe. Ob wir uns beide danach sehnten, weil wir ohne Liebe nichts sind?

». . . und hätte der Liebe nicht . . .«

Der Helfer ist gekommen

Ich werde diesen Tag nie vergessen. Es war ein milder Maienabend. Der Park von Herrenhausen erschien im Glanz der scheidenden Sonne wie märchenhaft verzaubert, und schon leuchtete es durch die Äste der Bäume, die die Allee zu dem Gartentheater hin säumten, dunkelrot, und der Vollmond stieg hinter ihnen höher und höher wie eine riesige Kugel auf.

Es war gut, daß es warm, wärmer als gewöhnlich in dieser Jahreszeit war. Sonst hätten sich wahrscheinlich eine Reihe der Damen mit allzu gewagtem Dekolleté (Ausschnitt) bös erkältet.

Wir, das heißt die Hofgesellschaft samt aus der Stadt und Umgebung geladenen vornehmen Gästen, saßen wartend vor der erleuchteten Bühne. Der letzte sehnsüchtige Gesang der Amsel war gerade vor der Serenade verstummt, die das Orchester zum Beginn der Vorführung angestimmt hatte. Danach begann das kleine Schauspiel. Ich ließ die Worte, die von der geistvollen Kurfürstin Sophie gedichtet worden waren, an mir vorübergleiten. Es war ja alles so langweilig, alles um mich. Da war eine glänzende Gesellschaft versammelt, die die Augen eines Außenstehenden wohl entzücken könnte. Und was steckte hinter dieser bestechenden Fassade? Klatsch, Feindseligkeit, Intrige, und wie es an kleinen Höfen Brauch ist, wußte jeder von jedem alles und noch mehr, und einer beneidete oder verspottete insgeheim den andern. Ich fühlte mich sehr einsam und verlassen.

Da schreckte mich aus meinen trüben Gedanken ein fester federnder Schritt auf, der mir irgendwie bekannt erschien. Wer langte da so unbekümmert zu spät an? Ich blickte zur Seite, wo sich der Neuangekommene nun einen Platz suchte. In der ungewissen Beleuchtung, die sich aus letzten Sonnenstrahlen, dem Mondenschein und den flackernden auf die Bühne gerichteten Windlichtern zusammensetzte, tauchte ein hochgewachsener Mann, schlank, aber mit breiten Schultern, ein zurückgeworfener Kopf so herrisch, selbstbewußt, als wäre er hier der regierende Fürst, schmale energische Lippen, um die ein leises spöttisches und siegessicheres Lächeln spielte, eine gerade Nase – die Augen konnte ich nicht in der Dämmerung erkennen, aber die hohe Stirn, die Locken, die sie umspielten . . . Philipp von Königsmarck! Nein, es war unmöglich! Es war eine Phantasiegestalt, die mir meine sehnsüchtigen Gedanken aus meiner Kindheit vorgezaubert hatten. Schon war er verschwunden, irgendwo untergetaucht. Ich griff zu meinem Herzen! Oh, meine glückliche Vergangenheit war so lebendig geworden.

Langsam rannen mir Tränen die Wangen herab.

Die sonst so unnahbare Sophie, an deren Seite ich saß, beugte sich zu mir hinab.

»Ist es Eurer Liebden nicht gut? Sie können nun nicht verschwinden. Es gäbe zu großen Eklat (Aufsehen)!« sagte sie leise.

»Ich bin nicht krank«, flüsterte ich schwach. »Es geht gleich vorüber. Ich bin nur so bewegt.«

Sie lächelte so gnädig, wie ich es noch nie bei ihr erlebt hatte. Sie nahm anscheinend an, daß ihre hochtrabenden Verse, die dort auf der Bühne deklamiert wurden, mich so überwältigt hatten. Ich will nicht spotten. Sie war eine Frau von hohen Geistesgaben. Es mag sein, daß dieses von ihr verfaßte Stück in der Tat sehr gehaltvoll und wertvoll war. Ich hatte ja nicht hingehört.

»Es endet trotz aller Traurigkeit doch gut!« tröstete sie sogar. Ich atmete auf.

»Ach ja, wenn es gut endet!« seufzte ich und trocknete meine Tränen, bemühte mich, wieder gefaßt zu sein, »Contenance« zu behalten. –

Eine Stunde später waren wir in Anbetracht der einsetzenden nächtlichen Kühle wieder im Leineschloß versammelt. Die Kurfürstin unterhielt sich gelöst und strahlend, wie man sie kaum kannte, mit ihrem Seelenfreund Leibniz, der zu ihrer großen Freude zu Besuch in Hannover weilte und mit ihr oft lange Spaziergänge in den von ihr angelegten neuen Gärten in Herrenhausen machte, wobei sicher derart philosophische Gedanken ausgetauscht wurden, daß wir gewöhnlichen Sterblichen dabei gar nicht mitgekommen wären.

Im Nebensaal führte ihr Gemahl, der Kurfürst, ein ebenso angeregtes, aber bestimmt nicht philosophisches Gespräch mit dem Fremden, der mir den breiten Rücken zukehrte und der von der nicht weit von ihm entfernt sitzenden Gräfin Platen mit brennenden Blikken geradezu verschlungen wurde. Hatte diese Frau, die in ihrem Leben so viele Liebesverhältnisse gehabt hatte und jetzt den Kurfürsten und damit den ganzen Hof beherrschte, noch nicht genug Eroberungen gemacht? War ihr Ernst August zu alt geworden? Doch sie würde nie auf die Macht verzichten, die sie durch ihn besaß.

An meiner Seite hielt sich ihr Gemahl, der dem Kurfürsten zuliebe nur auf dem Papier dem Namen nach ihr Gemahl geworden war, der Oberhofmeister von Platen, auf. Er hatte nichts von dem Charme, aber auch nichts von der Bosheit seiner formellen Gattin, und ich mochte den gutmütigen Mann ganz gern.

»Wer ist der Fremde dort?« erkundigte ich mich bei ihm. Diese Frage war durchaus nicht ungewöhnlich und auffallend, denn in diesem verhältnismäßig kleinen Kreis fiel ja jeder Neuankömmling auf.

»Es ist ein Graf von Königsmarck, aus altem hochangesehenen und reich begütertem Geschlecht«, gab er bereitwillig Auskunft. »Schon der Urgroßvater hat ungeheure Schätze als schwedischer Feldmarschall angesammelt, ebenso wie Großvater, Onkel und in kleinerem Maße der Vater, der schwedischer Statthalter in Stade war.

Ein groß Teil des Vermögens soll zwar dahin sein und auch der Landbesitz in Schweden verringert, dadurch daß König Karl XI. die Krongüter, die seine Vorgänger verschenkt hatten, wieder eingezogen hat. Aber es ist noch allerlei geblieben. Wie lange noch? Den Königsmarcks rinnt das Geld so durch die Hände. Auch dieser Letzte des ruhmreichen Stammes weiß es zu verschwenden. Er entstammt der brandenburgischen Linie des Geschlechts, ist als Lebemann, als Herzensbrecher auf fast allen Höfen bekannt, treibt fürstlichen Aufwand.

Aber nicht daß ich über ihn lästern will. Bei diesem glänzenden Äußeren ist die Versuchung groß. Man muß ihn auch darum achten, daß er, ebenso wie sein früh gestorbener Bruder, dem mächtigen König Ludwig XIV. von Frankreich auf dessen großzügiges Angebot, in seinem Heer Feldmarschall zu werden, allerdings unter der Bedingung, daß er zum katholischen Glauben überträte, geantwortet hat, es wäre der Gnade und der Dienste Seiner Majestät unwürdig, wenn er als Protestant solche Untreue gegen seinen Gott bewiese.

Nun, er hat trotzdem seinen Weg gemacht oder gerade darum. Er hat in vielen Schlachten gegen die Türken sich ausgezeichnet, war Obrist im hannoverschen Dienst und hat jetzt von seinem Waffengefährten, dem jungen König August dem Starken von Sachsen, ein Generalspatent in der Tasche. Er ist nur noch hierhin gekommen, um unseren Hoheiten eine Abschiedsreverenz zu machen, gewiß auch, um an diesem lebenslustigen Hof noch einige amüsante Abenteuer zu erleben, die ihn in Dresden noch zahlreicher erwarten werden, an diesem noch üppigeren Hof. Das nächste Mal treffen wir ihn dann vielleicht als Feldmarschall hier wieder an. Doch wer weiß, wohin ihn sein Weg noch führt! Diese Königsmarck haben Erobererblut und Abenteurerblut in den Adern.«

Der alte Herr, der über so umfassendes Wissen über sämtliche Höfe verfügte, machte mir eine Verbeugung und folgte einem herrischen Wink seiner Frau Gemahlin, der er jetzt sicher dieselbe Auskunft wiederholen mußte.

Ich blickte zu Christoph von Königsmarck hinüber. Er hatte sich während seiner Unterredung mit dem Kurfürsten halb umgewandt. Nun wurde er meiner gewahr. Seine Augen strahlten in dem ihnen eigenen, Herzen verwirrenden Glanz auf, während sein Mund weiterhin ernst blieb. Aber – ohne daß es der Kurfürst, dessen Ausführungen er anscheinend höchst interessiert lauschte, oder die in weiterer Entfernung Stehenden es merkten, formten seine Lippen unhörbar ein einziges Wort: »Louche!«

»Kleine Louche« hatte er mich vor Jahren geneckt.

Und da geschah es, die Frau Kurprinzessin konnte keine »Contenance« mehr bewahren. Sie wankte, wurde noch rechtzeitig, um ein »Eklat« zu verhindern, von einem herzuspringenden Kammerherrn aufgefangen und von der ebenso rasch zur Stelle eilenden Hofdame von dem Knesebeck vorsichtig hinausgeleitet.

Die wenigen, die etwas bemerkt hatten, mutmaßten, ob die Frau Kurprinzessin wohl wieder guter Hoffnung wäre. Mein Gatte hätte sie aufklären können, daß dies nicht möglich war.

Oder war ich wirklich wieder guter Hoffnung? Guter Hoffnung ganz anderer Art? Ich ließ mich entkleiden. Der Hofmedikus wurde gerufen. Ich wurde aber glücklicherweise von dem so sehr und bei jedem Leiden üblichen Aderlaß verschont, da der kluge Mann annahm, daß es nur eine durch diese schwüle Maienluft verursachte Schwäche wäre, die er durch einen solchen Eingriff nur noch vergrößern würde. Es wurde mir ein Glas mit irgendeiner dunkelbraunen Flüssigkeit gereicht. War es Medizin? War es von dem bei dem Herrn Schwiegervater wie bei meinem Vater so beliebten, zur Herzstärkung verordneten Portwein?

Ich schluckte gehorsam. Bald danach, während meine gute von dem Knesebeck bei mir am Bett noch eine Weile sitzen blieb, schlief ich ein.

»Louche!« flüsterte ich halb im Traum vor mich hin. Sie beugte sich über mich.

»Haben Eure Liebden Durst?« erkundigte sie sich besorgt.

Ich lächelte.

»Soll ich nach Wein schellen?«

»O nein, nein! Keinen Wein!« wehrte ich ab.

»Wasser?« forschte sie.

»O nein, nein!« flüsterte ich. »Am Ende wird alles gut, hat die Frau Kurfürstin gesagt. Der Helfer ist da.« Die letzten Worte gingen in ein unverständliches Gemurmel über. Die liebe Freundin hätte es auch sowieso nicht verstanden, ihren Sinn nicht erfaßt.

Ich schlief völlig ein. Ich atmete so ruhig, daß sie sich erleichtert zurückzog. Sie wollte ab und zu in der Nacht noch nach mir sehen. Der Helfer war gekommen!

Ich war so getröstet und schlief so ruhig wie ein Kind. Ach, ich wußte nichts mehr von dem Einen oder dachte nicht mehr an den, der allein mein Helfer sein konnte und es mir jetzt endlich in der Einsamkeit meiner Gefangenschaft geworden ist.

Erst langsam, hier in dem düstren Schloß Ahlden, habe ich unter Schmerzen und Tränen gelernt, was es heißt und bedeutet: »Es ist gut auf den Herrn vertrauen und nicht sich verlassen auf Menschen.«

Lockende Freiheit

Ich erwachte wie ein Kind am Ostermorgen. Die Sonne blinkte durch einen Spalt der noch zugezogenen Vorhänge. Es würde gewiß ein schöner Tag, und die Hauptsache war, es galt nicht Ostereier zu suchen. Christoph kam.

Auf Anordnung des Herrn Hofmedikus sollte die Frau Kurprinzessin einige Tage der Ruhe pflegen. Das paßte ausgezeichnet. Die umsichtige von dem Knesebeck hatte die Dienerschaft angewiesen, mich in keiner Weise zu stören und nur auf ihre ausdrückliche Anordnung bei mir zu erscheinen. Die Frau Kurprinzessin mußte Ruhe haben. Und dabei war ich so unruhig, unruhig vor Erwartung und vor Glück. Es war keinem der hohen Herrschaften eingefallen, wegen meines anscheinend leidenden Zustandes auch zu verbieten, daß ich Besuch empfinge und daß der Herr Obrist Graf Königsmarck der Frau Kurprinzessin nach vorheriger Anfrage seine Reverenz machte. Die von dem Knesebeck würde schon aufpassen, daß kein anderer meine Gemächer betrat.

Als Christoph endlich vor mir stand, blühend, in stolzer Männlichkeit, unternehmungslustig, da fiel ich ihm mit einem Aufschrei um den Hals und weinte – weinte, daß die gute von dem Knesebeck verstört – wie so oft mahnte: »Contenance! Contenance!«

»Ach was, meine Gnädigste«, winkte Königsmarck ab, »lassen Sie sie sich alles Leid von der Seele weinen. Alles, was so lange vor lauter höfischer Contenance aufgespeichert war. Das wird ihr guttun, wird sie erleichtern. Das weiß ich noch von früher, wenn sie mal gefallen war oder anderes kleines Herzeleid hatte.«

Er klopfte mir sacht beruhigend auf den Rücken, strich mir über die Locken, führte mich zu einem Sessel.

»Ich weiß ja, ich weiß ja alles, kleine Louche«, sagte er. »Du brauchst es mir gar nicht zu erzählen, aber wenn es dir hilft, so rede, rede, was dir gerade einfällt. Hier sitzt dein guter alter Freund und hört dir geduldig und teilnehmend zu.«

Ich konnte vor Schluchzen kein Wort herausbringen.

Er hatte sich in einen Sessel vor mich gesetzt und nickte verständnisvoll. »Ich habe ein frisches, blühendes, lachendes, übermütiges junges Mädchen im fröhlichen Park von Celle in Erinnerung und finde hier im stolzen Leineschloß eine verbitterte, verhärmte, unglückliche Frau. Mit einem Grobian, einem Wüstling hat man dich verkuppelt und dann einfach im Stich gelassen.«

»Wenn es das allein wäre!« klagte ich. »Aber man mißachtet mich, verspottet mich als unebenbürtig. Zwei große Feindinnen habe ich gegen mich, und gerade sie sind die mächtigsten Damen hier am Hof, die ich sehr fürchte und gegen die du auch nichts ausrichten kannst!«

»Das werden wir ja sehen!« lachte er überlegen. »Im übrigen ist die erste, die höchste dieser Damen keine direkte Gefahr für dich. Die Kurfürstin ist dir nicht wohlgesonnen. Doch sie ist auch nicht so unedel, so niedriger Gesinnung, daß sie dir irgendein Leid zufügen würde. Schlimmer ist diese Gräfin Platen, der ich alles Böse zutraue.«

»Kennst du sie denn?« fragte ich erstaunt.

»Und ob ich sie kenne«, erwiderte er. »Ich lernte sie schon kennen, als ihr Vater, der Baron und Falschspieler Philipp von Meysenbug, mit seinen bildschönen Töchtern durch die Lande vazierte, um sie irgendwo trotz ihrer Verschuldung gut unterzubringen. Bildschön, ja, das waren sie, das muß ich schon zugeben, und diese älteste, die Klara Elisabeth, war unbestritten die Schönste, hatte die geistvolleren Züge, das lebhaftere Temperament. Nun, an der blieb dann der Bischof von Osnabrück und jetzige Kurfürst hängen oder sie an ihm, und der gute Platen eroberte seine gute Stellung bei Hofe, als er ihr seinen Namen gab. Die zweite wurde dann von ihr deinem werten Gemahl angedreht, und als er sich nach Wechsel sehnte, wie es wohl seine Art ist, da war die dritte aus der feinen Familie dran. Diese zweite war dem Adjutanten des Erbprinzen, einem Herrn von dem Bussche, als Gattin auf dem Papier zugewiesen worden. Die dritte, die hübsche Melusine Ehrengard von der Schulenburg, eine arme Verwandte der Meysenbugs, hat den Herrn Kurprinzen wohl bis jetzt noch verzaubert, wenn man diesen sinnlichen Mann überhaupt zu verzaubern braucht, um ihn auf derartig schmutzige Weise zu erobern.

»Oh, hör auf!« flehte ich. »In welchen Sumpf bin ich geraten!«

»Ich werde dich aus diesem Sumpf herausretten«, versprach Christoph. »Wir werden darüber noch beraten! Vorläufig hast du von der Platen nichts zu befürchten. Ihr Mann, dieser gute Graf, hat merkwürdigerweise doch etwas Einfluß auf sie und würde nicht zulassen, wenn sie wirklich Unheil gegen dich sänne und auch ausführte.«

Christoph von Königsmarck durfte seinen ersten Besuch nicht allzu lange ausdehnen. Wir mußten Sorge tragen, keinen Verdacht zu erwecken. Aber auch in dem Schloß in der Stadt, dem Schloß an der Leine, wohin wir einer Regenperiode wegen übergesiedelt waren, standen wie in dem Sommerschloß nirgends Wachen vor den Türen. Christoph hatte nicht nötig, heimlich und auf Schleichwegen zu mir zu gelangen. Alle Gänge, alle Verbindungstüren zu dem Flügel, den ich bewohnte, waren Tag und Nacht für jeden Zutritt frei. So konnten wir uns denn täglich oder besser noch spät abends oder nach den Festlichkeiten zu vorgerückter Stunde in meinen Gemächern treffen und in Gegenwart der treuen von dem Knesebeck beraten, wie mir zu helfen wäre, wie ich endlich die so ersehnte Freiheit erlangen könnte.

»Unser Wahlspruch heißt: Ein Königsmarck kämpft und siegt!« versicherte mir Christoph. Doch wir wußten nicht genau, wie sich diese Befreiung vollziehen sollte, und er ahnte nicht, daß es zu einem Kampf mit der blanken Waffe kommen würde und – ein Königsmarck nicht immer siegt.

»Hör mal, kleine Louche«, sagte er eines Abends, »die Platen ist doch gefährlicher, als ich dachte. Sie hat es jetzt sogar auf mich abgesehen und schämte sich nicht, mich dadurch fester an sich zu binden, indem sie mir ihre älteste vierzehnjährige Tochter zur Ehe anbot. Ich habe sie strahlend angelacht und geantwortet, mit 24 Jahren wäre ich Obrist gewesen, mit 30 jetzt General. Ich wäre wie alle Königsmarck ein unruhiges Blut, das sich auf allen Schlachtfeldern wie auf allen Höfen herumtriebe, und ich würde erst in den Ehestand treten, wenn ich als vierzigjähriger Feldmarschall wäre. Vielleicht wäre dann die Tochter Ihrer Gnaden auch gerade im rechten heiratsfähigen Alter. Siehst, kleine Louche, man muß mit Vorsicht parieren. Doch du bist so unvernünftig, wie du als Kind warst. Du strahlst mich bei Hof an, daß sie, die schlaue Katze, es sofort merkt, daß irgend etwas zwischen uns ist, und ich ihr darauf von unserer Kindheitsfreundschaft, nur Kindheitsfreundschaft, vertraulich erzählen mußte. Hoffentlich ist ihr Verdacht dadurch gelöscht. Es paßt mir übrigens gar nicht, daß dieser kleine schwarze Lümmel, ihr Negerlein, seit einigen Tagen dauernd hier auf den Fluren deiner Gemächer anzutreffen ist. Ich habe ihn gefragt, was er hier will, worauf er sehr verlegen herumstotterte und so tat, als verstände er weder Deutsch noch Französisch. Zuerst wollte ich ihm eine Backpfeife geben. Doch das hätte seine gnädige Herrin wieder in ihrem Argwohn bestärkt.«

»Ich werde besser aufpassen und ihn hinausweisen, wenn er sich hier herumtreibt, wo er nichts verloren hat«, versprach meine treue Freundin. »Ich fürchte, er ist von der Gräfin als Spion angestellt.«

»Das nehme ich leider auch an«, stimmte Christoph bei. »Doch wovon ich ganz abgekommen bin, ich wollte dieser kleinen Louche eine Strafpredigt halten! Sie hat die Gräfin auch gereizt. Das wurde mir jetzt berichtet. Einmal hat sie in Italien einen Streit mit ihr gehabt und sie als Dienstpersonal gescholten.«

»Aber sie fing an«, verteidigte ich mich wie ein Kind, »sie hat auf meine Unebenbürtigkeit angespielt.«

»Dann ist leider noch etwas, was sie auf Touren gebracht hat«, fuhr Christoph fort. »Man hat der hohen Dame hinterbracht und dadurch ihren Haß auf den Gipfelpunkt gesteigert, daß der Franzosenkönig Ludwig XIV. diese Liselotte von der Pfalz, seine Frau Schwägerin also, die Herzogin von Orléans, bei einem Mahl vor der ganzen Tafelrunde gefragt habe, ob es wahr sei, daß die Kurprinzessin Sophie Dorothea von ihrem Mann verlangt habe, man solle die Gräfin Platen, die sie in der Sache des Prinzen Maximilian angeklagt hätte, mit Schimpf und Schande vom Hofe jagen.«

»Meinen Mann habe ich bestimmt nicht dazu aufgefordert«, entgegnete ich. »Der hätte gar keine Macht dazu. Immerhin mag ich etwas Ähnliches geäußert haben, als ich wegen Hochverrat mich verteidigen mußte, weil sie ein Briefchen von mir vorgewiesen hatte, in dem ich den Prinzen mit ›Mon ami‹ angeredet hatte.«

»Gib acht! Gib acht, daß man dir nicht auch kurzerhand den Kopf vor die Füße legt wie dem treuen Freunde Maximilians, dem Grafen Moltke«, warnte der meist so mitreißend lachende Christoph ernst. »Es ist höchste Zeit, daß du hier fort kommst, und wenn dir deine Eltern die Rückkehr nach Celle verweigern, so müssen wir eben auf dem Fluchtwege die Freiheit erobern!«

»Oh, eine Flucht, wie romantisch!« stimmte ich begeistert bei.

»Und wie gefährlich, du unverbesserlicher Kindskopf!« fuhr er ernst fort. »Wir sind nicht im Märchenland, und wenn man uns erwischt – und der Kurfürst hat schnelle Pferde –, so mag es uns beiden den Kopf kosten.«

»Bis Wolfenbüttel zu unseren Verwandten wäre nicht weit«, schlug ich vor.

»Die würden dich ausliefern, und wenn es hart auf hart ginge, könnte der Herzog dort nichts gegen Hannover ausrichten, vor allem, da dein Vater ja nicht für dich, seine Tochter, sondern für die Interessen seines geliebten Bruders streiten würde. Es müßte schon ein mächtigerer Beschützer sein.«

Er überlegte. »Mit Sachsen würde der Herr Kurfürst nicht so leicht anbinden, aber ich kann dich nicht einfach mit in die Kutsche setzen und dich sogleich mit nach Sachsen nehmen. So weit kämen wir auch gar nicht, ohne von den schnellen Hannoveraner Pferden eingeholt zu werden, selbst wenn uns mein alter Waffenfreund und neuer Herr großmütig und wahrscheinlich sogar lachend aufnähme.«

Es war einer der letzten Tage, bevor Christophs Dienst bei dem Kurfürsten von Hannover beendet war und er sich Anfang Juli auf die Reise nach Dresden machen würde.

Ich blickte recht trübselig drein. Doch Christoph faßte mich unter dem Kinn, hob meinen Kopf und ermutigte mich: »Wir werden noch einen Weg finden!«

Und plötzlich fiel mir etwas ein. Oh, daß ich nicht eher daran gedacht hatte! Als meine Schwiegermutter und damalige Tante, die Herzogin und jetzige Kurfürstin Sophie, so sehr gehässig gegen meine Mutter und mich eingestellt war, hatte mein guter Vater gefürchtet, daß nach seinem Tode uns beiden, Mutter wie Kind, von ihr Gefahr drohe, und den meiner Mutter so wohl gesonnenen König Ludwig XIV. um Beistand gebeten. Meine Mutter wäre wohl noch imstande gewesen, für sich einzustehen, würde den Verwandten auch keine Gefahr für dies große Erbe bedeuten, das ihnen von meinem Vater versprochen war, aber für sein Kind hatte er Schutz gesucht.

Nun erinnerte ich mich daran, daß ich ja eine im Namen König Ludwigs XIV. ausgefertigte Urkunde besitze, die mich naturalisierte, also zur Französin erklärte, und zum Aufenthalt in Frankreich berechtigte.

»Du dummes Kind!« schalt Christoph zärtlich. »Warum bist du so schusselig wie vor zwanzig Jahren geblieben? Warum denkst du jetzt erst daran. Nun sind wir aus allem heraus und brauchen uns den Kopf nicht mehr zu zerbrechen. Diese Urkunde bedeutet deine Befreiung. Ich werde sofort nach meiner Ankunft mit August von Sachsen darüber reden, und er wird sich mit König Ludwig in deinem Namen in Verbindung setzen, daß der mächtige König von Frankreich die Rückkehr in dein Vaterland Frankreich verlangt.«

Wir lachten alle drei befreit auf.

»Nun muß ich aber schnell verschwinden, kleine Französin!« scherzte Christoph, »und wenn ich den kleinen Schwarzen wieder in einen Winkel verkrochen hier vor der Tür treffe, nehme ich ihn mit als Geschenk für August von Sachsen. Negerlein als Diener sind zu Hofe große Mode. In drei Tagen geht es fort von hier! Übermorgen mache ich der Frau Kurprinzessin meinen Abschiedsbesuch. Jetzt kann ich es dir ruhig sagen und brauche es nicht mehr verschweigen, daß wir scheiden müssen. Es macht gewiß keinen großen Kummer mehr. Bald bist du in der Freiheit.«

Ach, wie glücklich und wie erwartungsfroh war ich an diesem Abend, obwohl mich der baldige Abschied von dem guten Freund, der mich so aufgemuntert hatte, etwas traurig stimmte. Doch wenige Wochen danach winkte ja die Freiheit, und wer weiß, ob dann nicht doch noch das große echte Glück käme! Ich wagte gar nicht weiter auszudenken, was ich mir darunter vorstellte.

Der folgende Morgen brachte schon einen Abschied, aber einen recht unerfreulichen, wenn ich auch bisher immer froh gewesen war, wenn mein Gatte Georg Ludwig verreiste.

Er wollte seiner Schwester Sophie Charlotte am Hof von Berlin einen Gegenbesuch abstatten. Ohne mich, was natürlich gleich ein schlechtes Licht auf unsere Ehe, aber vor allem auf ihn werfen würde.

Vor der Abfahrt erschien der Flegel, ohne sich anzumelden, ohne anzuklopfen in meinem Schlafgemach, woraus ich ihn entrüstet verwies, da ich noch zu Bett lag.

»Ach die spröde tugendhafte Gemahlin«, höhnte er. »Hast dich wohl mit einem andern getröstet!«

»Wenn ich dich als Vorbild genommen hätte, so hätte ich mich schon mit hundert andern getröstet, du Ehebrecher!« rief ich ihm zu.

Er näherte sich mir wütend.

»Willst du dich wieder an mir vergreifen, mich ohrfeigen?« schrie ich empört. »Schlag doch zu, du verderbter Mensch!«

Er schaute tückisch auf mich herab, wandte sich dann zur Tür und rief mir im Hinausgehen zu:

»Es hat keinen Sinn mehr, daß wir uns vor andern noch Zwang auferlegen. Nach meiner Rückkehr werde ich an den Vater Eurer Liebden schreiben und fordern, daß man unsere Ehe trennt!«

Ich weinte hellauf. Die gute von dem Knesebeck kam entsetzt herbeigelaufen. Ich blickte mit Tränen und doch freudestrahlend zu ihr auf.

»Nun ist alles, alles gut. Wir brauchen keinen König von Frankreich mehr. Wir haben seine Hilfe nicht mehr nötig. Georg Ludwig selber verlangt die Ehescheidung«, berichtete ich ihr.

Gleich nach dem Frühstück ließ ich meine Karosse anspannen und fuhr zu meinen Eltern, um ihnen diese Freudenbotschaft zu übermitteln. Ich traf sie wieder in Bruchhausen, in dem kleinen Lustschlößchen mitten im Walde. Und wieder war mein Vater empört. Wieder warf er mir vor, welch große finanzielle Opfer er für meine Eheschließung gebracht hätte. Er blieb unerbittlich. Niemals würde er einer Ehescheidung zustimmen.

Wieder kehrte ich weinend nach Hannover zurück. Doch solch verzweifelte Tränen waren es nicht mehr. Ich war eigentlich nur darum so betrübt, daß mich meine Eltern, auch meine geliebte Mutter, so im Stich ließen.

Nun blieb mir nur noch der mir so treu ergebene Christoph von Königsmarck. Mit seiner Hilfe würde ich die Freiheit gewinnen. Wiederum dachte ich an keinen andern Helfer, nicht an den, der unser Geschick in seinen Händen hält.

Vor mir lag die Freiheit, die Freiheit! Die wundervolle lockende Freiheit!

Was wußte ich damals von »der herrlichen Freiheit der Kinder Gottes«? Ich mußte eine Gefangene werden, um die wahre Freiheit zu erlangen.

SOPHIE DOROTHEA *(1666–1726),*
Kurprinzessin von Hannover, »Prinzessin von Ahlden«, mit ihren Kindern, dem späteren König Georg II. von England und der späteren Königin Sophie Dorothea von Preußen, der Mutter Friedrichs des Großen. Gemalt um 1691

PHILIPP CHRISTOPH GRAF VON KÖNIGS-MARCK (um 1662-1694)

SOPHIE (1630–1714) Kurfürstin von Hannover

HANNOVER–HERRENHAUSEN
Galeriegebäude mit einem Teil des Orangengartens

Hauptgebäude

SCHLOSS AHLDEN

Im Vordergrund die Alte Leine

Eingang mit Herzog Christians Wapp

Spurlos verschwunden

Ich konnte mich lange nicht entschließen, etwas von dem furchtbarsten Erlebnis meines elenden Daseins niederzuschreiben. Als ich so weit war, habe ich die Feder aus der Hand gelegt und wochen-, monatelang nicht mehr angerührt.

Die Heide war grün, und die Rosen blühten auf den Beeten, die der gute Landdrost Haxthausen auf den eingeebneten Wällen hatte anlegen lassen, bescheidene Rosen, die es mit denen, die ich einst im Park von Celle und später in Herrenhausen mit ihrem Duft und ihrer Farbenpracht genossen habe, nicht aufnehmen konnten. Dann erglühte die Heide selber in ihrem rosaleuchtenden Prunkgewand. Die Ginsterbüsche leuchteten wie Gold, und die Heidelerchen trillerten, bis alles wieder in traurigem Dunkelbraun verdorrte und sich schließlich das große weiße Laken über die weiten Flächen legte, der Schnee, der alles, alles zudeckt, nur nicht das Leid eines Menschenherzens. Und wieder ist die Heide grün, und wieder blühen bescheidene Rosen auf den Wällen, und wieder jährt sich der unglückselige 1. Juli, oder war es schon der 2. Juli, als all meine Hoffnung, all meine Lebensfreude zerbrach?

Am 30. Juni hatte Christoph Graf von Königsmarck offiziellen Abschied von der Frau Kurprinzessin genommen, der gemäß der Etikette am hellen Vormittag stattfand und nicht lange Zeit in Anspruch nahm.

Es war mir schmerzlich gewesen, daß mich dieser treue Freund verließ, aber die Betrübnis über sein Scheiden würde gelindert durch die Hoffnung, daß mit seiner Abreise auch zugleich der erste Schritt für meine Befreiung getan wurde.

Ich war erstaunt, als er am Samstag abend zu später Stunde noch einmal erschien.

Natürlich freute ich mich, daß es ihn noch mal zu mir hingezogen hatte, aber ich war noch erstaunter, als er mir lächelnd verriet, daß er sich freute, daß ich derart in Liebe an ihn gedacht hätte, daß ich ihn dringlich durch ein kleines Billett, das ihm ein Lakai sehr geheimnisvoll zugestellt hätte, noch einmal zu einer intimeren Abschiedsstunde zu so vorgerückter Zeit in das alte Leineschloß, wohin der Hof nach der Abreise meines Gemahls und meiner Schwiegermutter, der Kurfürstin, wegen kühler Witterung oder irgend mir

»Mir darfst du es schon sagen«, drängte ich. »Was hast du gemacht?«

»Ich – ich? Gar nichts! Gar nichts!« stotterte der Kleine angstvoll. »Nicht Zunge ab! Habe nur Kandelaber getragen, geleuchtet als Frau Gräfin zum Herrn Kurfürsten geeilt ist, wie gerast, hat ihn geweckt, war sehr böse darüber, der alte Herr. Hat sich geweigert, ihr vier Hatschiere abzuordnen. Dann sie geschrien: ›Habe noch andere Freunde, wahre Kavaliere.‹ Dann die vier andern geholt.«

»Wen?« fragte ich und beugte mich tiefer zu dem Unglückswurm herab.

»Weiß nicht«, flüsterte er, »einer ein Italiener, anderer wohl auch, nein, nicht, hat nur italienische Frau, redete Italienisch, und die zwei andern hießen Eltz, Klenke oder so. Der Italiener hat den Grafen über den Kopf gehauen. Ich nicht, bestimmt nicht! Ich nur Kandelaber gehalten, und als der Herr Graf sie verflucht hat, da hat ihn die Frau Gräfin mit spitzem Absatz auf den Mund getreten, daß er still wurde. Mausitot, mausitot. Oh, nicht verraten! Nicht Zunge ab!«

Ich strich ihm mit letzter Kraft über den Krauskopf. »Ich verrate dich nicht!« versprach ich. »Verrate du dich nicht selber! Höre auf zu scheuern, sonst erwischt dich noch jemand dabei, und du bist erst recht verraten.«

Er huschte wie der Wind mit Eimer und Bürste davon.

Ich konnte nicht länger die Fassung bewahren. Ich wankte zurück in mein Schlafgemach, fiel meiner von dem Knesebeck in die Arme und schrie, schrie: »Er ist tot – tot! Oh, wo haben sie ihn hingeschleift. Auf den Mund, den geliebten stolzen Mund hat ihn die Bestie getreten!«

Und dann versank alles vor mir in Dunkelheit, während draußen die Sonne aufging. Ich wurde ohnmächtig.

Ich weiß nicht, wie die von dem Knesebeck mich bis in mein Bett gebracht hat. Eine Kammerfrau hat sie vorsichtigerweise nicht zu Hilfe geholt. Nun, sie entstammte einem alten kräftigen Geschlecht.

Als ich wieder zu mir kam, war es schon Nachmittag. Sie saß an meinem Bett. Ich mußte mich zuerst besinnen, was vorgefallen war. Sie schaute besorgt auf mich herab. Doch ich weinte nicht, ich schrie nicht. Ich war wie versteint.

Vorsichtig teilte sie mir mit, daß ein Kammerjunker in meinem Salon gewesen wäre und gemeldet hätte, daß die Frau Kurprinzessin samt ihrer Gesellschaftsdame nicht zur Tafel erwartet würde und in den nächsten Tagen die Mahlzeiten für sie in ihren Gemächern serviert würden. Er schien keine Ahnung zu haben, was vorgefallen war, und erlaubte sich, der Frau Kurprinzessin devotest gute Besserung zu wünschen. Der Herr Kurfürst hätte schon einen Kurier nach Celle gesandt, so daß es wohl um den Gesundheitszustand der hohen Dame bedenklich stände.

Die geschulte Hofdame hatte ebenso verbindlich für diese guten Wünsche und die Besorgnis des Herrn Junkers gedankt.

»Wir sind Gefangene, meine Liebe«, sagte ich auf diesen Bescheid hin. Ich lächelte sogar dazu. Es war ja alles so gleichgültig wie in einem Schauspiel der Frau Kurfürstin, nur daß es hier kein gutes Ende geben würde, wie sie mich getröstet hatte, als ich neben ihr im Gartentheater saß.

Christoph war tot!

War er wirklich tot?

Ich richtete mich auf und blickte meine alte Getreue an. »Ist er wirklich tot?« fragte ich. »Sag mir, ist er tot?«

Sie schwieg.

»So sprich doch!« herrschte ich sie an.

»Ich weiß es nicht, ob er tot oder nur verwundet ist«, antwortete sie bekümmert.

»Was ist dann aber mit ihm geschehen, wenn er verwundet ist?« forschte ich weiter.

»Ich weiß es nicht«, wiederholte sie. »Vielleicht wäre es dann besser für ihn, er wäre tot, als daß er sich lebend ergeben hätte.«

»In dic Hände dieser Megäre!« schrie ich auf. »Nein, lebend ergibt sich ein Königsmarck nicht.«

»Ich weiß es nicht«, antwortete die Gute zum drittenmal, und wenn ich sie heute nach so vielen, vielen Jahren fragen könnte, so würde sie dasselbe antworten müssen.

Kein Mensch weiß bis heute etwas von dem Schicksal des Grafen von Königsmarck, und die davon wissen, die schweigen, schweigen.

»Das einzige, was bei dieser peinlichen Angelegenheit von Hannover zu rühmen ist«, schrieb eine Fürstin, »das ist das undurchdringliche Schweigen, in das sich alle hüllen«, und der berühmte Engländer Carlyle meinte später dazu: »Anzuerkennen ist eine gewisse Größe der offiziellen Haltung, der Wohlanständigkeit und Verschwiegenheit seitens der hannoverschen Fürsten und der Hofbeamten, die mit großer Höflichkeit auf die fortgesetzten Fragen nach dem spurlosen Verschwinden des Grafen Königsmarck in jener Nacht zum 1. Juli, die niemals ganz zur Ruhe kommen sollten, tiefstes Stillschweigen bewahren. Eine befriedigende Erklärung über das spurlose Verschwinden des Grafen wurde niemals gegeben.« –

Ich lebte drei leere, in tiefes Schweigen gehüllte Tage. Ich wußte, daß vor dem Eingang zu meinen Gemächern nun Posten aufgestellt waren, die jeden Aus- wie Eingang verboten. Wir waren wirklich Gefangene.

Doch einer gelang es, bis zu mir zu dringen, ohne daß der Hof eine Ahnung davon hatte und ohne die mit hohen Summen bestochenen Wachen etwas davon verrieten. Ich war überrascht, als eines Morgens ungestüm die Tür meines Salons aufgestoßen wurde und vor mir eine Frau oder ein Fräulein stand von einer so blendenden Schönheit, wie ich noch keine gesehen hatte. Es konnte nach den Schilderungen Christophs nur seine von allen, die sie kannten, bewunderte älteste Schwester Aurora von Königsmarck sein, die nicht nur durch diese unübertreffbare Schönheit glänzte und unzählige Bewunderer zu Füßen hatte, wie sogar den Herzog Anton Ulrich von Braunschweig, den Herzog Friedrich Wilhelm von Mecklenburg-Schwerin. Sie war mit solchen Geistesgaben ausgestattet, daß ihre Opern sogar auf großen Bühnen wie die in Hamburg aufgeführt wurden und viele Kunstbeflissene aus nah und fern anlockten.

An einem Abend, als sie wieder rauschender Beifall nach dem Fallen des Vorhangs auf die Bühne gerufen hatte, als sie, von ihren Verehrern begleitet, strahlend nach Hause kam, hatte sie einen Brief von dem Sekretär ihres Bruders vorgefunden, der sie veranlaßt hatte, sogleich noch in derselben Nacht in die bereitstehende Kutsche zu steigen und nach Hannover zu fahren. Sie war eisern entschlossen, mit Hilfe des treuen Sekretärs das Los ihres Bruders aufzuklären, allen Fährten zu folgen. Es war ihr klar, daß er ermordet worden war, und von mir wollte sie nun Näheres erfahren, vor allem, wer Interesse an seinem Tode gehabt haben könnte. Sie hatte es sich zur Aufgabe gemacht, die Urheber dieses Verbrechens zu finden und zur Verantwortung zu ziehen. Ehe ich mich weiter mit ihr unterhalten, ehe ich ihr versichern konnte, daß auch ich ihr keine Auskunft zu geben vermag, wohl aber ahnte, wer die Mörderin, die Anstifterin gewesen war, wurde die Tür geöffnet, und ein Offizier forderte die Dame auf, umgehend die Frau Kurprinzessin zu verlassen, die keinen Besuch empfangen dürfte.

Aurora dankte ihm mit einem reizenden Lächeln für diese Auskunft und erklärte, sie hätte der Frau Kurprinzessin nur die gebührende Reverenz machen wollen, würde nun aber um Audienz bei dem Kurfürsten persönlich nachsuchen. Ich war überzeugt, daß sie damit keinen Erfolg haben würde.

Sie hat sich dann an einen noch mächtigeren Fürsten gewandt, der von ihren Reizen so geblendet, so beeindruckt war, daß er sie als seine mächtigste Geliebte erkor, daß er auf ihren Wunsch dem Herrn Kurfürsten von Hannover dringlichste Briefe schrieb und um Aufklärung forderte, wo sein Generaloberst Königsmarck verblieben wäre.

Vielleicht entsprach es der Wahrheit, wenn Ernst August antwortete, daß er nichts davon wüßte.

»Ich weiß es nicht! Ich weiß es nicht!« So antwortet ein jeder, den man über das Geschick Königsmarcks, meines treuesten Freundes, fragt. Man wird es nie erfahren. Es schwirren bis heute allerlei Gerüchte.

Es scheint nach mannigfachen späteren Nachforschungen festzustehen, daß auf Veranlassung der Gräfin Platen der Oberkammerjunker Klencke, der Hofmeister Eltz, der Kammerjunker Stubenvol und der italienische Graf Montalban dem Grafen Königsmarck aufgelauert haben und daß Montalban, der nach einem Wortwechsel seit langem einen persönlichen Haß auf Königsmarck hatte, den tödlichen Streich auf meines geliebten Freundes Haupt ausgeführt hat. Klencke und Eltz haben – wohl auch auf Betreiben der Platen – später hohe Stellungen im hannoverschen Staatsdienst erlangt, die beiden andern sind verschollen.

Wo nun die Leiche geblieben ist, das ist auch ein Rätsel. Die einen raunen, die Gräfin hätte sie einmauern lassen, andere, er hätte noch gelebt und wäre von ihr oder in ihrem Beisein gefoltert worden, die andern wiederum, sie hätte ihn eingemauert verhungern lassen. Ich zweifle alles das an, wenn ich ihr auch solche Grausamkeiten zutraue. Dagegen spricht, daß dazu doch gewisse Zurichtungen und Zeit nötig gewesen wären und dies alles nicht so unbemerkt hätte vor sich gehen können. Ob er aber – wie wieder eine andere Lesart ist – einfach in einem Sack in die Leine geworfen worden ist? Die Leine ist nicht so mächtig, daß sie diesen kräftigen Körper bis ins Meer getragen hätte, und nicht so tief, daß er nicht bald aufgefunden worden wäre. Noch unglaubwürdiger erscheint mir die Lesart, daß die Platen mit dem alten Kurfürsten den Toten unter den Dielen einer kleinen Kammer oder gar meines Ankleidekabinetts verborgen hätten. Und so gibt es noch mancherlei Berichte, die wahrscheinlich alle erdichtet sind. Ob die Platen wirklich nach langer ekelerregender Krankheit diesen Mord gebeichtet hat, wie auch erzählt wird?

Ich will einen Teil des Briefes des treuen und gewissenhaften Sekretärs Hildebrandt abschreiben, der mir sein Konzept durch Aurora in die Hände gespielt hat:

»Der Herr Graf ging nach Aussage seines Kammerdieners am Samstag abends (1. Juli) nach zehn Uhr ganz allein aus seiner Wohnung, ohne zurückzukehren... Was mir das Herz zerreißt, ist, daß ich in Ungewißheit über sein Schicksal ihn verlor. Ich weiß nicht, hat eine grausame und verräterische Hand geheim auf welsche Weise durch einige Dolchstiche ihn geraubt, oder welches bejammernswertes Los hat ihn getroffen? Sie dürfen auf meine Treue rechnen, auf strenge Gewissenhaftigkeit, welche ohne Eigennutz, gottesfürchtig nur auf Ehre und Redlichkeit sieht! Ein sächsischer General verliert sein Leben auf schreckliche Weise, vor der ich erbebe. Er verliert es mitten in einer Residenz, in vollem Frieden, an einem Ort, wo man ihn vor der Annahme der neuen Dienststelle beim Kurfürsten von Sachsen in Dresden trifft. Welche schwarze, schreckliche, grausame Schandtat! Der letzte Königsmarck fällt unter der Hand eines elenden Meuchelmörders, und aller Glanz eines erlauchten Hauses erlischt mit ihm. Wie notwendig ist es, eine so verabscheuenswerte Fährte zu verfolgen. Zögern Sie nicht, Ihre Stimme zu erheben, und treibt Sie nicht Ihr Inneres hierher zu eilen, um den Schleier zu lüften, unter welchem beispiellose Bosheit ihr Spiel treibt? Fordern Sie schleunigst Gerechtigkeit! Über eine Tatsache, die nicht unbestraft bleiben darf! Fordern Sie Ihren so plötzlich verschwundenen Bruder zurück!« –

Aurora von Königsmarck ist diesem noch viel ausführlicheren Brief umgehend gefolgt. Doch sie, die sonst alles erreichte, hinter der kurz danach sogar der mächtige August von Sachsen stand, erreichte mit all ihren Bemühungen nichts. Man weigerte sich in Hannover sogar, ihr eine Todesbescheinigung auszustellen, womit sie die Erbschaft der schwedischen Güter hätte antreten können.

Wo ist er geblieben? Wo ist der spurlos Verschwundene wenigstens zur letzten Ruhe gekommen?

Mag er, wie viele von ihm behaupten, ein Abenteurer, ein leichtsinniger Frauenheld gewesen sein, mich hat er nicht mit sinnlicher Begehrlichkeit geliebt. Mir war er treu und tapfer ergeben. Für mich ist er über alle Leichtfertigkeit hinausgewachsen. Für mich ist er gestorben.

Ich denke noch oft, oft an ihn, und auch nicht mehr mit sinnlicher Begierde, die vielleicht in jenen Tagen doch in mir geschlummert hat. Vielleicht, daß ich damals insgeheim hoffte, später mit ihm in Frankreich vereint ein neues Leben anfangen zu können. Jetzt weiß ich, daß er tot ist. Und nun ist nur eine Sorge um ihn noch in mir lebendig: wird ihn der Herr, der wieder mein Herr, mein Gott des Trostes geworden ist, in sein himmlisches Reich aufnehmen?

Er war kein streng gläubiger Christ, und wenn es heißt: ›Niemand hat größere Liebe denn die, daß er sein Leben läßt für seine Freunde‹, so galt ja seine Liebe nicht dem Herrn, sondern mir.

Ach, werde ich ihn einst vor des Herrn Thron wiedersehen? Ich ersehne das nicht meinetwegen, sondern seinetwegen.

Gott ist barmherziger als wir Menschen, und Jesus Christus starb auch für Christoph Graf von Königsmarck.

Wird er von ihm angenommen werden?

Auch hierauf muß ich antworten: Ich weiß es nicht. Ich weiß nicht, wo du geblieben bist und wo du in der Ewigkeit bleiben wirst, du spurlos Verschwundener! Ich weiß nur: wir alle, auch du, sind in Gottes Hand.

Das erste Verhör

In der Nacht war ein schweres Gewitter über das Land niedergegangen. Blitz auf Blitz, gefolgt von heftigen Donnerschlägen, hatten fast ununterbrochen mein Schlafgemach in bläulich-grünliches Licht getaucht, das auch die zugezogenen Vorhänge nicht völlig aufhalten konnten, und es schien, als erbebten die Mauern des festen Schlosses. Noch am Morgen tobte das Unwetter, wenn auch gemäßigter, weiter.

Es entsprach völlig meiner Stimmung. Meine Erstarrung hatte sich nach diesen ersten Tagen des stummen Entsetzens gelöst, mein wildes Temperament war aufs neue durchgebrochen. In mir rasten Sturm und Aufruhr.

Der einzige Mensch, der mich aus meinem unwürdigen, sinnlosen Dasein hätte erlösen wollen und können, der einzige, der die Unerträglichkeit meines gedemütigten Lebens in neues wahres Leben und Lieben verwandelt hätte, der einzige Freund, der zu mir hielt und mich befreien wollte, war tot, tot, ermordet worden. Und kein Rächer erstand, keiner sühnte diese Untat.

Mir war es willkommen, als mir gegen zehn Uhr, als ein eintöniger Regen das Unwetter draußen abgelöst und beendet hatte, ein Oberkammerjunker meldete, daß Ihre Hoheiten der Kurfürst Ernst August und der Herzog Georg Wilhelm in dem großen Salon meiner Gemächer auf mich warteten.

Ich trat, gefolgt von meiner getreuen Hofdame von dem Knesebeck, nicht gebeugt als demütige Sünderin zu den Herren, die mit einigen Begleitern meiner an dem langen Tisch harrten, ein.

Ach, ich wußte, daß ein Strafgericht, ein scharfes Verhör meiner wartete. Aber es war mir gerade recht so. Ich verlangte danach. Mit wenigen raschen Schritten war ich vor die mir ernst und düster Entgegenblickenden getreten. Mein Vater, mein Schwiegervater saßen in der Mitte der Reihe von ordengeschmückten Herren.

Es fiel mir trotz meiner Erregung, meines innerlichen Aufgewühltseins auf, wie alt die beiden Brüder aussahen. Das waren nicht mehr die strahlend frischen lebensfrohen »Dioskuren« von einst. Wo war all ihre Schönheit geblieben? Mein Schwiegervater kränkelte schon lange, wenn er es auch zu verbergen trachtete. Er sah an diesem

Morgen sehr erschlafft und matt aus. Mein fünf Jahre älterer Vater hatte zwar eine blühendere Gesichtsfarbe, die allerdings etwas zu gerötet schien, so daß man einen Schlagfluß befürchten konnte. Doch man erkannte unschwer die siebzig und mehr Jahre, die er auf seinen Schultern trug. Und wo war sein kavaliermäßiges Benehmen, seine Liebenswürdigkeit geblieben, die er früher stets gewahrt und die ich so an ihm geschätzt hatte? Ohne Beherrschung schrie er mir entgegen:

»Du Ehebrecherin! Schande bringst du auf unser angesehenes Geschlecht, unser fürstliches Haus!«

Doch ich bewies, daß ich seine Tochter war, ein Sproß dieses Welfengeschlechts, dessen Glieder mehr als eine Schandtat begangen, mehr als einen Flecken auf ihr berühmtes Wappen verursacht hatten!

»Ehebrecherin!« schrie ich ebenso wild zurück. »Wie kann ich eine Ehe noch brechen, die von meinem Gemahl schon hundert-, tausendmal gebrochen worden ist? Doch trotz aller Schande, die dieser Wüstling Tag für Tag auf dieses fürstliche Haus gebracht hat, das - wie jeder weiß - ein Haus der Sünde, ein Haus der Sittenlosigkeit ist, ich bin im Sinne meiner frommen Mutter erzogen, ich habe trotz allem die Ehe heilig gehalten.«

»Und Eurer Durchlaucht Liebschaft mit dem Grafen Königsmarck, wobei Eure Liebden auf frischer Tat ertappt worden sind?« fragte einer der Herren voller lauernder Bosheit.

»Wer hat mich ertappt?« forderte ich in flammender Empörung. »Meine Hofdame, die jeder Unterredung mit Königsmarck beigewohnt hat, meine Dienerschaft werden bezeugen, daß nur ein freundschaftliches Verhältnis, das sich auf unsere Bekanntschaft aus unserer gemeinsamen Jugendzeit gründete, bestanden hat. Ihr solltet lieber seine Mörder auf frischer Tat ertappt haben.« Und nun wurde ich zur Anklägerin, trat noch einen Schritt näher an den Tisch und schrie mit schriller Stimme: »Wer hat Königsmarck ermordet? Wohin hat man ihn verschleppt?«

Mit durchdringendem Blick harrte ich vor dem Kurfürsten der Antwort.

Er machte eine durchaus nicht herrische, sondern eher müde Handbewegung und sagte leise: »Ich weiß es nicht!«

Ich wandte mich dem neben ihm sitzenden Oberhofmeister Graf Platen zu, deutete mit ausgestreckter Hand auf ihn und rief: »Aber Sie, Sie, Herr Graf, Sie wissen es!«

Er schüttelte langsam den weißhaarigen Kopf und sagte mit ernster Stimme, die mir aber wirklich glaubhaft erschien, würdevoll: »Ich würde nie meine Hand dazugeben, einen Königsmarck zu verhaften oder gar töten zu lassen.«

»Töten entsprach nicht der Instruktion«, murmelte der Kurfürst vor sich hin, und er wirkte dabei wie geistesabwesend und geradezu greisenhaft.

»Aha!« lachte ich gellend, verzweifelt auf, »es gab also eine Instruktion, wohl eine, die von der Gräfin Platen ausging oder veranlaßt wurde, von ihr, die auch das gefälschte Billett schrieb und es von einem Lakai bei Königsmarck abgeben ließ. Warum forschen die Herren, die hier als meine Richter sitzen und die gewiß durch Königsmarcks Sekretär Hildebrandt bereits von diesem Billett, durch das sein Herr zu mir zu später Stunde bestellt wurde, wissen, nicht, wer dieser Lakai war? Der könnte ihnen Auskunft geben, wer ihn gesandt hatte. In der Nacht sollte Königsmarck zu mir kommen, was er auch meinem gefälschten Befehl gehorsam tat, und dann wohl mit mir in flagranti (auf frischer Tat) ertappt und verhaftet werden. Ein Königsmarck aber läßt nicht von solch ein paar Halunken, die sich in diesem ehrenwerten Hause zu einer Schandtat bereit gefunden haben, verhaften. Er kämpft, er wehrt sich, und es war gegen die Instruktionen, daß er dabei getötet oder schwer verwundet wurde. Wo habt Ihr ihn gelassen? Wie kann sich die Kurfürstliche Hoheit erkühnen, einen Mann umbringen zu lassen, der im hannoverschen Heer zwar in Dienst gestanden, in treuen Diensten gestanden hat, aber seit diesem 1. Juli, dem Mordtag, Untertan, General Seiner Kurfürstlichen Durchlaucht Augusts von Sachsen war? Hätten Sie ihn lebend gefangen, so wäre es nicht Eure Befugnis gewesen, ihn vor Gericht zu stellen, zu verurteilen«.

»Aber Eure Durchlaucht, die Kurprinzessin von Hannover«, fiel ein Alter mit einer Habichtsnase ein, den ich später noch als hämischen bösartigen Ministerpräsidenten kennenlernte.

»Ich fühle mich vor Menschen, die nicht meines Standes sind, durchaus nicht verantwortlich und brauche ihnen keine Rechenschaft zu geben«, antwortete ich stolz, hoch erhobenen Hauptes. »Euer Kurfürstlichen Hoheit wie meinem erlauchten Herrn Vater betone ich noch einmal, daß ich unschuldig bin. Sie mögen meine Hofdame wie meine Dienerschaft befragen.«

»Das werden wir auch!« versetzte der hämische Alte und winkte meiner treuen von dem Knesebeck berbei.

Sie bekräftigte meine Aussagen, erklärte, daß sie gerne beschwören wollte, daß sie jeder Zusammenkunft, die ich mit dem Grafen von Königsmarck gehabt hatte, beigewohnt und nichts, was gegen die Sitte verstoßen, bemerkt hätte.

»Sie wollten es nicht bemerken?« schrie mein Vater, dessen Gesicht noch geröteter war, ihr zornig zu. »Sie gemeine Kupplerin!«

»Mit der Folter werden wir es aus Euch herausbringen, was vorgefallen ist!« drohte nun auch der Kurfürst aufgebracht.

Die von dem Knesebeck richtete sich stolz auf. »Ich bin auch aus altem und starkem Geschlecht«, erwiderte sie hoch erhobenen Hauptes, »auch die Folter wird mir kein unwahres Geständnis entlokken.«

»Man wird sie beide noch mürbe machen!« höhnte der wohl gefährlichste der Beisitzer.

»Eine Ehebrecherin bist du!« brüllte mich mein Vater an.

»Ich nehme das Abendmahl darauf, daß ich keine Ehebrecherin bin«, antwortete ich, und bei diesen Worten kam eine seltsame Ruhe über mich, als fände ich nach langer Zeit die Verbindung zu der höheren Macht wieder. »Er, mein Gott, wird mich dann strafen, wenn ich die Unwahrheit gesagt habe.«

Die beiden Fürsten blickten einander fragend an.

Meine Dienerschaft wurde hereingeführt. Sie wurden nur kurz verhört. Weder Kammerfrauen noch Lakaien und andere Bedienstete sagten gegen mich aus.

»Ich verlange, das Abendmahl zu nehmen!« sagte ich mit fester Stimme, als sie das Gemach wieder verlassen hatten. »Gott der Herr soll der Zeuge meiner Unschuld sein, wenn der höchste Herrscher hier am hannoverschen Hof auch kaum als Zeuge gilt. Weiß ich doch von meiner Schwägerin Sophie Charlotte selber, daß bis zu ihrem 12. Lebensjahr nichts von Gott zu ihr gesprochen wurde. Doch ich glaube an ihn und verlange das Abendmahl.«

Die beiden Brüder tauschten einen Blick aus, nickten.

»Eurem Wunsch soll entsprochen werden!« sagte dann der Kurfürst.

Wir wurden mit ungnädiger Handbewegung des Kurfürsten, ohne irgendeine Äußerung meines vor Wut keuchenden Vaters, ohne devote Reverenz der Beisitzer entlassen.

Zwei Tage danach, als auch mein Gemahl Georg Ludwig durch Eilkurier zurückgerufen worden war, wurde meinem Wunsch entsprochen. In einem meiner Wohngemächer wurde das Abendmahl gehalten.

Ein Altar mit Kruzifix und Kerzen war aufgebaut worden Der Kurfürst, mein Vater und die Würdenträger des hannoverschen wie des Celler Hofes nahmen daran teil. Sogar der Abt von Loccum, der berühmte evangelische Geistliche Molanus, war dazu herbeordert worden.

Er hielt einen feierlichen Gottesdienst ab. Danach forderte er mich auf, meine Schuld reumütig zu bekennen, und ermahnte mich mit eindringlichen Worten, nicht die Wahrheit zu verheimlichen. Er redete mir streng ins Gewissen und hielt mir vor, daß ich mich durch einen falschen Eid der ewigen Verdammnis ausliefern würde. Ich erwiderte, daß andere diese Verdammnis zu gewärtigen hätten. Ich aber könnte getrost meine Unschuld beschwören.

Danach empfing ich von seinen Händen das heilige Abendmahl. Mir schien, daß sie alle von meiner Ruhe und meiner Gelassenheit sehr beeindruckt, ja erschüttert waren.

Der Kurfürst stand sogar auf, trat zu mir und forderte mich auf, mich mit meinem Gemahl zu versöhnen, alles sollte vergeben und vergessen sein. Ich erwiderte nichts. Schweigend wandte ich mich um. Ich hatte das bestimmte Gefühl, daß sie alle von meiner Schuldlosigkeit überzeugt waren. Der Name Königsmarck war bei dieser feierlichen Handlung mit keinem Wort erwähnt worden.

Getrost und vom heiligen Abendmahl wunderbar gestärkt, suchte ich mein Schlafzimmer auf und verharrte dort lange in stärkendem Gebet.

Wieder vergingen einige trostlose einsame Tage, die ich nur in Gesellschaft meiner treuen Eleonore von dem Knesebeck verbrachte. Außer ihr sah ich nur fremde Gesichter, Bediente, die uns die Mahlzeiten servierten.

Wahrscheinlich wußten die hohen Herrschaften noch gar nicht, was sie mit mir anfangen sollten. Man konnte die Kurprinzessin nicht dauernd im Leineschloß gefangenhalten. Das wäre der Bevölkerung, die schon unruhig geworden war, von der sich immer mehr neugierig vor unsern Mauern drängten und von den aufgestellten Wachen fortgewiesen wurden, zu sehr aufgefallen. Es hätte an allen Fürstenhöfen einen Skandal gegeben.

Meine so ersehnte Freiheit konnte man mir erst recht nicht gewähren. Der Skandal wäre noch größer geworden, wenn ich mich an den Hof des Wolfenbüttler Herzogs oder gar zu dem König von Sachsen begeben und dort von diesem Meuchelmord berichtet hätte. Allenthalben wurde schon davon gemunkelt.

Im Celler Schloß wollte mich mein Vater nicht mehr vor Augen sehen. Wohin also mit mir?

Das fragten sich nicht nur mein Vater und mein Schwiegervater. Das bewegte mich selber erst recht.

Endlich erschien eines Morgens (es war am 17. Juli, also mehr als vierzehn Tage nach dem spurlosen Verschwinden Königsmarcks) ein Junker bei mir und überbrachte mir den Befehl, daß ich samt meiner Hofdame von dem Knesebeck das Schloß verlassen sollte. Unsere Habseligkeiten würden sogleich nach unsern Anweisungen gepackt werden.

»Wohin?« stammelte ich.

Der junge Mann zuckte die Achseln. »Wohl auf das Gebiet Ihres durchlauchtigsten Vaters, des Herzogs Georg Wilhelm«, murmelte er zögernd.

Endlich ein wenn auch nur schwacher Freudenstrahl. Ich fiel meiner lieben von dem Knesebeck um den Hals.

»Ich darf nach Hause, Eleonore!« schluchzte ich. »Oh, wir dürfen heim nach Celle!«

Es wurde darüber Abend, als mir gemeldet wurde, daß meine Karosse bereit stände. Wie immer faßte ich nach dem stützenden Arm meiner lieben von dem Knesebeck. Doch ein Offizier trat dazwischen.

»Ich habe das Fräulein von dem Knesebeck in einer andern Kutsche fortzubringen. Euer Wagen, Durchlaucht, steht drüben abseits des Schlosses, um kein Aufsehen zu erregen«, meldete er.

»Die Kammerfrau und der Diener, die Eurer Liebden von jetzt ab zugeteilt sind, folgen mit dem Gepäck.«

Ich starrte den ob dieses Auftrags etwas verlegen scheinenden jungen Herrn fassungslos an.

Ein anderer älterer trat auf mich zu, stellte sich ehrerbietig als der Drost von Ahlden Friedrich von Bothmer vor und wies zugleich auf eine Dame, die er als meine neue Hofdame Frau von Ahrenswald bezeichnete.

Ich stand wie vom Donner gerührt. Ich wollte meine teure Freundin noch einmal umarmen. Doch sie wurde bereits von dem Offizier hinweggeleitet. So fuhr ich von allen, die ich liebte, die ich auch nur kannte, fort in die Dämmerung hinein. Herrenhausen habe ich nie wiedergesehen, nie wieder seine wunderbaren Parkanlagen betreten. Mitten in der Nacht kamen wir in Ahlden, in der alten Wasserburg des Celler Herzoghauses, an. Ich war im Gebiet meines Vaters und doch nicht zu Hause.

Der Vater ruft

Ich wachte in tiefer Dunkelheit auf. Ich hatte sehr unruhig nach der Aufregung des vergangenen Tages geschlafen. Aber es konnte doch unmöglich immer noch Nacht sein, mitten im Juli, wo die Sonne so früh aufgeht. Hatte man mich denn in einen finstern Kerker gesperrt? Ich vermißte die, auch wenn sie zugezogen waren, noch licht erscheinenden königsblauen Vorhänge meines Schlafgemachs, durch deren Ritzen morgens oft vorwitzige Sonnenstrahlen flirrten und mit dem Gold der Deckengemälde spielten.

Endlich fiel mir ein, daß ich nicht mehr in Herrenhausen, nicht im Leineschloß in der Stadt Hannover, aber auch nicht in einem düsteren Gefängnis war. Ich war am Abend zuvor in der alten Wasserburg Ahlden angekommen. Ich hatte mit einiger Genugtuung dabei festgestellt, daß sie ein Besitztum meines Vaters war und nicht im Herrschaftsbereich der Hannoveraner lag, und ein Vater, und wenn er ihm noch so zürnte, konnte doch wohl sein eigenes einziges Kind nicht einkerkern lassen. Ich faßte Mut. Er konnte mich auch nicht für länger als ein, zwei Tage in diesem Schloß verweilen lassen, das meinem Begriff von Schloß ganz und gar nicht entsprach. Wird über dem Eingangsportal das Wappen nicht von Figuren gehalten, die Pieta (Mitleid) und Justitia (Gerechtigkeit) darstellen? Mitgefühl, Barmherzigkeit und Gerechtigkeit mußte man mir gewähren. Mein Vater konnte mich nicht in diesem schmutzig-roten Gebäude lassen, aus dessen Fenstern ich nur auf eine unbeschreiblich eintönige farblose Weite sah.

Ich erinnerte mich nun, daß ich von einer sehr gemütlich wirkenden Frau in einem ebenso gemütlich erscheinenden Raum mit tiefem Knicks empfangen worden war. Sie hatte sich als Gattin des Landdrosten Friedrich von Bothmer vorgestellt und hatte tausendmal um Entschuldigung gebeten, wenn das unter ihrer Aufsicht, zum größten Teil von ihr eigenhändig zubereitete Mahl, das sie von zwei hübschen, sauberen, aber sehr schüchternen Mädchen auftragen ließ, nicht meinen verwöhnteren Ansprüchen entspräche. Es wäre ja nur vorübergehend, daß sie mich versorgen müßte, und so lange würde sie samt ihrem Personal ihr Bestes tun und auftischen, was eben ihr Garten, ihr Keller und ihre Ställe böten.

Sie hatte wirklich einen sehr guten, vertrauenswürdigen Eindruck gemacht, diese Frau von Bothmer, so recht den einer schlichten, aber auch würdevollen Landedelfrau, wie ich sie von früher aus meiner Celler Jugendzeit kannte.

Gar so schlimm schien es demnach an diesem Aufenthaltsort für mich nicht zu werden, den die Dame als nur vorübergehend bezeichnet hatte.

Ich tastete über meinem Kopfende, mir zur Seite, bis ich einen breiten Klingelzug erwischte.

Im Nu öffnete sich die Tür. Irgendein weibliches Wesen schlüpfte hinein, zog die Vorhänge von den beiden Fenstern auf und stieß dann auch noch dicke hölzerne Schlagläden zurück. So gut hatte man mich verrammelt, dachte ich spöttisch.

Nun, als die Morgensonne ins Zimmer fiel, sah ich, daß ich in einem weit bescheideneren Raum lag, als ich bisher in Celle, Hannover und Herrenhausen gewohnt gewesen war. Ich hatte am Vorabend gar nicht darauf geachtet, wo man mich zu Bett gebracht hatte. Draußen war ja trotz der Sommersonne alles grau in grau, von niederdrückender Melancholie. Hier drinnen war aber alles sauber und irgendwie gemütlich.

Ich konnte jetzt auch das junge Mädchen in Augenschein nehmen, das so kräftig die Fensterläden aufgestoßen hatte.

»Ich heiße Geesche«, stellte sich die Kleine mit einem etwas ungeschickten Knicks vor. Sie war hellblond und hatte die klarblauen Augen der Heidebewohner.

»Bist du von hier?« fragte ich.

»Aus Ahlden!« bestätigte sie, »aus dem Dorf. Soll ich Eurer Durchlaucht Kammerfrau herbeiholen, daß sie beim Ankleiden hilft? Oder wünscht Eure Durchlaucht das Frühstück ans Bett gebracht?«

Ich zog es vor, aufzustehen. Die Kammerfrau berichtete mir auf meine Frage, daß sie von der Frau Kurfürstin mir zugeteilt wäre, »nur vorläufig«, fügte sie hinzu.

»Von der Gräfin Platen?« argwöhnte ich.

»Von der, nein!« entgegnete sie mit solchem Augenblitzen, daß ich wohl merkte, daß sie zu ihrer Herrin, der Frau Kurfürstin, hielt und nicht zu deren Gegenspielerin. Trotzdem nahm ich mir vor, mich in acht zu nehmen und kein unbedachtes Wort zu sprechen, das von ihr weitergetragen werden könnte.

Ich frühstückte im angrenzenden Raum, den Geesche stolz Salon nannte, worunter ich mir bisher allerdings etwas anderes vorgestellt hatte.

Danach ließ der Herr von Bothmer anfragen, ob er seinen Besuch machen dürfte.

Der kräftig und gesund wirkende Herr mit den klaren Heidjeraugen machte mir wie schon bei seinem ersten Anblick einen vertrauenerweckenden Eindruck.

Er erkundigte sich, ob ich besondere Wünsche hätte, die er gerne erfüllen würde, soweit es in seinen Kräften stände.

Ich fragte, ob hier ein Park wäre, wo ich mich in frischer Luft ergehen könnte. Darauf wurde er recht verlegen, sprach davon, daß einer seiner Vorgänger einen Teil der Wälle hätte abtragen und Blumenbeete darauf anpflanzen lassen, daß Herzog Christian, der zur Jagd oft lange hier geweilt hätte, auf dem Südwall gerne getafelt und von dort die schöne Aussicht genossen hätte, berichtete auch von einer Reitbahn, die auf Anordnung desselben Landdrosten anstelle zweier Wehren, die sich vor der Brücke befunden hätten, eingeebnet worden wäre.

Der mir zuvor so schweigsam erschienene Mann war plötzlich redselig, daß ich wohl merkte, daß ich ihn mit meiner Frage in Verlegenheit gebracht hatte.

»Nun«, meinte ich, »es ist nicht Euer Versehen, daß hier in der Heide um ein Jagdschloß kein Park zum Spazierengehen entstand.«

»Ach ja«, gab er zu, »wir Landdrosten, die im Untergeschoß eine Wohnung innehaben, legen keinen Wert darauf, haben genug Arbeit und zudem die weite Heide, um Luft zu schöpfen. Die fürstlichen Herrschaften, denen der große Saal und die anderen Räumlichkeiten hier im ersten Stock reserviert sind, weilen meist nur zur Jagd hier.«

»Ich werde mir natürlich auch während meines Aufenthaltes hier an der Heide genügen lassen«, versprach ich.

Der gute Landdrost wurde sichtlich noch verlegener.

»Heraus mit der Sprache!« ermunterte ich ihn. »Was haben Eure Gnaden noch auf dem Herzen?«

Er atmete tief auf und berichtete dann: »Nachdem befohlen ist, in der Öffentlichkeit bekanntzugeben, daß die Frau Kurprinzessin entschlossen sei, sich von ihrem Gemahl zu trennen, zu ihrem Herrn Vater aufgebrochen, von diesem aber bis auf weiteres nach

Ahlden verwiesen worden wäre, ist es wohl wenig ratsam, daß Eure Durchlaucht sich neugierigen Augen draußen zur Schau stellt.«

»Die werden hier in der Einsamkeit nicht zahlreich sein, und mir wird einer, der mich betrachtet, nichts ausmachen«, wandte ich ein.

Darauf wand sich der Drost geradezu vor Verlegenheit und gab endlich zu: »Mir wurde die Aufgabe eines Gouverneurs übertragen. Nicht daß ich mich dazu gedrängt hätte, bei allem, was mir lieb ist, nicht! Ich habe den Auftrag, jeder Intrige und jedem Unglück vorzubeugen und für die volle Sicherheit des zur Residenz der Frau Prinzessin Durchlaucht bestimmten Platzes zu sorgen und alles zu verhindern, was irgendeinem Feinde ein Unternehmen möglich machen möchte, in die erhabene Familie einen Spalt zu bringen!«

»Also seid Ihr mein Kerkermeister«, ergänzte ich spöttisch.

Er schaute zu mir auf wie ein geschlagener treu ergebener Hund.

»Ich mache Euch keine Vorwürfe«, beruhigte ich den braven Mann. »Ich verstehe, daß Euch diese Anordnungen zuwider sind und daß Euch keine Schuld trifft. Eine Verantwortung habt Ihr jedoch, und das macht Euch Sorge und Kümmernisse. Doch es ist keine Ursache dazu. Ich werde weder zu Fuß nach Celle noch nach Hannover zurücklaufen, sondern bin froh, daß ich an diesen Orten nicht mehr weile. Es wird auch kein Ritter kommen, mich auf sein Roß schwenken und mit mir davonreiten. Auch das ist nicht zu befürchten. Wer sollte mich von hier entführen?«

Und dabei war in mir ein heimlich Weinen. »Christoph, wenn du noch unter den Lebenden weiltest, frei, stark, unverwundet, du würdest den Graben dieser armseligen kleinen Wasserburg nicht scheuen und mich aus meinem Gefängnis herausholen! Christoph, wo bist du?«

Der redliche Drost atmete auf. »Es ist leider hier nicht so, wie Eure Durchlaucht gewohnt sind«, entschuldigte er. »Doch das ist nur vorläufig. Es wird alles bald anders und besser werden!«

Dies »vorläufig« hatte ich an diesem Tage schon mehrmals gehört. Das tröstete mich ein wenig. »Vorläufig« würde ich es wohl in dieser Enge aushalten.

Ich wandte mich beinahe fröhlich an den mir zugeteilten sogenannten Gouverneur und sagte so leichthin wie möglich: »Ich werde mich also nur im Innern des Schlosses bewegen dürfen, nicht wahr. Und die schöne Aussicht werde ich nicht wie der längst verewigte

Vorfahr Christian vom Südwall aus genießen, sondern von meinem Fenster aus über die Heide schauen.«

Ach, da hatte ich den armen Mann wieder in Verlegenheit gebracht, und er war doch an alledem so völlig unschuldig.

»Von dero Fenster aus wird es kaum Aussicht über die Heide geben. Sie wird durch das Amtshaus eingeengt, das zwischen den beiden Gräben steht«, gestand er.

(Ich habe dieses im Jahre 1715 bei dem großen Brand von Ahlden zerstörte Amtshaus abtragen und an anderer Stelle wieder aufbauen lassen und dadurch die Aussicht aus dem Schloß erweitert. Wie hätte ich an jenem Morgen gedacht, daß ich mehr als zehn Jahre später mich um die Aussicht von dem Ahldener Schloß aus kümmern würde. Wie gnädig ist der Vater im Himmel, daß wir nicht in die eigene Zukunft schauen und nur der herrlichen Zukunft der Kinder Gottes in seinem Reich des Friedens warten dürfen.)

Der von Bothmer blickte mich wieder mit dem ergebenen Hundeblick an. Er tat mir geradezu leid. War es nicht schändlich, einen ehrenhaften, redlichen Mann mit der Aufgabe eines Kerkermeisters zu betrauen, ihm dazu eine Verantwortung aufzuladen, die ihn schwer belastete und die ihm, falls mir doch eine Flucht gelänge, sogar den Kopf kosten könnte.

Ich bin überzeugt, daß er mich von Herzen gerne hätte frei über die Heide spazierengehen lassen, daß er mir erlaubt hätte, auf dem Südwall wie mein Ahnherr zu sitzen, und daß er gerne das Amtshaus vor meinen Fenstern fortgezaubert hätte.

Nun fiel ihm wahrlich nichts ein, womit er eine »Durchlaucht« wie mich unterhalten und mir die Zeit zu vertreiben vermöchte. Ich selber wußte auch keinen Rat, wie ich meinen traurigen Gedanken entrinnen könnte und wie dem dauernden Fragen: Wo bist du, Christoph Königsmarck?

Ich mußte mich irgendwie ablenken, denn ich wollte, ich mußte im Besitz meiner Geisteskräfte bleiben, durfte nicht in Schwermut in der Heideeinsamkeit des düstren Schlosses versinken, das unansehnlicher und ungemütlicher als einer der stattlichen Bauernhöfe in der Heide war.

Man hatte »vorläufig!« gesagt. Nach diesem »vorläufig« würde es bestimmt noch einen Kampf geben, einen Kampf um die immer noch nicht ausgesprochene Scheidung, einen Kampf um meine Freiheit. Ich wollte gerüstet sein, keinen nutzlosen Klagen, keinem zwecklosen Sinnieren nachhängen.

»Habt Ihr hier ein Clavecin, vielleicht in dem großen Saal, den ich noch nicht betreten habe und worin gewiß Feste gefeiert worden sind?« wollte ich jetzt wissen.

Der Landdrost schüttelte bekümmert den Kopf.

»Es waren zumeist Gelage nach der Jagd«, erklärte er. »Dazu wird nicht musiziert.«

Ich überlegte. »Habt Ihr Bücher zur Hand?« fragte ich weiter.

»Bücher?« staunte er. »Nur meine Rechnungsbücher und . . .« er überlegte, krauste die Stirn – und fuhr dann zögernd fort: »Ja, meine Gattin. Falls Eurer Durchlaucht mit einer Bibel und einem Gesangbuch gedient wäre.«

Wahrscheinlich nahm er an, daß an dem gottlosen hannoverschen Hof dafür kein Interesse bestände.

»Eine Bibel . . . ein Gesangbuch«, wiederholte ich nachdenklich. Meine Kindheit auf der Mutter Schoß, zu ihren Füßen fiel mir ein. Oh, wo war mein Glaube geblieben? Es würgte mir im Halse. Ich mußte die Tränen unterdrücken.

»Ja«, forderte ich, »bringt mir die Bibel und das Gesangbuch.« Ich begriff: es war ein besonderer Augenblick in meinem Leben. Der einfache Landdrost, mein Kerkermeister, hatte mir eine Botschaft übermittelt, war – ohne es selber zu ahnen – Gottes Abgesandter an eines Engels Statt gewesen. Der irdische Vater hatte mir die Tür gewiesen, mich in Verlassenheit und Trostlosigkeit versetzt, wollte mich nicht mehr sehen. Der himmlische Vater rief mich zurück, so wie in der Heiligen Schrift geschrieben steht: »Mein Vater und meine Mutter verlassen mich, aber der Herr nimmt mich auf.«

Der Drost brachte mir eilfertig die beiden Bücher, *das* Buch, das mir ein Brief meines himmlischen Vaters war. Ich nahm es wie ein Geschenk, eine kostbare Gabe von dem obersten Herrscher. Ich las darin, fast den ganzen Tag, bis die Kerze an meinem Bett heruntergebrannt war, und ich fand Trost und Vergebung und Kraft für das, was meiner wartete.

In mir erklang aufs neue aus dem lange vergessenen Lied von Johann Scheffler der Vers, der so recht auf mich paßte:

»Ich lief verirrt und war verblendet,
ich suchte dich und fand dich nicht;
ich hatte mich von dir gewendet
und suchte das geschaffne Licht;
nun aber ist's durch dich gescheh'n,
daß ich dich hab erseh'n.«

Frei!

Das »vorläufig«, das man mir zu Beginn meines Aufenthaltes in Ahlden gesagt hatte, traf wirklich ein, aber anders, als ich gehofft hatte. Ich bin ja heute noch nach mehr als zwei Jahrzehnten als Gefangene in dieser alten Wasserburg in der weltverlassenen Heide. Damals durfte oder mußte ich noch einige wenige Tage bis zum 31. August 1694 dort verweilen.

Ich war einesteils sehr dankbar für diese Zeit der Stille und Einkehr, die mir dort beschieden war, in der ich von keinem Lärm, keinen Lustbarkeiten und keinen Gehässigkeiten des Hofes zu Hannover gestört wurde. Die blonden Mägde, die im Hause arbeiteten, waren zumeist im Untergeschoß beschäftigt, wo sich die Küchen- und Vorratsräume befanden. Mußten sie meine Räume zum Putzen und Ordnen betreten, so hatten sie nur einen ungeschickten Knicks für mich, einen freundlichen ehrerbietigen Gruß und antworteten bloß auf meine Fragen.

Die Hofdame, eine ruhige, von frühem Leid gezeichnete Witwe, sprach auch nicht unaufgefordert mit mir, wofür ich ihr recht dankbar war. Es wäre mir eine Qual gewesen, wenn ich eine der geschwätzigen Hoffräulein um mich gehabt hätte. Die Kammerfrau erschien auch nur auf meine Aufforderung und war – vielleicht auf Befehl ihrer eigentlichen Herrin, der Frau Kurfürstin – gleichfalls sehr wortkarg, so daß ich sozusagen gar nichts von der Außenwelt erfuhr, völlig von ihr abgeschlossen war. Auch der Herr Landdrost, mein »Gouverneur«, kam nur zweimal am Tage, um sich nach meinen Wünschen zu erkundigen, vielleicht auch um nachzusehen, ob ich nicht wie die weiße Taube, die mir durch mein geöffnetes Fenster zugeflogen war und immer wieder zu mir zurückkehrte, durch die Luft entwichen war.

Ich war sehr befriedigt von dieser Abgeschiedenheit, dieser Stille rings um mich her. Sollte sie irgend jemand als Strafe über mich verhängt haben, so hatte er gerade das Gegenteil erwirkt. Ich empfand sie als Geschenk, als eine Gnade.

Ich konnte mich ungestört in die Heilige Schrift vertiefen. Ich konnte immer mehr Trost und Kraft aus ihr schöpfen, immer mehr des Herrn Liebe gewiß werden, und ich lernte wieder beten und – mich beugen in bitterer Reue über das, was ich unrecht getan hatte, beugen und bereuen, daß ich so lange von ihm gewichen war.

Und dann erfuhr ich, daß alle Sünde von ihm am Kreuz von Golgatha gesühnt worden ist und daß auch mir vergeben wurde wie der großen Sünderin, zu der Jesus Christus selber gesprochen hat: »Ihr sind viele Sünden vergeben, darum hat sie mir viel Liebe erzeigt.«

Es ist selbstverständlich, daß ich noch oft an Christoph von Königsmarck dachte, doch ich war bei diesem Gedenken nicht mehr voller Haß, voller Rachedurst gegen seine Mörder. Hatte der Herr nicht auch seinen Mördern verziehen? Ich war auch nicht mehr voller banger Unruhe, wo der geliebte Freund weilte und ob er durch seinen Tod all die leichtfertigen Vergehen seiner Jugend gesühnt hatte und in des Herrn Reich aufgenommen werden dürfte. Ich wußte, daß er wie ich in Gottes Hand war, wo wir auch weilen mögen, auf oder unter der Erde, und ich wußte, daß Gott größer ist als unser Herz und seine Barmherzigkeit größer als die unsere. So habe ich in diesen Tagen sowohl Christoph von Königsmarck wie auch mich dem Herrn befohlen.

Ohne daß man mich lange darauf vorbereitet hatte, fuhr dann am 31. August 1694 eine Karosse vor, in die ich einsteigen und fortfahren mußte. Vier Dragoner mit aufgepflanzten Lanzen und zwei Offiziere mit gezückten Degen begleiteten das Gefährt zu beiden Seiten.

Ich mußte traurig darüber lächeln. Wollte man der Durchlaucht Kurprinzessin damit eine hohe Ehre erweisen, oder, was eher anzunehmen war, fürchtete man immer noch eine Flucht, eine Entführung und gab mir darum ein Geleit wie einer Schwerverbrecherin?

Ich machte mir keinen Kummer darum. Es bedrückte mich nicht. War ich auch eine streng bewachte Gefangene, innerlich war ich frei. Frei! Nur der Herr Jesus Christus kann wirklich frei machen. Er hat gesagt: »So euch nun der Sohn frei macht, so seid ihr recht frei.«

Ich wurde nach Burg Lauenau gebracht, wo das Ehegericht unter dem Vorsitz des hannoverschen Ministers Geheimer Rat Albert Philipp von dem Bussche zusammentrat.

Der Scheidungsprozeß dauerte lange, und wäre ich nicht in den Wochen, die ich zuvor in Ahlden zugebracht hatte, durch »Stillesein und Hoffen stark« geworden, hätte ich diese nervenzerreißenden Tage kaum durchgestanden. Doch ich hatte mir von dem Superintendenten Molanus, der an dem Prozeß als Beisitzer teilnahm, sogleich eine Bibel erbeten und fand darin immer wieder die rechten Worte für mich. Vor allem las ich in jener Zeit im Johannisevangelium und in den Psalmen, und eines Morgens, als ich beinahe in den

Sumpf der Verzagtheit gesunken wäre, sprang mir eine Zeile geradezu in die Augen. Es war der Vers aus dem 18. Psalm: »Gott rüstet mich mit Kraft!« Gerade diesen Psalm habe ich oft gelesen, und er hat mich aufgerichtet. Wenn ich in meinem düsteren Burgzimmer saß, so tröstete mich das Wort daraus: »Mein Gott macht meine Finsternis licht.«

Ach, es sind so viele wundervolle Stellen in dem Psalter, daß ich sie gar nicht alle anführen kann. Ich möchte nur jedem betrübten und angefochtenen Herzen raten, darin zu lesen. Ich habe erfahren, wie mich Gott mit Kraft gerüstet hat.

Ahlden und Lauenau! Beides sind Wasserburgen, düstre Wasserburgen. Beide sind im Besitz meines Vaters, des Herzogs Georg Wilhelm, wie schon das Wappen über dem mächtigen Eingangstor der Burg Lauenau kündet, die überdies auch im Innenhof wie Ahlden reich bemaltes Innengebälk aufweist. Lauenau sogar mit den Worten des 127. Psalms: »Wo der Herr nicht das Haus baut, so arbeiten umsonst, die daran bauen.«

Nun, an Lauenau ist nicht umsonst gebaut worden. Mit diesem gewaltigen beeindruckenden Steinklotz hält das kleine armselige Ahlden keinen Vergleich aus. Schon wenn man den Wassergraben, der dies Schloß umzieht, auf der ersten Brücke überschreitet, schon wenn man die wuchtigen vorstehenden Eckpalisaden erblickt, so ist man von der Macht, dem Reichtum des Herrn dieser gewaltigen Trutzburg überzeugt. Und wie so weitläufig nimmt sich gegen den kleinen Hof Ahldens mit seinem holprigen Pflaster, das ich nur ängstlich betrete, der Innenhof Lauenaus aus!

Es ist wahrhaft ein imposantes Gebäude. Und trotzdem war ich darin nicht so gut untergebracht wie in Ahlden. Es kam mir, wenn mir auch mehr Räume zur Verfügung standen, erst recht wie ein Schrecken und Angst erregender Kerker vor.

Doch in der Gewißheit, in meines höchsten Herren Schutz zu stehen, bedeutete mir das nichts.

Beim Eintritt in den Verhandlungsraum, in dem das hohe Konsistorialgericht – vier weltliche und vier geistliche Herren unter Vorsitz des Geheimen Rates von dem Bussche – meiner harrte, war mir viel wichtiger, daß ich meine liebe treue Freundin und Ehrendame von dem Knesebeck wiedersah. Ich wollte mit ausgestreckten Händen auf sie zueilen, sie umarmen. Aber sogleich stellte sich mir ein Offizier mit gezücktem Degen in den Weg und hinderte mich an dieser Begrüßung. So schaute ich nur von weitem zu ihr hinüber. Unsere

Augen grüßten einander stumm, aber voll Liebe. Sie sah sehr blaß und angegriffen aus und war wohl wie ich nicht mehr an die frische Luft gekommen.

Meine Lippen formten deutlich, aber stumm ein: »Gefoltert?«

Sie schüttelte mit einem schmerzlichen Lächeln den Kopf. Ich wartete, blickte auf ihren Mund und las gespannt davon ein: »Nur angedroht!« ab und dann gleichfalls lautloses: »Abendmahl!«

Sie ist, wie ich später erfuhr, standhaft bei ihrer Aussage geblieben, – daß ich nie mit dem Grafen Königsmarck Ehebruch begangen hätte und daß sie bei all meinen Zusammenkünften mit ihm anwesend gewesen wäre. Davon haben sie weder Drohungen, sie peinlich zu befragen, das bedeutet zu foltern, noch Versprechungen, sie frei zu lassen, abgebracht. Ich werde ihr in der Ewigkeit für ihre Treue und Standhaftigkeit danken können, und der Herr wird es ihr lohnen und hat es ihr schon gelohnt, so wie meine geliebte Tochter, die Kronprinzessin, spätere Königin von Preußen, ihr an meiner Statt danken und vergelten konnte, was sie für mich getan hat.

Wie ich von meiner Mutter erfuhr, war Eleonore von dem Knesebeck lange in strenger Einzelhaft auf der Festung Springe gehalten worden. Man fürchtete wohl, sie könnte mit irgend jemand in Verbindung kommen und von unserm gemeinsamen Erleben berichten. Sie durfte darum mit niemand sprechen. Später wurde sie auf die Festung Schwarzfeld gebracht und ihr angedroht, daß sie als elende Kupplerin hier ihr Leben beschließen müßte. Aber mit Hilfe treuer Freunde gelang ihr die Flucht. Das Dach ihres Gefängnisses wurde nach einem Sturm reparaturbedürftig. Ein kühner junger Mann verkleidete sich als Dachdecker, hob einige Ziegel ab, durchbrach die Decke und zog sie an einem Seil auf das Dach, von wo aus sie den Mut hatte, sich bis in die Tiefe, bis in den Burghof herabzulassen. Es gelang, die Wache zu übertölpeln, die sie auch für einen Dachdecker in ihrer Verkleidung hielt. Zuerst fand sie in Wolfenbüttel bei dem Herzog Anton Ulrich Asyl. Dann lud sie meine Tochter Sophie Dorothea, die damals Kronprinzessin von Preußen war, zu sich ein, und liebevoll umsorgt hat meine gute von dem Knesebeck bis an ihr Lebensende im preußischen Königsschloß in Berlin weilen dürfen. Auch sie, meine teure Tochter, möge der Himmel dafür segnen.

Ich habe nicht nur all diese Verhandlungstage ungebrochen durchgehalten, gestärkt auch durch das heilige Abendmahl, das mir auf mein Verlangen und zur Bekräftigung, daß ich die Wahrheit über mein nur freundschaftliches Verhältnis zu Königsmarck gesagt hatte, nochmals durch den Superintendenten Abt Molanus gereicht worden war, ebenso wie auch auf ihren Wunsch meiner guten von dem Knesebeck.

Molanus hatte mich übrigens nicht darum aufgesucht, um mir die erbetene Bibel zu bringen und allgemeine geistliche Gespräche mit mir zu führen.

Seltsamerweise wurde nach meiner durch das von mir geforderte heilige Mahl beschworenen Aussage nie mehr der Name Königsmarck erwähnt. Es war, als wüßte wirklich der gesamte Hof von Hannover sowie der von Celle so wenig von seinem Verbleib, daß er anscheinend dort nie erschienen war und daher auch durchaus mit mir keine strafwürdigen Beziehungen gehabt haben konnte. Gab es einen Christoph Graf von Königsmarck gar nicht? Zuweilen faßte ich mich abends vor dem Schlafengehen an den Kopf: War ich nahe daran, irrsinnig zu werden? Hatte ich nur Halluzinationen gehabt? Existierte dieser Jugendfreund, dieser einzige Freund, der mich aus meiner Schmach erretten wollte, überhaupt nicht?

Ich habe mich in diesen Tagen der Einkehr häufig geprüft. Habe ich gesündigt? Man wollte mich dabei ertappt haben. Die Gräfin Platen wies Liebesbriefe von Königsmarck vor, die heute noch mit gefälschten, die ich geschrieben haben soll, kursieren. Bin ich so töricht, so unbesonnen, daß ich solche belastenden Beweise sorglos herumliegen ließ? Und wie konnte, wie sie behauptet hat, ihr kleiner Neger täglich unbemerkt in meine Gemächer dringen und diese angeblichen Liebesbriefe aus meiner kleinen Kommode stehlen? Wie konnte sie selber ungesehen in meinen Räumen herumkramen und Beweisstücke meines Ehebruchs entwenden?

Hatte ich dennoch gesündigt: wenn nicht nach menschlichen Gesetzen, sondern vor Gott? Ich prüfte mich.

Ja, ich habe Christoph Königsmarck geliebt. Ich liebe ihn noch, werde ihn immer lieben.

Er war und ist mein Geliebter. Doch nicht ein Geliebter im Sinne der Umwelt. Ich habe die Ehe nicht gebrochen. Und wenn ich es getan hätte – war diese Ehe denn nicht schon längst, vom ersten Tage an, von meinem Gemahl gebrochen worden mit einer seiner Huren nach der andern und zwei, dreien zugleich wie heute noch?

Bin ich eine Sünderin, weil ich Christoph Königsmarck liebte? Jesus hat zu den Anklägern der Ehebrecherin gesagt: »Wer unter euch ohne Sünde ist, der werfe den ersten Stein auf sie.« Und danach zu dem Weib: »So verdamme ich dich auch nicht; gehe hin und sündige hinfort nicht mehr.«

Ich kann nur wiederholen, wie es in Psalm 119 geschrieben steht: »Wenn dein Gesetz nicht mein Trost gewesen wäre, so wäre ich vergangen in meinem Elend.«

Doch mein Gott half mir durch.

Wie mir meine liebe Mutter später sagte, glaubten weder mein Onkel und Schwiegervater noch mein Vater ernstlich an meine Schuld.

Ich wurde nur noch angeklagt, daß ich meinen Gemahl böswillig verlassen hätte, was ja gar nicht den Tatsachen entsprach. Ach, wie viele Lügen umstrickten mich. Schon am 1. September hatten die beiden Herzöge, mein Vater Georg Wilhelm und Ernst August, mein Schwiegervater, – wie ich später erfuhr – ein Übereinkommen über mein ferneres Geschick als Gefangene getroffen. Trotzdem wurden vom Vorsitzenden des Gerichts, dem Minister von dem Bussche, wie auch von dem Superintendenten, dem Abt Molanus, wiederholt Versuche gemacht, mich zur Rückkehr nach Hannover und zur Versöhnung mit meinem Gemahl zu bewegen.

Ich bin überzeugt, daß sie beide ehrliche, aufrechte Männer waren, die mich damit bedrängten, und daß sie diese Bemühungen nicht heuchlerisch, sondern mit aufrichtigem Ernst betrieben.

Ich lächle heute, traurig und spöttisch: Was wäre wohl geschehen, wenn ich nachgegeben hätte? Was für ein Gesicht hätten die beiden durchlauchtigen Brüder gemacht, die doch gar keine Versöhnung wünschten und nur hoffen konnten, daß alle gutgemeinten Versuche scheitern würden?

Sie kannten wohl beide meine leicht aufbrausende und jeder Heuchelei abholde Art.

Ich habe auch vor dem hohen Gericht wiederholt mit meinem ungebrochenen Temperament erklärt, daß ich einen unüberwindlichen Abscheu gegen den Kurprinzen Georg Ludwig empfände, habe aber zugleich ganz entschieden bestritten, daß mir irgendwelche Schuld an der Zerrüttung unserer Ehe nachzuweisen wäre. »Bin ich schuldig, so bin ich seiner nicht wert. Bin ich unschuldig, so ist er meiner nicht wert«, habe ich erklärt.

Ich habe selber auf sofortiger Ehescheidung bestanden. Als mir der Superintendent Molanus vorhielt, daß eine Heirat nur durch göttliche Allmacht getrennt werden könnte, antwortete ich, daß ich wohl wüßte, welche Nachteile mir dieser mein unumstößlicher Entschluß, mich von meinem Gemahl zu trennen, nach weltlichen Ansichten bringen würde, ich sei aber trotzdem entschlossen, nicht mehr zum Kurprinzen zurückzukehren. Auch als der berühmte Philosoph Leibniz, der wie der milde Molanus meine »Gewissensbeiräte« darstellen sollten, mir anempfahl, demütig zu meinem Mann und meinem ehelichen Pflichtenkreis zurückzukehren, wies ich das als unvereinbar mit meiner Frauen- und Menschenwürde zurück und erklärte, daß ich vorzöge, meine Tage in Abgeschiedenheit von der Welt, die ich nur zu sehr geliebt hätte, in der Betrachtung über deren Nichtigkeit, in der Stille und im Frieden meines Herrn Jesu Christ zuzubringen.

So wurde denn nach langem Hin und Her, das doch von den Herzögen aus schiere Heuchelei war, da sie bereits über mein weiteres Schicksal bestimmt hatten, die Ehe wegen böswilligem Verlassen »malitiosa Desertio« seitens der Kurprinzessin geschieden. Merkwürdigerweise wurde in dem Scheidungsurteil in keiner Weise der Name Königsmarck erwähnt. Es war, als hätte er nie den Hof von Hannover betreten.

Ich darf annehmen, daß weder in Celle noch in Hannover jemand an meine Schuld geglaubt hat, so wie ich auch gewiß bin, daß der berühmte Superintendent und Abt von Loccum Molanus noch die höchste Instanz, der noch berühmtere Leibniz, mich als schuldig verurteilten. Was mag die »hohe Sophie« über diese Ansicht ihres hochverehrten Freundes gedacht haben?

So war ich denn frei, frei! Die Ehe war geschieden. Und doch war ich nicht frei. Als dem schuldigen Teil wurde mir eine Wiederverheiratung verboten. Doch wie gleichgültig war mir das, nachdem ich Christoph von Königsmarck verloren hatte!

Ich habe das Urteil sofort angenommen.

Die lebenslängliche Verbannung nach Ahlden erfolgte nicht auf das gerichtliche Urteil hin, sondern nach dem Übereinkommen zwischen dem Kurfürsten Ernst August und meinem eigenen Vater. In meines eigenen Vaters Besitz, auf seinem Grund und Boden war ich und bin ich die Gefangene von Ahlden.

Doch in meines himmlischen Vaters Haus ist mir eine andere Stätte von meinem Herrn Jesus bereitet. Und darum bin ich auch als irdisch Gefangene dennoch frei.

Die Gefangene von Ahlden

Am 26. Februar 1695 brachte man mich nach Ahlden zurück. Ich war 28 Jahre alt und habe die alte Wasserburg seither nur – wie ich schon berichtete – zweimal für kurze Zeit verlassen nicht mir zuliebe, sondern aus triftigen Gründen. Diese kurzen Aufenthaltswechsel, die von meinem Vater ohne vorherige Zustimmung von Hannover angeordnet worden waren, führten sogar zu heftigen Auseinandersetzungen, da ausgemacht worden war, daß ich Ahlden nur mit der Erlaubnis beider Höfe verlassen durfte, und wenn es auch nur für wenige Tage sein sollte. Beide Male war schon Georg Ludwig an der Regierung, der mich bis zu seinem Tode oder meinem Abscheiden mit glühendem Haß verfolgen wird.

Als ich von Lauenau nach Ahlden zurückkehrte, war sogleich zu merken, daß man schon längst mit meiner Dauerresidenz dort gerechnet hatte, so wie es bereits Anfang September von den beiden Fürsten abgesprochen und schriftlich festgelegt worden war.

Mein nunmehriger Haushalt war jetzt mit kostbarem Mobiliar, Silberzeug und allem, was meinem hohen Stande entsprach, reichlich ausgestattet. Im Untergeschoß waren drei Köche, ein Konditor, ein Kellermeister, ein Bäckermeister, ein Hausmeister, ein Kutscher und einige Dienstmädchen untergebracht.

Zu meinem eigentlichen Hofstaat gehörten der Gouverneur, der jetzt Oberhofmeister genannt wurde, was nicht gar so nach Gefängnis klingt, wenn er auch dieselben Befugnisse hat wie zuerst der brave Landdrost, der mich hüten und bewachen mußte. Dieser Herr von Bothmer wurde von einem Generalmajor von Malortie abgelöst, dessen Gemahlin gemeinsam mit Frau von Ahrenswald meine Hofdame war. Die beiden Ehegatten sind mit mir ergraut und alt geworden. Es freute mich, daß auch der Oberstleutnant von Wackernagel samt Gattin mir zugeteilt worden war. Die beiden würde es wohl weniger beglückt haben, denn eine Stellung bei einer Gefangenen in der einsamen Heide war nicht gerade eine Beförderung, und vielleicht war es sogar etwas wie eine Strafversetzung, denn Wackernagel war der Hofmeister des verbannten Prinzen Maximilian gewesen, in dessen Hochverratsaffäre man, das heißt die Gräfin Platen, mich auch hineingezogen hatte.

Ich brauche kaum zu erwähnen, daß mir auch Lakaien und Pagen zur Verfügung stehen und daß ich scharf bewacht werde, ich schwache zarte Frau, von 24 Mann Infanterie, zwei Unteroffizieren und 2 Oberoffizieren, welche tags wie nachts 9 Posten zu stellen hatten.

Alle diese Menschen können natürlich nicht in der kleinen Wasserburg untergebracht werden. Die Soldaten wechseln sich in der Bewachung ab und wohnen in der Umgebung und im Dorf, wo einer von ihnen später den großen Brand verursachte.

Zunächst durfte ich mich wieder nur im Innern des Schlosses bewegen. Da es aber nun als meine ständige Residenz betrachtet werden mußte, kümmerte ich mich darum, wie es mich meine Mutter gelehrt und wie sie selber in Celle gewirkt hatte. Ich wollte nicht in Müßiggang versinken, und es macht mir sogar ein rechtes Vergnügen, das, was ich in Hannover nie gewagt hatte, jetzt ohne Verweise tun zu dürfen. Gerne halte ich mich in der Küche auf und bin dort auch gerne gesehen, da ich nicht an den Köchen herumkommandiere, sondern mich gegen sie wie gegen alle im Schloß nach dem Bibelwort benehme: »Eure Lindigkeit lasset kund sein allen Menschen.«

Es ist mir ein Vergnügen und ihnen auch, wenn wir meine von meiner Mutter aus Frankreich mitgebrachten überlieferten guten Rezepte ausprobierten, wenn ich mit ihnen verzuckerte Früchte bereitete, »Tisanen«, das sind schlaffördernde Getränke aus Lindenblüten, Kamillen und anderen Kräutern.

Leider konnte ich sie ja nicht selber in der Heide pflücken. Ich sandte Geesche aus, die alte Frau aufzusuchen, die schon meine Mutter beliefert hatte. Auch diese jungen Mädchen sind gerne in der Küche dabei und lernen von mir. Vor allem ließ ich es mir von Anfang an auch angelegen sein, daß wir abends gemeinsam eine kurze Andacht hielten, wozu ich keinen zur Teilnahme zwang, die aber kaum einer versäumt.

Mit der Leitung des Haushaltes, Führung des Rechnungsbuches, weiblichen Handarbeiten, Fürsorge für das kleine Dorf, dessen Bedürftige ich durch den Pastor erfahre und unterstütze, Andachtsübungen, Lesen, Schreiben fülle ich meine sonst leeren Tage aus.

So ist mein Leben doch nicht ganz und gar unnütz, das Leben als Gefangene!

Nach und nach gestattete man mir auch etwas mehr Bewegungsfreiheit, vielleicht weil der fürsorgliche Gouverneur, beeinflußt von seiner gutherzigen Gattin, gemeldet hatte, daß seine Schutzbefohlene dadurch, daß sie jeder frischen Luft entwöhnt worden wäre, anfinge zu kränkeln. Das stimmte zwar nicht. Ich habe mich stets guter Gesundheit erfreut. Daß ich blaß geworden war und dadurch einen kranken Eindruck machte, ist zu verstehen. Schon im September wurde mir gestattet, Spaziergänge auf dem inneren Wall im Schutz der Palisaden zu machen, allerdings nur in Begleitung einer meiner Hofdamen und bei scharfer Beobachtung durch die Posten.

Im April des folgenden Jahres wurde mir eine weitere Erleichterung zuteil, und ich wunderte mich, wie ich mich darüber so freuen konnte. Ich habe überhaupt gelernt, die kleinen Freuden zu finden, zu genießen und dafür zu danken. Jeden Abend weiß ich in meinem Gebet einen Grund zum Danken anzuführen.

Dies war nun aber eine große Freude für mich! Ich durfte – durfte – ich konnte es zuerst kaum fassen – oh, ich durfte in einem Fahrzeug, das ich sogar selber kutschierte, mich in einem Umkreis von einer Viertel Meile bewegen. Oh, ich durfte in diesem selbstgelenkten Kabriolett querfeldein galoppieren, in wilder Fahrt die Straße hinauf und herunter rasen und dadurch mein oft so unruhig wallendes Blut beruhigen.

Es machte mir wenig aus, daß ich dabei nirgendwo anhalten und in keinem Haus einen Besuch machen durfte. Betrüblicher war mir, daß es mir nicht gestattet war, mit Personen, die mir begegneten, ein Wort zu wechseln. Als ich die uralte Kräuterfrau im Büchtener Holz entdeckte, hätte ich gar zu gerne mit ihr geplaudert. Doch sie merkte wohl, daß es kein Hochmut war, daß ich mich nicht zu ihr herabließ. Ich deutete stumm mit der Peitsche zum Schloß hin. Sie verstand. Und in der Küche, wo sie ihre gesammelten Schätze, die Pilze, die Blüten, die Blätter und Gräser, abliefert, besucht sie ja nicht mich, sondern die Küchenmeister, die sie in meinem Auftrag abfertigen und reichlich bezahlen.

An Geld mangelt es mir ja durch die Einkünfte aus den mir zustehenden Orten und der Summe, die ich vertragsmäßig von Hannover erhalte, nicht. Ich kann wohl großzügig sein.

Besuch jedoch war mir verboten, wenn er sich nicht durch Order Georg Wilhelms und Ernst Augusts ausweisen konnte. Doch was viel, viel wichtiger ist, seit August 1695 darf meine Mutter zu jeder Zeit zu mir kommen und bei mir beliebig lange verweilen. Und das war meine allergrößte Freude und ist es auch geblieben.

Die treue Gute kommt, sooft es ihr nur möglich ist, Jahr um Jahr bei jeder Witterung und scheut auch trotz ihres hohen Alters und ihrer zarten Gesundheit die anstrengende Fahrt durch die Heide nicht, deren Straßen mehr Wege voller Löcher sind. Sie ist auch die einzige, deren regelmäßige, fast täglich eintreffenden Briefe, die sie mir durch einen Kurier sendet, wenn sie am Kommen verhindert ist, nicht durch die Zensur gehen. Alle anderen Schreiben werden erst geprüft und wahrscheinlich dann zum größten Teil zurückbehalten, denn es findet kaum je ein Brief zu mir außer Rechnungen für den Bedarf des Hofstaates und für eigene bescheidene Bedürfnisse, worüber ich gewissenhaft Buch führe.

In späteren Jahren durfte mich auch der Hofprediger Casacau aus Celle, der Gutsverwalter Lüdemanns sowie die Räte von Randohr, Kotzelius und Fabricius und der Ahldener Pastor besuchen.

Doch was schreibe ich solch Unwichtiges auf! Nur für mich in meiner Einsamkeit war es wichtig, und nun fülle ich die Tage, Wochen, Monate damit aus, daß ich stundenlang hier hineinschreibe.

Meine Mutter! Wichtig ist und bleibt sie mir!

Ich kann nicht schildern, wie mir war, als sie nach langer Zeit zum ersten Mal hier vor mir stand, wie ich ihr aufschluchzend um den Hals fiel und mich wie einst als Kind an ihrer Brust ausweinte. Ich konnte ihr nicht zürnen, daß sie sich meiner so gar nicht in meiner Not angenommen hatte. Ich verstehe sie. Mein Vater ist ihre große Liebe, und ihm zu gefallen durfte sie sich nicht um mich kümmern. Wieviel Gebete hat sie für mich gen Himmel gesandt, und diese Gebete einer Mutter sind erhört worden. Ich habe zu ihrem und meinem Gott zurückgefunden.

Ich glaube auch nicht, daß die Liebe meines Vaters zu mir erloschen ist, obwohl ich ihn nie, nie mehr wiedersah. Er wollte auch nicht, daß mein Name erwähnt wurde. Darum hat meine Mutter auch von mir ihm gegenüber geschwiegen.

Es war mir sehr schmerzlich, daß er sich in keiner Weise um mich kümmerte, daß er nahe an Ahlden vorüber zur Jagd ritt und nicht einmal den Kopf zu meinem Wohnsitz, meinem Gefängnis wandte. Es tat mir weh, daß er das fröhliche Leben am Hof zu Hannover mitmachte, sogar noch im einundachtzigsten Lebensjahr kurz vor seinem Tod in froher Ausgelassenheit am Karneval, der dort gefeiert wurde, teilnahm, daß er seinen achtzigsten Geburtstag mit viel Aufwand feierte, sogar Schaumünzen in Gold und Silber mit seinem und meiner Mutter Bildnis dafür prägen ließ und zum Andenken großzügig unter das Volk verteilte - und kein Wörtchen für sein armes einziges Kind hatte.

Oder wollte er seinen Schmerz um mich nur durch laute Fröhlichkeit verdecken?

Bis zu seinem Ende war er rührend bemüht, in treuer Fürsorge die Zukunft meiner lieben Mutter sicherzustellen. Er wußte, daß sie vom Hof von Hannover keinen Beistand zu erwarten hatte, daß man sie wahrscheinlich von dort aus gleich nach seinem Abscheiden aus dem Schloß in Celle verweisen würde.

Darum ließ er seine italienischen Baumeister sogar Studien in Paris, in Versailles machen, um das Lüneburger Schloß als Witwensitz seiner geliebten Gemahlin aufs feinste und geschmackvollste herzurichten.

Mit ihr, seiner fürsorglichen Pflegerin, war er bis zu seinen letzten Jahren auf wilden Ritten und übermütigen Jagden, auf die sie ihn willig, immer um seine Gesundheit bangend, begleitete. Mit ihr genoß er schöne Stunden in inniger Zweisamkeit in dem von ihr so geliebten Schlößchen Wienhausen, das er ihr zur wehmütigen Erinnerung ausdrücklich vermachte und wohin sie sich gerne zurückzog.

Ich möchte meinen geliebten Vater so gerne entschuldigen, vor mir selber entschuldigen, wenn die Bitternis in mir aufsteigen will, Bitternis darüber, daß er mich derart im Stich gelassen hat.

Ich möchte annehmen, daß er nach dem Tode seines Bruders Ernst August, der ihn sehr traf, doch versucht hat, mein Los etwas zu mildern. Meine Mutter überbrachte mir seinen Befehl, meiner ehemaligen Schwiegermutter sowie meinem ehemaligen Gemahl, dem nunmehrigen Kurfürsten, einen Beileidsbrief zu schreiben. Ich mußte mich überwinden, teilnahmsvolle Worte für die Menschen zu Papier zu bringen, die mir so feindlich gesinnt waren. Ich tat es meinem Vater zuliebe. Nein, ich tat es auch mir selber zuliebe. Nicht daß ich meine Abgeschiedenheit nicht weiterhin standhaft und stillschweigend tragen wollte. Ich habe niemals Klage- und Jammerbriefe derentwegen geschrieben.

Nun aber flehte ich am 26. Januar 1698, fast einundeinhalbes Jahrzehnt nach meiner Inhaftnahme, meinen geschiedenen Gatten an, daß er mir »als Gipfel seiner Gnade gütigst gestatten wolle, unsere teuren Kinder zu sehen und zu umarmen, so würde meine Dankbarkeit unbegrenzt sein, da ich nach der Erfüllung dieses Wunsches ruhig sterben könnte«. Auch meine Schwiegermutter flehte ich kniefällig an, sich bei dem Kurfürsten, ihrem Sohn, zu verwenden, daß er mir gestatte, meine Kinder zu umarmen.

Ich will von Herzen glauben, daß mein Vater dies auch bezweckte, als er mich aufforderte, diese Briefe zu verfassen. Daß ich keinen Erfolg damit bei meinen erbittertsten Feinden hätte, das hatte ich zwar vorausgeahnt. Ich habe meine beiden geliebten Kinder nie wiedergesehen.

Ich habe auch meinen teuren Vater nicht wiedergesehen. Eines Tages erhielt ich von meiner Mutter die Nachricht, daß sich mein Vater bei einer Rebhuhnjagd schwer erkältet hätte. Sie, die ihn nach mancherlei Stürzen, die er sich bei seinen tollkühnen Ritten zuzog, gesund gepflegt hatte, konnte so wenig mehr ausrichten mit ihren Trünklein wie der Hofmedikus mit seinen Mixturen, so daß mit seinem baldigen Abscheiden zu rechnen war. Da reichte ich sogleich ein Gesuch ein, an das Sterbebett meines Vaters eilen zu dürfen. Auch das wurde mir unter dem Einfluß des hinterhältigen Ministers von Bernstorff abgeschlagen.

Mein Vater verschied am 28. August 1705 in seinem geliebten Wienhausen in den Armen seiner Gemahlin, mit der er zuvor noch das heilige Abendmahl genommen hatte. Ich habe ihm nicht mehr die Hand drücken dürfen.

Meine liebe Mutter hatte Halt in ihrem festverankerten Glauben. Ohne äußere Erschütterung, voll stolzer Würde empfing sie die zahlreichen Beileidsbesuche und siedelte dann ohne Klage aus dem Schloß in Celle in das bedeutend kleinere und einfachere in der kleinen Stadt Lüneburg um.

Später erlaubte man ihr wenigstens einen Aufenthalt in Celle, weil sie dort mir näher wohnt und in ihrem hohen Alter die Fahrten hierher immer beschwerlicher für sie sind.

Wie einsam wäre ich ohne sie, und wie dankbar bin ich, daß sie mir noch so lange hier auf Erden erhalten bleibt, mir mit ihrer geistigen Frische, ihrem starken Glauben solch ein Lichtblick ist!

Sie ist für mich auch das Bindeglied zu der Welt da draußen, mit deren Lust und Unfrieden ich zwar nichts mehr zu tun haben will. Sie bringt mir die neuesten wertvollen Bücher, Geschichtswerke, Reisebeschreibungen, Übersetzungen aus anderen Sprachen, vor allem aus dem Lateinischen.

Hofklatsch übermittelt sie mir nie. Aber sie brachte mir im Jahre 1706 das Opfer, als Großmutter an der Hochzeit meiner einzigen Tochter mit dem Kronprinzen von Preußen in Hannover teilzunehmen, was inmitten der hochmütigen und ihr feindlich gesinnten Verwandtschaft nicht nur Pflicht, sondern wirkliche Aufopferung war.

So konnte sie mir ausführlich von der Trauung, den Festlichkeiten berichten und mir ein ungefähres Bild des Bräutigams entwerfen.

Dieser Friedrich Wilhelm, der Sohn des Königs Friedrich I. und der Sophie Charlotte von Hannover, also ein Vetter seiner Braut, scheint durchaus nicht so prunkliebend wie sein Vater zu sein. Er macht einen redlichen, aufrichtigen, sehr einfachen, fast derben, aber nicht unsympathischen Eindruck, der trotz des Naserümpfens der Großmama seiner Braut, der »großen Sophie«, meine kleine Sophie Dorothea ungezwungen sein »Fiekchen« nennt. Er betont ungeachtet des Staunens oder gar winzigen spöttischen Lächelns der Hofgesellschaft, daß er fest an seinem evangelischen Glauben hält und durch Gottesfürchtigkeit, durch Sparsamkeit, Pflichterfüllung und Sittenstrenge seine Preußen einst zu größerem Wohlstand bringen wird. Eine Mätressenwirtschaft am preußischen Hof sei während seiner Regierung nicht zu befürchten.

So bin ich über das Schicksal des »Fiekchen« recht beruhigt. Und daß ich das sein darf, verdanke ich nächst Gott auch meiner geliebten Mutter, die mir so ausführlich wie nur möglich von meinem Schwiegersohn, der meiner Tochter als Vetter schon bekannt war und dem sie nicht ungern die Hand fürs Leben reichte, erzählte. Gott segne ihre Ehe!

Möge meine Tochter vor dem traurigen Schicksal ihrer Mutter bewahrt bleiben.

So kann ich in Frieden an sie denken, wenn es mich auch schmerzt, daß ich sie nicht von Angesicht zu Angesicht hier auf Erden sehen darf.

Und noch etwas verdanke ich meiner lieben Mutter, ein großes Glück! Sie vermittelt mir Briefe meiner geliebten Tochter, die an sie gerichtet sind und die sie mir dann weitergibt. Ich bin die Mutter einer zukünftigen Königin, die Mutter eines künftigen Königs und trotzdem noch die Gefangene von Ahlden!

Doch ein Schatz auf Erden ist mir geblieben, meine Mutter! Es ist mir zuweilen, als wollte sie mit doppelter Liebe gutmachen, was sie der großen Liebe zu ihrem Gemahl wegen an mir versäumte. Als sie nach dem Tode meines Vaters befürchtete, daß ich ohne seinen Schutz nun noch mehr zu erdulden haben würde, machte sie mir sogar den Vorschlag, mit mir nach Frankreich zu übersiedeln. Sie selber hat an König Ludwig XIV. geschrieben, der ihr bereits großmütig ihren väterlichen Besitz – zur Grafschaft Olbreuse erhoben – zurückerstattet hatte. Er erteilte uns bereitwillig die Erlaubnis, die französische Nationalität anzunehmen und uns unter seinen Schutz zu begeben. Die Freiheit lockte aufs neue! Doch nur die irdische Freiheit! Wir durften sie nur unter der Bedingung genießen, daß wir zum katholischen Glauben überträten, wie der König uns schon vor Jahren vorgeschlagen hatte. Wir blickten uns nur stumm in die Augen! Es bedurfte keiner Frage! Keiner Überlegung! Wir wußten unsere Antwort. Wir blieben unserm Glauben treu, befahlen uns dem Schutz des höchsten Herrn, und ich bin weiterhin die Gefangene von Ahlden.

Ich habe vergessen, meine Aufzeichnungen immer mit den weiteren Daten zu versehen. Ich habe an diesem umfangreichen Stoß von Blättern schon monatelang geschrieben.

Dies, was ich jetzt aufzeichne, hat sich im Jahre 1718 ereignet, als Georg Ludwig schon über zwei Jahre König von Großbritannien und Irland war. Er ritt oft hier über die Heide, denn er war mehr in Hannover als in England, und wie sein Vater und der meine liebte er leidenschaftlich die Jagd. Einmal, so erzählte mir wieder Geesche, hat ihn auch die uralte Kräuterfrau angetroffen und ihm ohne Furcht nachgerufen: »Und wo ist die Frau Königin?« Er hat sich zornig umgedreht, hat aber der schier unheimlich wirkenden Greisin nichts von seinem Gefolge antun lassen, sondern selber grob zurückgeschrien: »Meinetwegen im Jenseits!«, worauf sie ihre knochige Hand drohend erhoben und prophezeit hat: »Sobald sie stirbt, folgst du ihr ein Jahr danach. Aber du kommst dann woandershin als sie!«

Seither soll er sich sehr regelmäßig nach meinem Gesundheitszustand erkundigen. Manche nehmen an, es regte sich in ihm doch endlich das Gewissen und er würde mir wenigstens meine Freiheit wiedergeben, mich am Ende gar zur Königin erheben. Ich habe keine Hoffnung mehr, ziehe es auch vor, meine Tage hier zu beschließen als an der Seite dieses Unholds, der nur um meinen Tod bangt, weil er keinen Glauben, dafür aber Aberglauben hat und abergläubisch nach meinem Tod den seinen befürchtet.

In der Nacht des Jahres 1718 wurde ich trotz des Schlaftrunkes durch einen großen Lärm geweckt. Es wurde gesungen – ein englisches Lied –, es wurde gerufen, und ich verstand schließlich, als ich mich bis zum Fenster getastet und die Läden einen Spalt breit geöffnet hatte, die Worte: »We wish to see our uncrowned Queen!« (Wir wünschen unsere ungekrönte Königin zu sehen.)

Es war eine stattliche Anzahl Männer vor dem Schloß versammelt.

Genaues konnte ich in der nächtlichen Dunkelheit nicht erkennen. Es sollen, wie ich später – natürlich von Geesche – erfuhr, sehr vornehme Engländer gewesen sein, an die die Wache nicht gewagt hätte, Hand anzulegen, besonders da einige von ihnen ihre Degen gezogen hätten. Wie mir einer der beiden Oberoffiziere, die mit mir an der Tafel aßen, entschuldigend mitteilte, wäre scharfe Order daraufhin ergangen, daß in Zukunft alle Fremden fernzuhalten und beim Passieren über die »Alte Leine« von Soldaten begleitet werden müßten. –

Am nächsten Mittag kam meine liebe Mutter an. Sie saß an meinem Bett, das ich auf Anordnung des Arztes wieder hatte aufsuchen müssen, weil mich dieser nächtliche Spuk aufs neue erregt hatte und mein Herz sehr unruhig klopfte. Sie strich tröstend über meine gefalteten Hände.

»Freue dich doch und sei dankbar, mein Kind«, redete sie mir zu. »Dein geliebter Sohn hat dich so wenig vergessen wie deine Tochter. Ich kann dir noch etwas sehr Schönes von ihm berichten. Er hat dein Bildnis in königlichem Hermelinmantel malen und in seinen Gemächern aufhängen lassen und erklärt allen, die ihn besuchen, daß er seine Mutter feierlich nach London holen lassen werde, sobald er zur Regierung gelange. Das hat ihm beim englischen Volk viel Sympathie eingetragen, sein Vater dagegen schäumte vor Wut, als er dies erfuhr. Er hat sich verschworen, niemals mehr die Gemächer seines Sohnes zu betreten, und hat seinen Hofchargen verboten, sich bei den Empfängen seines Sohnes einzufinden. Siehst du, du bist doch die Königin von England!«

»Ja, ich bin die ungekrönte Königin«, seufzte ich.

»Doch dermaleinst wirst du eine unvergängliche Krone tragen vor dem Thron des höchsten Herrschers«, sagte meine Mutter ernst.

Die ungekrönte Königin

Ich habe erwähnt, daß meine Tochter zukünftige Königin wäre, mein Sohn zukünftiger König.

Bei meiner Tochter war es insofern selbstverständlich, da sie den Sohn des Königs Friedrich I. von Preußen, den Kronprinzen Friedrich Wilhelm, geheiratet hat, der seinem Vater auf den Thron nachfolgen wird.

Mein Sohn war bei seiner Geburt noch nicht als ein zukünftiger König, sogar der eines fremden Landes, ausersehen. Doch nun scheint es, daß er auch einst eine Königskrone und nicht nur den Kurfürstenhut tragen wird.

Wilhelm von Oranien, der als Gemahl Marias, einer Enkelin Jakobs I., in England regierte, hatte beim Parlament durchgesetzt, daß nur noch die protestantische Linie der Stuart in diesem Reich herrschen dürfte. So folgte ihm und seiner Gemahlin die zweite Enkelin Jakobs I., Anna, und nach ihr wäre die Kurfürstin Sophie von Hannover, auch als Enkelin Jakobs I., die Anwärterin auf den Thron.

Welch ein Triumph war das für diese ehrgeizige machthungrige Frau gewesen, als ihr im Jahr 1701 eine außerordentliche Gesandtschaft aus England dieses Dokument, die Nachfolgeakte, überreichte. Mit zitternden Händen hat sie die Pergamentrolle an sich genommen.

Wie ihre Mutter Elisabeth war ihr der Kurfürstenhut ihres Mannes nicht genug gewesen, und auch diesen hatte ihr Gemahl nur mit großer Mühe auf all ihr Drängen gewinnen können. Ihre Mutter hatte ihren Vater dazu gebracht, die Krone Böhmens anzunehmen, und war dadurch zum Flüchtlingsdasein, zur Armut verdammt worden.

Ihr aber, der bisher so verbitterten, leidenschaftlich nach größerer Macht strebenden Frau war nun Englands Thron gewiß. Sie würde als Königin von Großbritannien und Irland regieren. Aber noch stand ihr nach Wilhelms und Marias Tod die andere Erbin, Anna, im Wege. Wie furchtbar ist es, wenn man derart nach Herrschaft giert und dabei auf den Tod eines andern Menschen wartet, sich fast in Ungeduld verzehrend wartet – wartet.

Ihr Gemahl, der Kurfürst Ernst August, war darüber gestorben.

Anna regierte immer noch, und es ist eine eigenartige Fügung, daß Sophie in diesem Jahre 1714 starb, wenige Tage nur vor dem Tode Königin Annas.

Und somit wurde mein Gemahl Georg Ludwig König Georg I. von Großbritannien und Irland.

Er hat sich über diese neue Würde nicht so gefreut, wie es seine stolze Mutter getan hätte. Er, der so gefühlskalte Mensch, soll sogar geweint haben, als er von Hannover Abschied nahm, um den Thron von England zu besteigen.

Er ist oft, für einen verantwortungsbewußten König viel zu oft, zurückgekehrt, hat Hannover immer noch als seine Heimat betrachtet, was ich ihm ja nachfühlen kann. Aber daß er sich auch mehr um das Land Hannover als um sein neues Reich kümmert, entspricht wohl nicht dem Bild, was man sich von einem pflichttreuen König macht. Er hat wohl Grund, regelmäßig vor der Rückreise nach England, Tränen zu vergießen. Das englische Volk bringt ihm so wenig Zuneigung entgegen wie er ihm, und mich wundert, daß er nicht ebenso von ihm abgesetzt wird wie manche seiner Vorgänger. Er ist selber schuld daran, daß er so unbeliebt dort jenseits des Meeres ist. Er gibt sich nicht die geringste Mühe, sich angenehm zu machen. Er versucht noch nicht einmal, auch nur ein paar englische Worte zu erlernen. Er ist starrsinnig, »bockig«, wie ich ihn in der Sprache meiner Geesche zu nennen wage, wie ein trotziger Junge, als täte man ihm ein Unrecht an, daß man ihn als König festhält. Die Briten werden es bereut haben, daß sie sich solch einen Monarchen vom Kontinent geholt haben, doch sie waren gesetzestreu und fühlten sich dem Erlaß des guten Wilhelms und des Parlaments verpflichtet.

Am meisten empörte sie, daß er alsbald auch dort das Leben eines Wüstlings zu führen begann, daß er anstatt mit seiner Gemahlin mit zwei Mätressen Einzug hielt, zwei sogar schon recht verblühten ältlichen Personen. Es waren die von Kielmannsegg, die er sogleich zur Gräfin von Darlington erhob, und die mir schon bekannte Verwandte der Gräfin Platen, die von der Schulenburg, die plötzlich in ihren alten Tagen als Herzogin von Kendal paradieren durfte. Man bezeichnet diese beiden Damen am englischen Hof als »Hopfenstange« und »Elefant«!

Da er das englische Volk gleich nach seiner Ankunft derart vor den Kopf stieß, antwortete es ihm mit gleicher Münze. Immer mehr wurde sich mit meinem unglücklichen Los beschäftigt, es noch furchtbarer geschildert, als es war oder ich es nach all den Jahren empfinde.

Man rief vor dem Schloß in Sprechchören: »Wo bleibt unsere Königin?« Man schrieb es an die Mauern seiner Residenz: »Wir wünschen unsere ungekrönte Königin!«

Auf einmal war ich das Thema vieler Gespräche. Man wußte mehr über mich als vielleicht ich selber. Briefe, Memoiren wurden veröffentlicht, die ich nie geschrieben habe. Und man spricht voller Entrüstung von der, wie sie es nennen, »klassischen Ohrfeige«, die mir dieser Rohling gegeben hätte und die ich nie vergeben und nie vergessen könnte.

Von Mund zu Mund, von Ohr zu Ohr geht die Geschichte von der ungekrönten Königin.

Auch hier in Ahlden schlug diese Empörung ihre Wellen. Endlich bekam meine Wache, die sich gewiß hier jahrelang entsetzlich gelangweilt hat, etwas zu tun. Eines Nachts weckte mich ein Rumor. Geesche, die eigentlich davon nichts reden durfte, die mir aber so vertraut geworden ist, daß sie ihre Scheu vor mir völlig verloren und wenn sie in meinen Räumen zu tun hat, eifrig drauflos schwatzt, berichtete mir, daß ein Mann in der vergangenen stürmischen Nacht durch ein offengebliebenes Fenster bis an das Pforthaus vorgedrungen wäre und den völlig überraschten Posten in einem fremden Dialekt etwas gefragt, was der Soldat nicht verstanden hätte. Darauf wäre der Fremde im Dunkel verschwunden, die Wache wäre alarmiert worden. Es wurde festgestellt, daß die kleine Tür am Tor an der äußeren Zugbrücke offen war, obwohl sie nachweisbar am Abend geschlossen gewesen wäre. Nun würde jetzt noch im Dorfkrug, in allen Schenken rings um Ahlden nach dem Verdächtigen gesucht, aber gefunden hätte man diesen Engländer nicht.

Ich mußte lächeln. »Warum soll es denn gerade ein Engländer hier in der abgelegenen Heide gewesen sein?« fragte ich.

Geesche guckte mich mit runden Augen erstaunt an. »Na, wo Eure Durchlaucht doch die ungekrönte Königin von England sind!« erwiderte sie.

Ich hätte mich ja gar nicht auf solch langes Gespräch einlassen dürfen, doch ich verstoße immer wieder gegen diese Vorschrift. Geesche ist mir ans Herz gewachsen, und ich höre ihrem Geplapper gerne zu. Ist das nicht verständlich, wenn man so einsam lebt wie ich? Ich erfahre ja keine Staatsgeheimnisse und keinen Hofklatsch von ihr.

»Wahrscheinlich wird es mit diesem Einbrecher dieselbe Bewandtnis haben wie mit dem, der vor Jahren als höchstverdächtig festgenommen worden ist und dabei doch nur seine Herzallerliebste, die Kammerfrau Schröder, die er später auch ehelichte, sehen wollte«, scherzte ich.

»Oh, es sind noch viel aufregendere Verhaftungen vorgekommen!« tat Geesche wichtig. »Wir erfahren das in Ahlden wohl, da die Soldaten trotz des Verbotes bei ihren Liebsten den Mund nicht halten können.«

»Und du auch nicht!« schalt ich. Ich machte wohl kein strenges Gesicht dazu.

Geesche schlug sich zwar schuldbewußt auf den Mund. Dann raunte sie jedoch geheimnisvoll: »Das müßten Eure Durchlaucht eigentlich doch erfahren, daß einmal ein sehr vornehmer Herr zwei Briefe von dem Hoffräulein, das Sie früher um sich hatten, abgeben wollte und einen Paß dabei! Das haben Sie Eurer Durchlaucht bestimmt nicht abgegeben. Doch der Fremde war so etwas Hohes, da hat der Unteroffizier nicht gewagt, ihn festzuhalten, und dafür ist dann der Unteroffizier bestraft und von hier abgelöst worden.«

»Die gute von dem Knesebeck!« seufzte ich leise.

Geesche merkte wohl, daß ich ihr nicht zürnte, wenn sie weiter ihre bisher so sorgsam und ungern verschwiegenen Geheimnisse auspackte.

Sie näherte sich mir so dicht, wie es ihr eigentlich nicht zukam, und flüsterte mit einer wahren Verschwörermiene: »Wissen Eure Durchlaucht denn auch, daß der Sohn Eurer Durchlaucht versucht hat, bis zu Eurer Durchlaucht durchzudringen? Sie können die Frau Marie Ratje fragen – ach nein – Sie dürfen ja mit niemandem im Dorf sprechen. Die weiß Genaues darüber.«

Die Kammerfrau trat ein. Geesche huschte eilig, wie auf böser Tat ertappt, hinaus, schaute an der Tür noch mal um und legte mit ängstlich bittenden Augen den Finger auf den Mund. Dummes Kind! Als wenn ich sie verraten hätte!

Ich faßte nach meinem Herzen, das wieder einmal so stürmisch klopfte.

»Ist es Eurer Durchlaucht nicht gut?« erkundigte sich die Kammerfrau besorgt.

Ich nickte, konnte nicht sprechen, ließ mich mit geschlossenen Augen auf das Bett sinken.

»Oh, mein geliebter Sohn!« dachte ich. »Er hat seine Mutter nicht vergessen.« Oh, ich erinnere mich!

Ich war so überwältigt von diesem Gedanken, daß ich ohnmächtig wurde. Alles, alles habe ich bisher ertragen, aber immer noch schmerzt mich die Trennung von meinen Kindern, und der Herr allein wird es noch besser verstehen als eine andere Mutter, die auch erahnen wird, wie ich leide. Er hat selber am Kreuz noch für seine Mutter gesorgt, hat sie der Obhut des Lieblingsjüngers Johannes übergeben, und der Vater im Himmel verspricht: »Ich will euch trösten, wie einen seine Mutter tröstet!«

»Meine Mutter!« ächzte ich, als ich wieder zu mir kam und lauter ängstliche Gesichter um mich sah.

»Sogleich der Frau Herzogin einen Kurier senden!« hörte ich eine Männerstimme, die anscheinend dem Herrn Medikus gehörte. »Die Frau Durchlaucht stirbt uns unter den Händen.«

»Nein, nein«, flüsterte ich. »Meine Mutter darf von diesem Schwächeanfall nichts erfahren. Es könnte ihr mehr schaden als mir. Ich sterbe noch nicht. Es war nur eine Ohnmacht, von der ich mich bald erholt haben werde. In meinem Alter soll so etwas zuweilen den Frauen zustoßen. Ihr könnt ihr morgen mitteilen, daß ich etwas Verlangen nach ihr habe, mehr nicht. Und jetzt habe ich nur einen Wunsch: Laßt mich in Ruhe. Ich bin müde, todmüde und will niemanden um mich haben.«

Man hielt mir einen Becher an die Lippen. Als ich etwas Bitteres schmeckte, wehrte ich ab.

»Nein«, sagte ich, »keinen Schlaftrunk! Ich habe ihn nicht nötig. Nur einige Stunden völliger Ruhe will ich haben.«

Sie verließen leise mein Schlafgemach, und ich konnte nachdenken, nachdenken und – weinen, unbemerkt, ungesehen.

Oh, ich erinnerte mich! Ich brauchte keine Frau Ratje zu fragen, über Geesche weitere Erkundigungen einzuziehen. Ich hatte es ja gesehen, wie sich mein Sohn mir genähert hatte. War denn mein Mutterherz so unempfindlich geworden, daß ich es nicht gefühlt hatte, daß mein Sohn in meiner Nähe war?

Ich hatte wie so oft müßig am Fenster gesessen und in die eintönige Landschaft gestarrt. In dem leichten Nebel, der darüber lag, tauchte in der Ferne ein Trupp Reiter auf. Wahrscheinlich waren es Jäger, die zuweilen hier in der Nähe ihr Wesen trieben. Ich achtete nie darauf. Was gingen sie mich an! An jenem Morgen sah ich, wie einer von ihnen sich von seinen Gefährten löste und im rasenden Galopp auf diese alte Wasserburg lossprengte. Er kam rasch näher und näher. Wahrscheinlich erblickte er mich am Fenster. Er hob die Rechte, winkte. Unwillkürlich antwortete ich mit einer gleichen Handbewegung. Hat er wohl daraus geschlossen, daß ich ihn erkannte, daß ich wenigstens die Freude gehabt hatte, ihn aus der Ferne zu sehen? Doch wie hätte ich vermuten können, daß dieser hochaufgeschossene schlanke Jüngling mein kleiner blondlockiger Liebling, wie ich ihn vor Jahren zum letzten Mal ans Herz gedrückt hatte, war! Doch hätte es mir mein Mutterherz nicht sagen können? Verband mich so wenig mit meinem Kind? Spannen sich keine unsichtbaren Fäden zwischen ihm und mir? Oh, ich schämte mich, daß ich so gefühllos war, so dumm, so ahnungslos.

Mein Sohn, der kühne, verwegene Reiter, gelangte nicht bis zu mir. Seine Begleiter hatten ihre Pferde gewandt, ritten in wildem Tempo hinter ihm drein, riefen, schrien. Meine Wache, der Gouverneur selbst, kamen an den Eingang der Burg. Ich hörte allerlei Stimmengewirr, und dann – dann entschwanden die Reiter in der Ferne. Derjenige, der zuerst der Vorderste gewesen war, ritt langsam als Letzter inmitten von zwei andern mit gesenktem Kopf hinterdrein. Es erschien fast, als wenn er verhaftet wäre. Er wandte noch einmal den Kopf zurück. Ich hob – wie unter einer fremden Gewalt, der ich gehorchen mußte, noch einmal die Hand. Dann verschluckte sie der Nebel.

Kurz danach trat nach höflichem Anklopfen der Herr Gouverneur in mein Zimmer. Als er mich wie immer reglos, tatenlos am Fenster sitzen sah, machte er nur eine Verbeugung, fragte nach etwaigen Wünschen, und als ich keine äußerte, nichts fragte, verließ er mich wieder und machte dabei ein recht zufriedenes Gesicht, während er zuerst besorgt und beunruhigt dreingeblickt hatte.

So habe ich meinen Sohn wiedergesehen und doch nicht gesehen. War ich mit Blindheit geschlagen gewesen?

Ich habe ihn zum letzten Mal gesehen, falls ich nicht noch am Leben bin, wenn er seinem Vater auf den Thron folgt. Dann wird er mich befreien, dann wird er mich nach London holen in einer der Königin würdigen goldenen Karosse.

Doch ich will mich nicht kindischen Träumereien hingeben. Ich will auch nicht in unchristlicher Weise auf den Tod eines andern warten, der jetzt der König von Großbritannien und England ist, und wenn dieser andere auch der Mensch ist, der mir das größte Leid zugefügt hat und noch zufügt, der mich hier gefangenhält. Ich will nicht seinen Tod herbeisehnen, wie seine Mutter Sophie es kaum erwarten konnte, daß die ihr völlig fremde Königin Anna starb und ihr den Platz auf Englands Thron einräumte. Die Königin Anna hat einige Tage länger als Sophie gelebt. Werde ich nicht noch Jahre vor dem Tode Georg Ludwigs auferlegt bekommen?

»Meine Zeit steht in deinen Händen, mein Gott!«

Die letzte Einsamkeit

Ich schreibe diesmal das Datum. Es ist der 5. Februar 1723. Heute vor einem Jahr ist meine geliebte Mutter im Alter von 83 Jahren entschlafen. Der Pfarrer der reformierten Kirche in Celle schrieb mir: »Sie starb als gute Christin und empfahl ihre Seele Gott.«

Es war mir nicht gestattet, in ihrem letzten Stündlein bei ihr zu sein, aber ich bin dankbar, daß sie mir so lange Trost und Stütze sein durfte, und weiß, daß ich sie einst wiedersehen werde. So wie sie in ihrem Leben große Wohltätigkeit pflegte, die protestantischen Flüchtlinge allenthalben unterstützte, die reformierte Kirche von Celle ganz von ihr erhalten wurde, so erwies sie sich auch in ihrem Testament. Sie ist immer die glaubensfeste, glaubenstreue Hugenottin geblieben. Auch das ist Erdichtung, gar Verleumdung, daß sie sich in ihren letzten Jahren, die sie wohl in tiefer Frömmigkeit verbrachte, der katholischen Kirche zugewandt hätte. Sie hat Legate in Höhe von 60000 Talern für ihre Glaubensgenossen hinterlassen. Als Erben ihres übrigen Besitzes hat sie ihre Enkel, also meine Kinder Georg und Sophie Dorothea, eingesetzt unter der Bedingung, daß ich bis zu meinem Tode davon die Nutznießung haben soll. So verfüge ich – auch durch die Einkünfte aus der französischen Grafschaft Olbreuse – über noch reichere Mittel als bisher. Ich will sie in dem Sinne der Entschlafenen verwenden. Ich habe zum Wiederaufbau des durch eine Feuersbrunst fast völlig zerstörten Ahldens reichlich beigetragen, vor allem große Summen für die Erneuerung der Kirche ausgegeben, wie auch für deren Innenausstattung gesorgt. Der Brand war übrigens durch die Unachtsamkeit eines meiner Wachtposten entstanden, der mit einer brennenden Kerze nach einer Maus gesucht und dabei das Strohdach in Flammen versetzt hat. Ich selber stand auch in Gefahr und bin aufgeregt in dem von dem Feuer taghell erleuchteten Schloß umhergelaufen. Doch auch dabei hat mich des Herrn Hand behütet. Vor allem ließ ich damals für mein Gesinde, das im Schloß etwas beengt wohnte, kleine Häuser bauen.

Betreten habe ich diese neuen Wohnstätten zwar niemals, obwohl ich sie gerne in Augenschein genommen hätte. Ebensowenig kenne ich das Innere der Kirche, da ich an den gemeinsamen Gottesdiensten nicht teilnehmen darf, aber im Schloß von dem Ortsgeistlichen gepredigt und das Abendmahl ausgeteilt bekomme.

Ich habe auch versucht, durch reiche Geschenke die Schulverhältnisse zu verbessern, und habe nach Erkundigungen bei dem Pfarrer die Bedürftigen unterstützt. Doch ich will mich dessen nicht rühmen. »Wer sich rühmt, der rühme sich des Herrn.« Ich schreibe es eigentlich nur auf, weil mir gar nichts mehr einfällt, was des Aufzeichnens wert ist. Mein Leben ist seit meiner Mutter Tod sehr einsam geworden, noch eintöniger als zuvor.

Wie gerne kniete ich einmal am Sarge der Verewigten, dort in der Kirche zu Celle, die sechs Monate lang ihr zu Ehren mit schwarzen Florfahnen verhängt war. Im übrigen aber wurde nach ihrem Wunsch ihre Beisetzung an der Seite ihres Gatten »ohne jeden Luxus«, wie sie geschrieben hat, vollzogen.

Wie gern läse ich in ihren Aufzeichnungen, in den Briefen, von denen sie die ihr liebsten, sorgsam mit Seidenbändern umwickelt, aufbewahrte. Doch wenn ich auch einen reichen Besitz von ihr erbte und mein Gemahl das nicht hindern konnte, obwohl er sich auch lange mit Preußen deswegen herumstritt, so hat er es doch erreicht, daß auf seinen Befehl sofort ihre sämtlichen Papiere verbrannt wurden.

So wird er auch über meinen Nachlaß bestimmen, falls ich vor ihm abberufen werden sollte.

Was liegt daran! Wer wird meiner noch gedenken, wenn ich, das heißt meine sterbliche Hülle zurückbleibt und ich endlich, endlich frei werde!

Ich bin noch keine 60 Jahre alt, aber ich bin müde geworden. Nur der geheime Briefwechsel mit meiner geliebten Tochter Sophie Dorothea ist ein Lichtschein in diesem Nebelgrau der Heide. Trotz meiner strengen Bewachung gelingt es der Königin immer noch, die Beziehung zu mir aufrechtzuerhalten. Mit großer Vorsicht bedient sie sich dazu des Preußischen Rates Ludwig, welcher die Briefe an einen andern preußischen Beamten gelangen läßt, der sie wiederum dem Gutsverwalter Lüdemann aushändigt, der mich auf ausdrückliche Order besuchen darf und meine Antworten auf dem gleichen Wege zurückleitet.

Ansonsten hält mich nichts mehr hier auf Erden.

Die gute Geesche ist schon lange verheiratet. Sie besucht mich oft. Sie hat das so eingerichtet, daß sie in der Küche aushilft und auch beim allwöchentlichen großen Reinemachen meiner Gemächer. Auf diese Weise sieht und spricht sie mich, ohne um Besuchserlaubnis eingeben zu müssen. Sie darf anstandslos die Wachen passieren. Sie ist eine treue Seele. Auch die guten Malorties, er als mein Gouverneur, sie als meine Hofdame, haben bei mir ausgehalten. Der Ortspfarrer, der mich besuchen darf, hat einen weißen Kopf bekommen. Auch er ist alt und müde geworden. Ich weiß, daß meine Gefangenschaft bald zu Ende sein wird. Was hilft es, daß der König von England einen Arzt nach dem andern sendet, der ihm dann über mein Befinden berichten muß. Er tut es nicht aus Fürsorge, aus später Reue. Er fürchtet abergläubisch die Prophezeiung, daß er ein Jahr nach mir sterben wird.

Für mich birgt der Tod keine Schrecken. Er öffnet mir das Tor zur Freiheit. Ich befehle – wie meine liebe Mutter – meine Seele Gott dem Herrn und meine Kinder desgleichen. Wie der lebenssatte Erzvater Jakob flehe ich: »Herr, ich warte auf dein Heil!«

In Gottes Hände

1. November 1726

Noch einmal sind mir diese Blätter, auf denen ich in den vielen Jahren meiner Gefangenschaft meinen Lebenslauf, so gut ich konnte, aufgezeichnet habe, zu Gesicht gekommen.

Ich werde nicht mehr viel hinzufügen, weiß nichts mehr und kann nicht mehr. Und wozu auch? Es wird doch alles, was ich an Papieren hinterlasse, auf Befehl des englischen Königs Georg, den ich nicht mehr meinen Gemahl nennen darf und will, wie die Briefe und Tagebücher meiner seligen Mutter in Flammen aufgehen.

Meine Schrift ist fast unleserlich geworden. Meine Hände, die so kraftvoll die Pferde regierten, wenn mich wieder die alte böse Unrast überfiel und ich über die Heide dahinraste, sind schwach und zitterig geworden.

Ich bin am Ende meiner Tage. Im Januar dieses Jahres hatte ich einen Schlaganfall, von dem ich mich zwar erholte. Doch ich spüre, wie meine Kräfte schwinden. Das erste Anklopfen des Todesengels habe ich wohl verstanden. Ich bin bereit, als begnadigte Sünderin vor den Herrn zu treten, und bete jeden Abend vor dem Einschlafen: »Mein Gott, ich bitt um Christi Blut, mach's doch mit meinem Ende gut.«

Ich sitze stundenlang im Sessel am Fenster. Meine Hände, die einst so unruhigen, ruhen müde in meinem Schoß. Ich halte die Augen meist geschlossen, und wenn dann und wann jemand meiner Bediensteten hineinhuscht und nach mir schaut, so meinen sie wohl, ich schliefe.

Noch einmal zieht mein Leben in hellen und düstren Bildern an mir vorüber: die sonnigen, glücklichen Tage meiner Kindheit im lieben Celler Schloß, im Park. Höre ich da nicht die frische junge Stimme: »Louche! Kleine Louche!« rufen? Ach, Christoph! Wie fröhlich war ich damals! Und wie verwöhnt, wie geliebt von meinen Eltern! Oh, mein Vater, wie oft hast du mich zärtlich hochgehoben und dein Herzblatt genannt! Und nie, nie hat er mich, nachdem ich hier in Ahlden in seinem eigenen Besitztum gefangen bin, wiedersehen wollen. Im Alter ist er wohl immer mehr wieder wie in seiner Jugend unter den Einfluß seines Bruders, des Kurfürsten von Hannover, und dessen Gemahlin gekommen, gegen die er wohl sein Lebtag Schuldgefühle hegte.

Bin ich nicht eigentlich das Opfer dieses Leichtsinns meines Vaters geworden, als er sich schriftlich verpflichtete, nicht zu heiraten, sein Land und Erbe seinem Bruder zu hinterlassen, als er seine Braut dem Bruder wie eine Ware überließ und mir dadurch ihren Haß zuzog? Mußte ich nicht den ungeliebten Mann, ihren Sohn, heiraten, weil mein Vater sein schriftlich gegebenes Gelübde gebrochen hatte? Mußte durch meine Heirat das Erbe, das er den beiden und ihren Kindern versprochen hatte, doch noch an sie fallen?

Hat er sich am Ende geschämt, vor mir geschämt, als ich im Unglück saß, und hat mich darum nie mehr von Angesicht sehen wollen? Wollte er mich dann in seiner Sterbestunde sehen, wahrscheinlich mir verzeihen, mir seine liebe Hand auf den Kopf legen, und nur Graf Bernstorff hat es hintertrieben? Das fällt mir jetzt so beim Niederschreiben ein. Zum ersten Mal versuche ich dadurch seine so ungewohnte Hartherzigkeit mir gegenüber zu entschuldigen.

Doch das lichte Bild der Celler Kindheitstage habe ich mir durch diese Überlegungen verdunkelt. Ach, und es war doch so schön, und das Köstlichste war, wie mich meine Mutter zum Heiland, zum Herrn Jesus führte, wie sie mir täglich, wenn ich ihr zu Füßen an ihrem Lieblingsplatz am Fenster saß, von ihm erzählte, wie wir die herrlichen Hugenotten-Psalmen miteinander sangen, ich hell und kindlich schrill, sie mit ihrer tiefen warmen Altstimme.

Und doch – wieder kommen düstre Gedanken, als wenn Wolken sich über die Sonne legen: Trotz ihrer großen Liebe zu mir, trotz ihrer echten Frömmigkeit hat sie mich gegen ihre innere Überzeugung diesem Georg Ludwig als Sechzehnjährige als seine Gemahlin ausgeliefert, obwohl sie wußte, daß er schon damals als gemeiner Wüstling galt.

Wollte sie – wie mein Vater – seine Schuld gutmachen, gutmachen, daß er aus Liebe zu ihr sein Gelübde gebrochen hatte? Oh, müssen denn immer die unschuldigen Kinder für die Missetaten der Eltern büßen? . . . Doch sie erfahren dann auch die Barmherzigkeit ihres Gottes, der die Sünden der Väter heimsucht an den Kindern!

Ein neues Bild! Herrenhausen. Wunderschön, ein Märchen ist dieser herrliche Park, reizvoll das Schloß und – wenn auch von ernsterer Pracht – doch prunkvoll das Leineschloß in der Stadt Hannover. Ich bin als erwartungsvolles Kind dorthin übergesiedelt, weil man mir diese Schlösser, diesen Hofstaat so verlockend in den glühendsten Farben geschildert hat.

Und es stimmt ja auch. Äußerlich war es wunderbar, und innen der Kern war wie das Innere eines äußerlich lockenden verfaulten Apfels. Der sittenloseste Hof Deutschlands, der sich auch in dieser Beziehung Versailles als Vorbild genommen hatte: Ein Sündenpfuhl.

Doch fort mit diesem Bild! Ein anderes: Venedig! Oh, du Zauberin, du Königin des Meeres! Und doch, muß ich nicht beschämt daran zurückdenken? Habe ich nicht versucht – wie zuvor als Jüngling mein Vater –, dort in der lebenslustigsten aller Städte mein Dasein zu genießen, immer nur zu genießen in Festen, Tanz und Musik und Taumel? Und was blieb davon? Ernüchterung – Beschämung.

Zurück nach Hannover in die so schöne Umgebung, an den Ort meiner Demütigungen! Nein, nicht mehr daran denken. Nur noch ein Mal, ein einziges Mal an den, der dort in der Sommerzeit wie ein strahlender Held auftauchte, mich aus meinem Elend retten wollte: Christoph von Königsmarck! Und magst du ein Lebemann, ein leichtsinniger Frauenheld gewesen sein, wie man dir nachsagte, mir warst du Freund, mir warst du einer, der für mich sein Leben opferte. Der Herr möge dir dafür viel vergeben, so wie er der großen Sünderin vergeben hat.

Und er vergebe auch mir! Dein wie mein Andenken wird nicht rein auf die Nachwelt übergehen. Man wird mich immer wieder des Ehebruchs bezichtigen, wenn es auch nicht vor Gericht geschah. Aber ich habe das Abendmahl darauf genommen, daß ich keine Ehebrecherin war. Konnte ich vor meinem Herrn einen Meineid sprechen?

Er, der Herr, wird mein Richter sein. Er, der Herr, wird mir vergeben, was ich an Verfehlungen auf mich geladen habe, er, der all Sünd getragen hat. »Sonst müßten wir verzagen. Erbarm dich unser, o Jesu!«

Meine Gedanken verwirren sich. Ich sehe keine strahlenden Bilder mehr vom Schloß in Celle, von Herrenhausen, von Venedig vor mir. Sie verblaßten in mehr als drei Jahrzehnten in der einsamen, düstren Wasserburg von Ahlden, um die der Herbstwind braust, der Wind, der ungehindert über die Heide weht. Jahr um Jahr. Jahrzehnt um Jahrzehnt.

Ich sehe nur noch Gestalten, Gesichter um mich. Rufen sie mich? Kommen sie, mich zu holen? Da sind sie:

Meine geliebte Mutter, die durch ihre jahrelangen treuen Besuche gutmachte, was sie an mir verschuldet hat, mein geliebter, trotz allem geliebter stolzer Vater. Christoph, die gute Knesebeck ...

Ich kann nicht mehr schreiben. Es schwindelt mir. Es wird dunkel. – Falle ich – tiefer – immer tiefer –?

»Ei nun, mein Gott, so fall ich dir
getrost in deine Hände!«

Doch nein, von dieser armen Erde, die mich einst so schön dünkte und deren ich jetzt so müde bin, kann ich noch nicht abscheiden.

Eine seltsame Macht reißt mich wieder hoch. Ich muß, ich muß noch einen Brief schreiben.

Wer zwingt mich dazu? Gute oder böse Mächte? Ich weiß es nicht. Ich kann nicht mehr klar genug denken. Doch ich will mich zusammenreißen. Ich will diesen Brief...

12. November 1726

Ich habe mich zusammengerissen. Es ist, als hätte ich noch einmal alle Lebenskraft zusammengerafft. Ich habe geschrieben, diesen Brief geschrieben.

Zwei Briefe habe ich während meiner langen Gefangenschaft an meinen ehemaligen Gemahl Georg Ludwig und an seine Mutter, die Kurfürstin Sophie, gesandt. In beiden habe ich um Vergebung gebeten für alles, was ich ihnen je getan, womit ich sie gekränkt haben könnte. Ich tat es, mein Beileid kundzutun, als mein Schwiegervater so bald verblichen war, er, der einzige von ihnen am Hof von Hannover, der vielleicht, vielleicht mir noch ein wenig wohlgesonnen war und deshalb meine Gefangenschaft in einigen Jahren aufgehoben oder wenigstens sehr gemildert hätte – dazu hatte er die Macht. Ich tat es vor allem, um die beiden bei dieser Gelegenheit anzuflehen, meine geliebten Kinder wiedersehen zu dürfen. Sie haben mir nicht geantwortet. Als mein Sohn als Jüngling während eines Rittes zur Jagd hierhin ausweichen wollte, hat sein Gefolge ihn eingeholt und zurückgehalten. Ich sah ihn nur wie ein Schemen in der Nebelferne entschwinden. Meine Tochter konnte mir wenigstens später von Berlin aus schreiben und war mir aus der Ferne auf diese Weise verbunden. Diesmal will ich mich noch einmal an Georg Ludwig, den jetzigen König Georg I. von England, wenden. Doch er soll den Brief, den ich treuen Händen anvertrauen werde, erst nach meinem Tode erhalten, und ich bitte ihn nicht um Vergebung. Der höchste König, der Herr über alle Herren, kann mir allein vergeben, und ich weiß, daß er mich angenommen hat, wie einst der Herr Jesus im Blick auf die große Sünderin, die mit Tränen seine Füße netzte, sprach: »Ihr sind viele Sünden vergeben.« Wie er, unser Heiland, zu der Ehebrecherin sagte: »So verdamme ich dich auch nicht! Gehe hin und sündige hinfort nicht mehr!«

Du hast nicht das Recht, mich zu verdammen, und nicht das Recht, mir zu vergeben, König Georg, du, der mein Leben zerstört hat. Ich habe meinen Brief an dich geschrieben. Alles andere habe ich schon vorher geordnet. Herr, ich bin bereit! »Vor deinen Thron tret ich hiermit.«

Pastor Christian Heinrich Seelhorst in Ahlden trug folgendes in das Kirchenbuch ein:

»13. November 1726 sind die durchlauchtigste Frau Sophie Dorothea Herzogin von Braunschweig und Lüneburg, des gottsel. Herrn Georgii Wilhelmi Tochter, und Königs von Engelland auch Churfürsten zu Hannover Georgii Ludovici gewesene Gemahlin (von dem sie anno 1694 geschieden und von der Zeit an allhie zu Ahlden quasi in exilio 32 Jahre zugebracht zu großem Leidwesen dero Hofbedienten, der lieben Armuth und meiner Person, da ich in die 20 Jahre dieser großen Fürstin Hofprediger und Beichtvater gewesen und eine ungemein gnädige Fürstin an Ihr gehabt) in die 61 Jahre sanft und selig im Herrn entschlafen. Ihr gottgeheiligter Cörper ist zu Celle ins fürstliche Begräbnis beygesetzt worden. Memoria ejus in benedictione aeternum.«

Wahrscheinlich war es Angst oder Ehrfurcht vor der königlichen und kurfürstlichen Obrigkeit, daß der Herr Pastor bei seiner Eintragung in das Kirchenbuch verschwieg, daß Georg Ludwig, der König und Kurfürst, der Toten die Beisetzung in der Celler Fürstengruft nicht gönnte. Er hatte angeordnet, daß sie noch nicht einmal auf dem Friedhof, sondern im Garten des Ahldener Schlosses begraben werden sollte, und da wegen des Grundwassers dort keine Gruft ausgehoben werden konnte, blieb der Sarg ein halbes Jahr, mit Sand bedeckt, im Saal des Schlosses zu Ahlden stehen.

Ihr ehemaliger Gemahl jedoch war ruheloser als die Verschiedene. Die abergläubische Herzogin von Kendal (die ehemalige von der Schulenburg) bestärkte ihn noch in seinen Zwangsvorstellungen, daß die Tote als Gespenst in seiner Nähe umherirre, bis sie bei den Ihren in der Fürstengruft ihren Frieden gefunden hätte. Endlich ordnete er an, daß der schmucklose Bleisarg ohne Geleit zu mitternächtlicher Stunde nach Celle überführt würde.

Doch auch dann kam Georg Ludwig nicht zur Ruhe. Er entschloß sich, nach Hannover, zur Stätte seiner Kindheit, zu reisen. Zum ersten Mal nach Jahren nahm er mit freundlichen Worten Abschied von seinem Sohn und dessen kluger, liebenswerter Gemahlin, die er bisher beide mit Nichtachtung, ja mit Haß behandelt hatte.

Am Abend des 19. Juni 1727 kam er in Deutschland an. Seine Begleiterin, die Herzogin von Kendal, ließ er in einem kleinen Ort zurück, er selber fand wiederum keine Ruhe und befahl, nachts um drei Uhr die Reise fortzusetzen.

Im Morgengrauen sprengte ein Reiter, der an einer Brücke gewartet hatte, an die königliche Kutsche. Der Unbekannte bestand darauf, einen Brief dem Fürsten persönlich zu überreichen, und entschwand im Dunst der Ebene. Die Sonne ging blaß über dem Heideland auf. Der König entsiegelte das Schreiben, erkannte entsetzt Sophie Dorotheas Schrift und las...

In wenigen Worten forderte sie ihn auf, ein Jahr nach ihrem Tod vor dem Richterstuhl Gottes zu erscheinen.

Der Kammerherr Fabricius mußte den König auffangen. Ein Schlag hatte ihn getroffen. Zwei Tage darauf starb Georg Ludwig nach der Ankunft in Osnabrück.

Er wurde nicht in seinem Königreich England beigesetzt, sondern in der Schloßkirche des Leineschlosses zu Hannover. Erst im Jahre 1959 nach der Zerstörung dieses Gotteshauses durch Bombenangriffe im letzten Kriege wurde sein Sarg wie die seiner Eltern, des Kurfürsten Ernst August und der Kurfürstin Sophie, in das Mausoleum im Berggarten des Herrenhauser Parks überführt.

Noch ragt das gelblich leuchtende Schloß von Celle über die trauliche, so mittelalterlich anmutende Stadt mit ihren malerischen Häusern, die auch während des letzten Krieges vor jeder Zerstörung bewahrt blieben.

In der Fürstengruft der Schloßkirche ihrer geliebten Heimat fand Sophie Dorotheas leibliche Hülle ihre letzte Ruhestätte. In langer Reihe stehen dort in dem düstren Gewölbe die Sarkophage der stolzen Welfenfürsten. Zwischen dem prunkvollsten, dem des letzten Herzogs von Celle, des Vaters der »Gefangenen von Ahlden«, und dem einzigen aus Mahagonie reich geschnitzten Sarg der Gefangenen von Celle, der unglücklichen jungen Königin Mathilde von Dänemark, erblickt man den schmucklosen Bleisarg der Mutter der Prinzessin Sophie Dorothea, der man im Tode den ihr zustehenden Titel einer Herzogin versagte. Nur »Eleonore d'Olbreuse« ist am Fußende eingeritzt. Wie achtlos hineingeschoben, steht rechts neben dem Eingang, von den Särgen ihrer Eltern nur durch einen schmalen Gang getrennt und quer vor der langen Reihe der sich in Dunkelheit verlierenden der andern Welfen Sophie Dorotheas grauschwarzer Sarg. Armselig erscheint er dem Beschauer. Aber über seine schmucklose Platte schmiegen sich wie tröstend, liebkosend die Schleifen der Kränze, die manches Jahr von den Bewohnern von Ahlden niedergelegt wurden. Sie lebt im Andenken dieser Heidebauern immer noch als Wohltäterin, als schweigende, klaglose Gefangene von Ahlden.

Auf dem Altar der Kirche zu Ahlden stehen die schweren Leuchter mit dem eingravierten »S D 1722«.

Sie selber durfte dieses Gotteshaus ja nie betreten, aber wenn du des Weges kommst, kannst du ungehindert hineingehen, und der freundliche Pfarrherr zeigt dir vielleicht auch die silbervergoldete Hostiendose, die ihren Namen und das springende Welfenroß auf dem Deckel aufweist, ebenso wie die Abendmahlskanne und der Kelch.

Du darfst sicher auch ihr »Gefängnis«, das Schloß von Ahlden, besuchen. Nimm dich in acht, daß du auf dem Holperpflaster des kleinen Hofes nicht stolperst. Wie mögen die zierlichen Schuhchen der Prinzessin darauf fertig geworden sein? Und sind sie bei den gnädig erlaubten jämmerlichen Spaziergängen auf den Wällen nicht in all der Feuchtigkeit, allem Schlamm steckengeblieben? Hat sie Freude daran gehabt, von dieser niedrigen Höhe mit ihren schönen Augen in diese trostlose Weite zu blicken?

Nichts antwortet auf unsere Fragen. Sehr still ist es in dem kleinen Hof zwischen dem schmutzigroten Mauerwerk mit dem schwarzen Gebälk. Nur ein Laut: Auf dem alten Dach klappern die Störche. Doch Sophie Dorothea, die hier Jahrzehnte verbrachte, ist fern, sehr fern.

Und wenn du noch mehr von ihr erfahren willst, so brauchst du nur die Heide zu fragen, wenn der Wind über das weite Land dahinweht, wenn die Birken leise flüstern. Die Birken wissen mehr von ihr.

Und wir wissen: sie ist wie wir alle in Gottes Händen.

Weitere Bücher von Anny Wienbruch

Im Verlag der St.-Johannis-Druckerei, 7630 Lahr-Dinglingen

Die fröhliche Familie – 112 Seiten, Edition C-Paperback 56 526
Wir waren unser elf – 112 Seiten, Edition C-Paperback 56 527
Das sonnige Haus – 120 Seiten, Edition C-Paperback 56 528
Unverzagt und fröhlich – 112 Seiten, Edition C-Paperback 56 529
Brautfahrt über Stock und Stein – 96 Seiten, Paperback 01 018

Was die Erzählerin von der Kindheit der Mutter zu berichten weiß, vom Großvater, der das »Perpetuum mobile« erfinden wollte, von den zehn Kindern, denen sich noch ein Waisenbüblein zugesellte, und nicht zuletzt von der glaubensstarken, tapferen Großmutter, von der Mutter Verlobungszeit und erstem Ehejahr sowie dem weiteren Lebensweg der Jüngsten der fröhlichen Familie und der Boller-Guste ist so fein und echt, daß es zum Vorlesen, auch abschnittweise, sehr geeignet ist. (Das Neueste, Stuttgart)

Ein König wird frei

128 Seiten und 8 Seiten Bilder. TELOS-Paperback Nr. 1080

Als die Tochter Gustav Adolfs die schwedische Krone niederlegte, bestimmte sie Karl X. zu ihrem Nachfolger, der ihr ergeben war, sich jedoch endlich durch Gottes Kraft von ihr lösen konnte.

Sei tapfer Angela

112 Seiten, TELOS-Jugendbuch, Nr. 3533

Nachdem Angela die mittlere Reife erreicht hat, darf sie in die große Stadt übersiedeln und weiterlernen bis zum Abitur. Sie hat oft Grund, tapfer zu sein und lernt sich zu beherrschen. Tapfer geht sie den einmal eingeschlagenen Weg Jesus nach.

Briefe aus Canada

144 Seiten, Paperback

Eine Mutter unternimmt auf Wunsch ihres Sohnes eine Ferienreise durch Canada, um die Umwelt ihrer zukünftigen Schwiegertochter kennenzulernen. Sie erzählt in den Briefen an ihren Sohn nicht nur von dem Land, sondern auch von den Bewohnern, besonders von Christengemeinden, die in lebendigem Glauben ihrem Herrn anhangen.